Friederike von Gross/Renate Röllecke (Hrsg.)

Postdigitale Kulturen Jugendlicher

Medienpädagogische Gestaltungs- und Identitätsräume

Dieter Baacke Preis
Handbuch 18

Friederike von Gross/Renate Röllecke (Hrsg.)

Postdigitale Kulturen Jugendlicher

Medienpädagogische Gestaltungs- und Identitätsräume

Beiträge aus Forschung und Praxis

Prämierte Medienprojekte

kopaed (München)
www.kopaed.de

Friederike von Gross/Renate Röllecke (Hrsg.)
Dieter Baacke Preis Handbuch 18
Postdigitale Kulturen Jugendlicher
Medienpädagogische Gestaltungs- und Identitätsräume
Beiträge aus Forschung und Praxis – Prämierte Medienprojekte

Dieser Band wurde gefördert vom
Bundesministerium für Familie, Senioren, Frauen und Jugend (BMFSFJ)

Herausgeber
Gesellschaft für Medienpädagogik und Kommunikationskultur
in der Bundesrepublik Deutschland e.V. (GMK)

Anschrift
GMK-Geschäftsstelle
Obernstr. 24 a
33602 Bielefeld
fon 0521/677 88
fax 0521/677 92
email gmk@medienpaed.de
homepage www.gmk-net.de

Redaktion
Dr. Friederike von Gross
Renate Röllecke
Tanja Kalwar

Lektorat
Tanja Kalwar

Titelillustration
kopaed

Druck
Memminger MedienCentrum, Memmingen

Arnulfstraße 205
80634 München
fon 089/688 900 98
fax 089/689 19 12
email info@kopaed.de
homepage www.kopaed.de

ISBN 978-3-96848-104-3
eISBN 978-3-96848-704-5

Inhalt

Teil 2: Prämierte Projekte des Dieter Baacke Preises

Teil 3: Zum Dieter Baacke Preis

Friederike von Gross/Renate Röllecke

Postdigitale Kulturen Jugendlicher

Medienpädagogische Gestaltungs- und Identitätsräume

Die Handbuchreihe stellt aktuelle medienpädagogische Themen in den Mittelpunkt.
Die Beiträge des ersten Teils geben Anregungen zur theoretischen Reflexion und praktischen Umsetzung des Schwerpunktthemas in den Bereichen Medienbildung und Medienpädagogik.
Der zweite Teil des Handbuches präsentiert die Modelle der Dieter Baacke Preisträger*innen. Die Macher*innen geben in Interviews Auskunft zu Erfahrungen ihrer medienpädagogischen Projektarbeit.

Schnell ein BeReal aufnehmen, bevor die zwei Minuten Aufnahmezeit rum sind, die Snaps der Freund*innen auf dem Weg zur Schule durchstöbern, sich von Looks, tollen Orten und Stars auf Instagram inspirieren lassen, Inhalte, Meinungen und Statements lesen und im Sinne einer *participatory culture* kommentieren, teilen und liken (vgl. Hajok/Wiese 2022). Dazu die eigene Playlist auf Spotify bearbeiten und mit anderen teilen oder in den Kurzvideowelten von TikTok entspannen oder teilhaben, sich ausdrücken, mitgestalten. Digitale Medien, Netzwerke, Apps und Algorithmen sind in jugendkulturellen Lebenswelten nicht mehr wegzudenken. Mehr noch, sie sind verwoben mit dem täglichen Handeln und dort verankert – nicht mehr Add-on, sondern integrativer Teil ihrer Lebenswelten. Hinzu kommt, dass auch das vermeintlich Nicht-Digitale durchwoben ist von Logiken, die durch Digitalisierungsdynamiken geprägt sind, „wie beispielsweise die Externalisierung von Gedächtnispraktiken, Sozialität als netzwerkförmige Aufmerksamkeitsökonomie, Kreativitätsimperative oder hyperindividualisierte Informations- und Kommunikationsstile" (Jörissen/Schröder/Carnap 2020: 61). Dabei entwickeln Jugendliche eigene Codes, Symbole und Verhaltensweisen, die für Außenstehende nicht immer leicht zu verstehen sind. Die Nutzung digitaler Technologien prägt die Kommunikationsformen, den Lifestyle und die kulturellen Ausdrucksweisen der Jugendlichen und stellt somit einen wichtigen Bestandteil ihrer Identität und ihres Agierens dar.

Postdigitale Kulturen haben für Jugendliche ein enormes Aktions- und Gestaltungspotenzial. Dieses wird für pädagogische Fachkräfte vor allem dann sichtbar, wenn diese sich freimachen von einem Blick voller Sorgen auf die Bedrohungen in digitalen Räumen durch Online-Hass, Schönheitsfilter, Suchtpotenziale und andere Schreckensszenarien. Diese sind herausfordernd und ernst zu nehmen, verdecken aber mitunter die Fülle der Chancen, welche postdigitales Agieren für Jugendliche bieten kann: von jugendkulturellem politischem Engagement im Kontext von *Fridays for Future* und *Black Life Matters* über Selbstwirksamkeitserfahrungen und Empowerment im *LGBTIQ+-Aktivismus* oder im kulturellen Kontext von Kunst, Ausdruck und Kreativität.

Gerade bei letztgenanntem wird auch KI (Künstliche Intelligenz) zunehmend eine stärkere Rolle spielen. Schon immer waren Bricolage, Sampling und Mash-up jugendtypische Formen des kreativen Ausdrucks. Gegenständen, Kleidung, Kunst etc. werden dabei z.B. neue Bedeutungen zugeschrieben. Um sich kreativ auszudrücken, können Jugendliche nun auch KI-gesteuerte Tools verwenden, um Musik zu produzieren, Videos zu erstellen oder Kunstwerke zu generieren. Die Integration von KI in kreative Prozesse eröffnet somit neue Wege für die Selbstentfaltung und künstlerisches Experimentieren.

KI haben auch in der Nutzung sozialer Medien einen immer größeren Stellenwert. Als integraler Bestandteil postdigitaler Jugendkulturen sind soziale Netzwerke von Algorithmen stark geprägt. Sie spielen eine wichtige Rolle bei der Personalisierung von Inhalten und der Empfehlung von Beiträgen. Jugendliche interagieren täglich mit Algorithmen, nutzen sie, um Inhalte basierend auf ihren Vorlieben und Verhaltensweisen konsumieren zu können. Hier gibt es im Bereich der Medienpädagogik vieles zu entwerfen und zu explorieren, verschiedene Felder und Zugänge zu beleuchten. Es gilt, kreative pädagogische Strategien und Methoden zu entwickeln, also letztlich dadurch die Kritikfähigkeit rund um KI und Algorithmen zu erhöhen.

Doch erfordern neue Medientrends eine vollkommen neue Art der Pädagogik, die immer nur den medialen Interessen und Verwicklungen der Jugendlichen hinterherrennen kann? Und somit stets unzulänglich bleibt und viele Fachkräfte erschöpft, verwirrt oder irritiert zurücklässt? **Markus Gerstmann** holt uns auf den Teppich zurück, indem er uns zunächst in die Geschichte der sozialen Medien mitnimmt, um dann klassische Entwicklungsaufgaben von Kindern- und Jugendlichen aufzuzeigen, die mit dem medialen Agieren in Verbindung stehen. Er differenziert verschiedene Haltungen in den Bereichen Jugend, Entwicklung und digitale Medien und stellt denen Positionen und Herausforderungen in der Medienpädagogik gegenüber. Er appelliert an einen entspannten, beruhigenden und professionellen Umgang mit den immer wieder neu sich darstellenden Herausforderungen.

Kai-Uwe Hugger widmet sich in seinem Beitrag aus erziehungswissenschaftlicher Sicht unterschiedlichen Formen der Sozialität jugendlichen Medienhandelns und differenziert dazu soziale Bewegungen, Szenen und Cliquen. Da Orte, Formen des Handels, der Kommunikation und Identitätsfindung Jugendlicher von digitalen Medien durchdrungen sind, sind diese in pädagogischen Kontexten stets analytisch mit zu betrachten. Hugger unterscheidet die verschiedenen Praktiken *partizipieren, visualisieren, sich vernetzen* und *begrenzen*. Als zukunftsweisende Perspektive für die Entwicklung vielschichtiger und notwendiger Medienkompetenz und Medienbildung schlägt er eine Verknüpfung von informellem und formalem Lernen vor.

Soziale Medien spielen in der Konstituierung und Pflege von Beziehungen Jugendlicher heute eine herausragende Rolle. Der Artikel von **Sonja Ganguin** und **Johannes Gemkow** reflektiert Forschungsperspektiven im Hinblick auf die Vergemeinschaftungen Jugendlicher und diskutiert u.a., inwieweit Anerkennung, Freiwilligkeit und temporäre Aspekte beim sozialen Agieren im digitalen Umfeld relevant sind. Wenn sich die sozialen Ressourcen auf den sozialen Medien wiederfinden, in welchem Maße transformieren sich Bedingungen und Diskurse? Welche Bedeutung haben Algorithmen für Vergemeinschaftungs- und Aufmerksamkeitsprozesse? Worauf soll sich Forschung konzentrieren und welche Konsequenzen sind für medienpädagogische Bildungsinitiativen ableitbar?

Im Hinblick auf ihre Teilhabemöglichkeiten sind soziale Medien essentieller Bestandteil des Lebens in der postdigitalen Gesellschaft. Wertschätzende Formen der Vergemeinschaftung und des Empowerments durch Aktivitäten in sozialen Medien reflektieren **Judith Ackermann** und **Benjamin Egger**. In Ergänzung zum öffentlichen Diskurs, der oftmals von Risiken und negativen Effekten sowie Aktionen rund um Plattformen wie TikTok oder Instagram getragen ist (und der hier keineswegs ausgeklammert wird), untersuchen sie empathische Feedbackschleifen am Beispiel von queerem Aktivismus im Kontext von Sport. Sie gehen dabei auch der Frage nach, inwiefern die via Social Media erzeugte Resonanz wichtige Ressourcen für die beteiligten Jugendlichen dargestellt.

Wie kann KI Heranwachsende in kreative, künstlerische Prozesse bringen und wie dazu genutzt werden, einen kreativen Zugang zu Data-Literacy zu schaffen? **Juliane Ahlborn** widmet sich in ihrem Beitrag dieser Frage aus erziehungswissenschaftlicher Sicht, beleuchtet politisch wirksame künstlerische Beispiele und geht dem medienpädagogischen Potenzial von KI in explorativen Settings nach.

Inwiefern neue theoretische Anknüpfungspunkte vor dem Hintergrund algorithmischer Strukturen und digitaler Jugendkulturen zu entwickeln sind, legen **Philipp Karsch** und **Dan Verständig** dar. Im Mittelpunkt stehen neu zu begreifende Aspekte wie Raum und Entgrenzung. An den Beispielen künstlicher Verknappung von Daten und Informationen, den teils diskriminierenden exkludierenden Effekten des Deplatforming (Regulierung der Inhalte durch die Plattformbetreibenden) und subversiven Praktiken wie Algospeak verdeutlichen sie, in welcher Weise algorithmische Strukturen digitale Jugendkulturen auf individueller, aber auch auf sozialer Ebene beeinträchtigen. Sie appellieren zudem daran, sich in der Medienpädagogik auch dem Unsichtbaren und Unbestimmten zu widmen und den veränderten Raumbegriff wahrzunehmen und zu beforschen.

Dem Zusammenhang von digitalem Leben und Agieren und Identitätsentwicklung Jugendlicher geht **Janne Stricker** nach. Der Artikel reflektiert aus erziehungswissenschaftlicher Sicht, welche Rolle Medien und auch Algorithmen bei der Identitätsentwicklung Jugendlicher spielen und geht dabei auch auf Aspekte wie Normierung und Marginalisierung ein. Stricker spricht sich für eine Medienpädagogik aus, die gemeinsam mit den Jugendlichen Strategien entwickelt, um auf dem Weg durch die enorme Vielfalt an Angeboten und Herausforderungen durch Algorithmensteuerung Orientierung zu bieten.

Aktuelle medienpädagogische Gestaltungs- und Identitätsräume von Kindern und Jugendlichen finden sich auch jährlich in den mit dem **bundesweiten Dieter Baacke Preis** ausgezeichneten Projekten. In ausführlichen Interviews stellen die ausgezeichneten Projekte im zweiten Teil des Bandes ihre Methodik und weitere Besonderheiten ihrer medienpädagogischen Projektarbeit dar. Der themengebundene Sonderpreis 2022 wurde dabei für das Thema „Let's save our planet – Medienpädagogische Projekte zur ökologischen Transformation" vergeben. Über den Preis und alle Preisträger-Projekte informiert die Webseite www.dieter-baacke-preis.de.

Autorinnen

Dr. Friederike von Gross: Seit 2016 Geschäftsführerin der GMK; hat zuvor an der Universität Bielefeld zum Thema „Informelles Lernen in Jugendszenen. Zum Erwerb berufsrelevanter Kompetenzen in Jugendszenen am Beispiel der Visual Kei-Szene" promoviert und im Bereich Medienpädagogik gearbeitet; ihre Forschungsschwerpunkte waren u.a.: Medienerziehung von Eltern im Kontext von Computerspielen, Nutzung von Social Media durch Kinder und Jugendliche.

Renate Röllecke: Referentin für Medienpädagogik und Medienbildung in der Gesellschaft für Medienpädagogik und Kommunikationskultur (GMK).

Literatur

Jörissen, Benjamin/Schröder, Martha Karoline/Carnap, Anna (2020): Post-digitale Jugendkultur. Kernergebnisse einer qualitativen Studie zu Transformationen ästhetischer und künstlerischer Praktiken. In: Timm, Susanne/Costa, Jana/Kühn, Claudia/Scheunpflug, Annette (Hrsg.): Kulturelle Bildung. Theoretische Perspektiven, methodologische Herausforderungen und empirische Befunde. Münster/New York: Waxmann, 61-77.

Hajok, Daniel/Wiese, Amelie (2022): Jugendliche und die Aneignung politischer Information auf TikTok. In: merz | medien + erziehung, Jg. 66, Heft 4, 61-68.

Das 40. Forum Kommunikationskultur der GMK findet vom 17. bis 19. 11.2023 in Präsenz in Bielefeld statt und wird durch ein Online-Workshop-Programm am 24.11. ergänzt. Informationen finden Sie auf www.gmk-net.de/veranstaltungen/40-forum-kommunikationskultur-2023/.

Teil 1

Beiträge aus Forschung und Praxis

Markus Gerstmann

Digitale Medien in der Jugendarbeit

Zwischen Neuem und Altem

Der Artikel beschäftigt sich mit der Nutzung digitaler Medien durch Jugendliche und ihrer Bedeutung für die Jugendarbeit. Obwohl digitale Möglichkeiten die Lebenswelt und den Sozialraum aller verändern, bleiben die menschlichen Grundbedürfnisse und Herausforderungen der Adoleszenz unverändert. Die Balance zwischen dem Alten und Neuen stellt eine Herausforderung dar, die nicht nur die Medienpädagogik beschäftigt. Da digitale Medien junge Menschen bei ihren Entwicklungsaufgaben unterstützen, sollen pädagogische Maximen aufgezeigt werden, um eine gelassene Haltung gegenüber aktuellen digitalen Entwicklungen und jugendkulturellem Handeln einzunehmen. Letztendlich wird die Idee eines souveränen Balanceakts in einer postdigitalen Jugendarbeit vorgestellt.

> „Sie wären überrascht, wie wenig sich die Dinge ändern. Ich nehme an, die emotionalen Dramen sind immer noch dieselben, nur das Format hat sich geändert. Man könnte sagen der Schrifttyp und Hintergrund sind heute anders." (Boyd 2014: 9)

Der Jugendliche Stan spielt in diesem Zitat auf „technologische Aspekte an, um [...] daran zu erinnern, dass die Technologie eigentlich nichts Wesentliches verändert hat" (ebd). Mit einem Blick auf die heutige Jugend sehen wir natürlich andere Modeerscheinung und digitale Endgeräte, aber das gemeinsame Abhängen, etwas unternehmen, Zeit zu überbrücken und zu füllen und doch im richtigen Moment präsent zu sein, in dem etwas Entscheidendes passiert. Dies ist doch gleich geblieben – oder?

Erwachsene und Fachkräfte, die die aktuelle digitale Lebenswelt nicht anerkennen, hemmen eine gute Kommunikation mit Jugendlichen über deren Mediengebrauch.

> „Erwachsene mögen im Rückblick auf ihre Kindheit idealisieren und dabei die Kämpfe und Probleme vergessen, die sie auszufechten hatten. Viele Erwachsene gehen einfach davon aus, dass ihre eigene Kindheit besser und intensiver, einfacher und sicherer war als die vernetzten digitalen Welten, in der die heutige Jugend aufwächst. Sie assoziieren den Aufstieg der technisch digitalen Technologie mit sozialem, intellektuellem und moralischem Untergang." (ebd.: 24)

In diesem Artikel soll es somit um aktuelle Medien – also das Neue – sowie auch das Alte – die Befriedigung von Grundbedürfnissen von Jugendlichen in der Adoleszenz – gehen und die Frage: Braucht es neue pädagogischen Interventionen in einer digitalen Welt?

Das Neue ist gar nicht mehr so neu

Ein paar Fakten vorweg: Das Internet und seine Anwendungsmöglichkeiten sind für die heutige Jugend schon länger vorhanden und die bekannten Social-Media-Anwendungen sind älter als ihre jugendlichen Anwender.

Facebook: 19 Jahre, YouTube: 18 Jahre, das Smartphone: 16 Jahre und WhatsApp: 14 Jahre. 95 Prozent der Jugendlichen besitzen ein eigenes Smartphone (vgl. mpfs 2022: 7).

Seit Mitte der 1990er-Jahre vernetzten sich Early Adopters in ersten Chatrooms und Bulletinboards. Seit 2003 wurden bei MySpace kreative Seiten erstellt, ähnlich wie in einem Jugendzimmer mit Accessoire und Kennzeichen als Ausdruck der eigenen Jugendkultur, um neue Bekanntschaften mit gleichen Interessen zu machen sowie Freunde von Freund*innen kennenzulernen (vgl. Boyd 2014: 14). Später pflegten Jugendliche ihre Persönlichkeiten auf stärker standardisierten Seiten wie Schüler-

VZ und StudiVZ. Dort wurden Gruppenmitgliedschaften, Freundesgruppen und Profile erschaffen – ähnlich den bekannten Freundschaftsbüchern. In der Wahrnehmung waren diese Seiten ähnlich wie Dorfplätze. Dort trafen dann Schüler*innen „alte Bekannte" wieder (z.B. aus dem Kindergarten). Gleichzeitig stießen sie an ihre Grenzen, da sie sich nicht mit neuen Bekannten aus anderen Ländern verknüpfen konnten. Die Seiten waren nur für Menschen aus Deutschland gedacht. So war der Weg vom Dorf in die Welt unausweichlich. Facebook, Instagram und TikTok – in dieser Reihenfolge – fanden nacheinander ihren Platz im sozialen Miteinander. In dieser Zeit war es von großem Interesse zu sehen, was die anderen so taten und erlebten. Im Tauschgeschäft präsentierten sich die Nutzer*innen mit ihren Eigenschaften und übten ein, wie sie sich nach ihrem Empfinden von ihren besten und interessantesten Seiten zeigen können. Bis dato probieren sich junge Menschen mit Bildern und Informationen auf Social-Media-Kanälen aus und gehen somit auf unterschiedlichen digitalen Ebenen in Interaktionen.

Weiter mit der Rückschau: Parallel dazu flimmerten die ersten kleinen Videoclips über die Plattform YouTube. Zunächst waren es innovative Clips, die sich nicht immer an gängige TV-Formate hielten. In den 2010er-Jahren bildeten sich immer mehr Kanäle heraus, die den YouTube-Algorithmus und mögliche jugendliche Zielgruppen erfolgreich bedienten. 2015 änderte sich der Hype um die Videostars. Für junge Menschen wurde es normal, den favorisierten Channels und Creator*innen zu folgen und regelmäßig zu schauen. Kleine persönliche Videoclips aus dem Alltag wurden ab diesem Zeitpunkt auf Snapchat konsumiert, selbst erstellt und sehr gerne mit kreativen Filtern verziert. Gleichzeitig kam auch musical.ly auf, in der hauptsächlich getanzt und performt wurde. Später ging aus dieser App TikTok hervor. Auch Instagram versuchte mit schnell adaptierten und kopierten Formaten an den Trends teilzuhaben.

Derzeit ist zu beobachten, dass sich oft nur noch Personen oder spezielle Formate mit ausgeprägtem Sendungsbewusstsein auf den verschiedenen Plattformen zeigen. Immer mehr Menschen versenden ihre Bilder „privat" über Snapchat, WhatsApp oder BeReal. Diese private Alltagskommunikation mit Bildern und Texten ist selbstverständlich geworden und wird als „Dark Social" bezeichnet. Das Phänomen ist mittlerweile zehn Jahre alt und „zeigt sich scheinbar erst in seiner ganzen Ambivalenz" (Grässer 2021). Diesen Wandel erleben nicht nur junge Zielgruppen, sondern wir alle, die „immer selbstverständlicher Messenger für unsere Alltagskommunikation nutzen und damit Debatten und Diskurse in quasi „private" digitale Räume verlagern, die „von außen" nicht zugänglich sind" (ebd.). Grässer argumentiert weiter, dass „der Begriff ‚private social' deutlich treffender ist" (ebd.). Festzuhalten gilt hier, dass es für viele selbstverständlich ist, Informationen und Bilder zu teilen, aber eben eher in einem „privaten" kuratierten Netzwerk.

In den letzten Jahren veränderte sich für viele junge Menschen auch das Suchen im Netz. Einerseits sind auf der Startseite von Google die ersten Ergebnisse meist nur noch Werbung – also oft unbrauchbar. Hingegen sind aber mögliche Fundstellen bei TikTok und YouTube authentische, nahbare Ergebnisse, die andere Nutzer*innen, teilweise live, erstellt und kommentiert haben. Aber auch aktuelle Bewegtbilder, die es (noch) nicht in bekannte Nachrichtenformate geschafft haben, sind auf TikTok oder Instagram-Reels schneller und einfacher zu finden (vgl. Delouya 2022). Jüngst waren es beispielweise aktuelle Beiträge aus der Ukraine, dem Erdbebengebiet in der Türkei und Syrien, den Kinokonflikten beim Film *Creed 3* oder andere lokale Auseinandersetzungen unter Jugendlichen. Diese Videos erscheinen relativ kurz nach dem Ereignis auf den Plattformen, allerdings zum Teil ungefiltert, unreflektiert und uneingeordnet im Stile von „Bild-Leser-Reportern".

Eine weitere Eigenheit der derzeitigen Medienwelt ist, dass der jeweilige Algorithmus eine personifizierte Startseite und Inhalte entwirft. An TikTok wird es ziemlich deutlich: Clips, die für manche selbstverständlicher Content sind, haben andere noch nie gesehen.

Dennoch entstehen durch die Empfehlungen des Algorithmus „must knows" für Jugendliche, diese werden verifiziert durch Suchverlauf, Standort, Hashtags, Trends und Hypes, gepaart durch Interaktionen wie Stiches, Duette oder Likes. Pädagogische Fachkräfte erfahren dies oft nur durch „ihre" Jugendlichen – wenn überhaupt. Es sei denn, sie sind selber in den Netzwerken aktiv oder recherchieren intensiv selber – aber auch dies kann nur einen kleinen Einblick geben (vgl. Gerstmann 2021).

Der nächste große Schritt der Digitalisierung bahnte sich in den letzten Jahren bereits an – die Künstliche Intelligenz. Mit der Veröffentlichung von ChatGPT im November 2022 kam der nächste Schritt auf die Gesellschaft zu. Nach Eliza, Eugene Goostman und Tay kommt eine Künstliche Intelligenz, die auch in einem Chatverlauf Hausaufgaben, Blogtexte oder Bilder erstellen kann (vgl. Lenzen 2020). Die Diskussionen über Möglichkeiten, Veränderungen der Gesellschaft und hier auch das Lernen von Schüler*innen sind wieder intensiv (vgl. BR24 2023). Gleichzeitig wird über die Möglichkeiten von Metaverse, also eine Art der Symbiose von virtueller, erweiterter und physischer Realität, intensiv diskutiert. Ein nächster Schritt nach „Second Life" (2003), in welchem Menschen mittels Avatars interagieren, spielen, Handel betreiben und anderweitig kommunizieren konnten.

Das Alte ist nicht alt geblieben

Medien (Musik, Filme, Games) – haben in der Adoleszenz- und Jugendphase schon lange eine große Bedeutung, da sie die Ablösung vom Elternhaus (hinaus in die „weite Welt") unterstützen können. Jugendliche bekommen durch digitale Angebote Einblicke in aktuelle Themen, Lebensentwürfe, Handlungskonzepte. Dadurch können sie sich mit ihren Zukunftsaussichten, der Befriedigung von ihren Grundbedürfnissen auseinandersetzen und ihre Persönlichkeitsentwicklung vorantreiben.

Für die Persönlichkeitsentwicklung von Jugendlichen bedarf es – laut Hurrelmann (2014) – vier zentraler Aufgaben, die im Laufe der Adoleszenz und Jugendzeit bewältigt werden müssen. Die erste Herausforderung besteht darin, sich zu qualifizieren, also intellektuelle und soziale Kompetenzen zu erwerben, um später aktiv an der Gesellschaft teilhaben zu können. Die zweite Aufgabe, das Binden, umfasst den Aufbau eines positiven Selbstbildes sowie die Fähigkeit, erfüllende Beziehungen aufzubauen und eine enge Bindung zu besonders geliebten Menschen einzugehen. Die dritte Herausforderung, das Konsumieren, beinhaltet die Fähigkeit zum produktiven Umgang mit Wirtschafts-, Freizeit- und Medienangeboten. Hier ist auch die Entwicklung von Strategien zur Entspannung und Regeneration anzusiedeln. Die vierte Aufgabe, die Partizipation, umfasst den Aufbau einer Wertorientierung sowie die Fähigkeit zur aktiven politischen Mitgestaltung der Lebensbedingungen. Die erfolgreiche Bewältigung dieser Aufgaben trägt wesentlich zur Persönlichkeitsentwicklung von Jugendlichen bei und bildet eine wichtige Basis für eine erfolgreiche Transition ins Erwachsenenalter (vgl. Hurrelmann 2022: 24f.).

Ausgehend von der Maxime, dass fast jedes jugendliche Verhalten – auch in und mit Medien – der Befriedigung ihrer jugendlichen Grundbedürfnisse dient: Würden Jugendliche sich sonst mit Medien beschäftigen, wenn sie ihnen „nichts bringen" würden? Wohl nicht! Also ist es auch für pädagogische Fachkräfte/Eltern bereichernd zu schauen: Welche Grundbedürfnisse befriedigen denn Jugendliche durch ihr derzeitiges Verhalten? Nach Grawe sind es die Bedürfnisse nach Sicherheit, Beziehung, Kontrolle, Stimulation und Anerkennung (vgl. Grawe 2000: 383). Diese Grundbedürfnisse überschneiden sich gleichzeitig mit den Entwicklungsaufgaben. Dazu gehören das Erlangen von Autonomie und die Ablösung von den Eltern, das Entwickeln einer eigenen Identität in Bezug auf die Geschlechtsrolle, das Aufbauen eines individuellen Systems von Moral- und Wertvorstellungen sowie das Entwickeln einer eigenen Zukunftsperspektive und/oder einer Berufswahl (vgl. Havighurst 1953). Dieser Prozess beginnt ungefähr mit dem zehnten Lebensjahr. Ab etwa diesem Zeitpunkt tritt der Ablösungsprozess vom Elternhaus auf eine neuen Stufe. Die Peergroup gewinnt immer mehr an Bedeutung. Gespräche mit Eltern werden weniger geführt, sondern man spricht lieber mit den Freund*innen. Die Peergroup versteht mich, benutzt die gleichen Worte und hat ähnliche Interessen. Potenziale, Ideen und Visionen stehen dabei im Vordergrund, während Eltern Sorgen und Bedenken haben oder sogar Gefahren sehen (vgl. Erikson). Einerseits wollen sie selbständig sein, anderseits orientieren sie sich stark an ihren Peergroups und aktuellen Trends bzw. folgen ihren Idolen – heute sind dies Influencer*innen, Gamer*innen, YouTube-Stars und Musiker*innen. In der Auseinandersetzung mit einem Idol – also durch das Idealisieren, Imitieren, später auch Abgrenzung – erarbeiten sich junge Menschen ihre eigene Identität. Sie versuchen sich an vorgelebten (Morgen-)Routinen, genormten Lebensentwürfen, aber auch an Ausbrüchen aus dem bekannten Leben – wie Unge auf Madeira, Montana Black in Buxtehude oder Pamela Fries auf der ganzen Welt –, um ihre eigenen Lebensentwürfe zu finden und in der Auseinandersetzung mit den Werten ihrer Familie und dem eigenen Umfeld zu vergleichen. Sie arbeiten als Selbstmanager*in an einer „Technologie ihres Selbst" (Foucault 1993: 37, zitiert nach Schachtner 2020). Oder anders gesagt: Junge Menschen entwickeln und organisieren sich mit digitalen Medien.

Jan-Hinrik Schmidt identifizierte drei Bereiche als zentral für das digitale Selbstmanagement:

- *Identitätsmanagement* bezieht sich auf die Darstellung individueller Interessen, Erlebnisse, Meinungen und Kompetenzen. In der digitalen Welt gibt es unzählige Möglichkeiten, Fotos, Videos, Texte und andere Inhalte mit vielen zu teilen. Mit dem Handeln auf den Plattformen zeige ich mich mit meinen Interessen und Kompetenzen bzw. denjenigen, die ich den anderen zeigen möchte. Hingegen können die Plattform und deren spezifische Art der Präsentation auch Einfluss darauf haben, wie andere mich – als Akteur*in – wahrnehmen.
- *Beziehungsmanagement* bezieht sich auf die Pflege von bestehenden und das Knüpfen von neuen Beziehungen. Die Pflege von Beziehungen kann beispielsweise durch regelmäßige Interaktion in Gruppen, Chats oder Kommentaren erfolgen. Das Knüpfen neuer Beziehungen kann durch gezieltes Netzwerken, z.B. bei gemeinsamen Interessen, geschehen.
- Das *Informationsmanagement* bezieht sich auf die Selektion und Weiterverbreitung von relevanten Informationen, Wissen und Bildern bzw. Videos. Diese Informationen werden selektiert, bewertet und teilweise verbreitet (vgl. Schmidt/Paus-Hasebrink/Hasebrink 2009: 24).

Insgesamt zeigt sich, dass Identitäts-, Beziehungs- und Informationsmanagement wichtige Aspekte für das persönliche Management in der digitalen Welt sind. Durch eine bewusste Auswahl und Nutzung der digitalen Möglichkeiten erarbeiten Jugendliche ihre Identität, knüpfen und pflegen Beziehungen und verbreiten sowohl Wissen als auch Informationen – also alles Grundlagen jugendlicher Bedürfnisse. Oder wie Mead in seiner Theorie über den Symbolischen Interaktionismus ausführt: „Der Mensch wird als ein schöpferischer Interpret und Konstrukteur seiner eigenen Entwicklung verstanden." (Hurrelmann 2022: 78)

Als „Spielräume der Freiheit" bezeichnet Spanhel digitale Medien und führt weiter aus, dass sie für „junge[n] Menschen lebens- und entwicklungsnotwendig [sind], um mit ihren kleineren oder größeren alltäglichen Problemen, Sorgen, Nöten oder Konflikten fertig zu werden oder an der Bewertung ihrer Entwicklungsaufgaben, zum Beispiel am Aufbau einer eigenen Werteordnung zu arbeiten oder relativ gefahrlos ihre Identität erproben, korrigieren und festigen zu können" (Spanhel 2022: 107). Unterstützend ist es, wenn Erwachsene nicht bewerten, wie gut Jugendliche sich in der digitalen Welt zurechtfinden, sondern über den Blick auf die Bedürfnisse und Sorgen erkennen können, welche Fähigkeiten und Kompetenzen junge Menschen benötigen, um erfolgreich ihre

Entwicklungsschritte umzusetzen. Eine optimale Unterstützung von Jugendlichen ist, ihre individuellen Stärken und Schwächen zu erkennen, sich auf ihre spezifischen Bedürfnisse zu konzentrieren. Außerdem sich aktiv dafür einzusetzen, dass sie die Fähigkeiten und Kompetenzen erlernen, die sie für eine erfolgreiche Persönlichkeitsentwicklung in der digitalen Welt benötigen. Beranek resümiert 2013 schon, dass die Aufgaben und Interessen die gleichen sind wie früher, „nur die Mittel damit umzugehen, haben sich verändert" (Beranek 2013).

In dem Blog-Beitrag stellt Beranek verschiedene Aspekte des jugendlichen medialen Handelns gegenüber, um aufzuzeigen, dass diese nicht ausschließlich negativ zu bewerten sind. Anstatt pauschaler Verurteilungen sollten die positiven Aspekte betrachtet und gewürdigt werden. Beranek kontrastiert dabei falsche Aussagen, wie z.B. „Immer auf ihr Smartphone starren" mit der Ansicht „Ihre Freunde immer bei sich haben, Informationen sammeln und ihre Zeit richtig organisieren". Ein weiteres Beispiel von sechs Paradoxa ist „Nur noch online leben und alles andere vernachlässigen", dem Beranek das Statement „In Kontakt bleiben und sich austauschen" entgegenhält (ebd.). Im Ansatz ist bei der Argumentation das Werte- und Entwicklungsquadrat von Schulz von Thun erkennbar.

> „Mit Hilfe des Werte- und Entwicklungsquadrates kann es uns gelingen, Wertvorstellungen und persönliche Maßstäbe in dynamischer Balance zu halten und in konstruktiver Weise wirksam werden zu lassen." (Schulz von Thun)

Schulz von Thun spricht dabei auch von einer Regenbogenkompetenz, wenn zwei gegenüberstehende Übertreibungen etwas Neues ergeben können (vgl. ebd.). Klassische Medien-Diskussionen laufen häufig zwischen den Übertreibungen „Medien abhängig" und von „Medien abgehängt", daraus könnte ein „Medien, so viel, wie sie guttun", sprich souveräner Umgang entstehen.

Übertragen auf weitere digitale Handlungen (z.B. Kommunikation mittels Schrift, Ton und Bild) wird schnell deutlich, wie wichtig es ist, sich ein ausgewogenes Verständnis über die Art und Weise zu verschaffen, wie Jugendliche digitale Medien für ihre Alltagsbewältigung nutzen. Letztendlich geht es darum, Jugendlichen im Kontext ihrer digitalen Interaktionen und bei einem souveränen Umgang zu unterstützen.

Würden digitale Medien mit ihren Wirkungen und der Relevanz für die jugendlichen Lebenswelten von Jugendarbeiter*innen ignoriert bzw. ausgeblendet, dann würde auch ein relevanter Aspekt des Alltagserlebens der Jugendlichen mit all den Vor- und Nachteilen der Mediatisierung ausgeblendet. Hierbei geht es nicht um eine Deutungshoheit der pädagogischen Fachkräfte bzw. der Erwachsenen. Es geht vielmehr darum, Jugendliche mit ihren Bedürfnissen, Anliegen und Lebensweisen ernst zu nehmen, dadurch Wirksamkeit zu vermitteln, virtuelle wie analoge Räume zur Auseinandersetzung mit sich und der Gesellschaft zu schaffen und Angebote der Orientierung zu bieten (vgl. Röll 2020: 460ff.) Der Versuch, die Lebenswelt der Jugendlichen mit ihrer subjektiven Sicht und Deutung zu verstehen, macht die Jugendlichen zu Expert*innen ihrer Lebenswelt (vgl. Reutlinger/Deinet 2019: 9). Somit wird deutlich, dass Fachkräfte dialogische Kompetenzen brauchen, damit sie in sokratischen Gesprächen Lösungen partizipativ entwickeln können.

Positionen zwischen Alt und Neu

Zusammenfassend lassen sich jeweils drei Positionen in den Bereichen Jugend und deren Entwicklung sowie digitale Medien herausarbeiten:

- *Position Nostalgie:* In dieser verklärten konservativen Haltung glauben Erwachsene, dass sie wissen, wie heutige Jugendliche sich verhalten sollten. Sie begründen ihre Position mit einer idealisierten Sicht auf die vergangene eigene Jugend und erwarten, dass Jugend sich genauso verhält und einen ähnlichen Lebensstil hat. Ein Kollege aus Köln drückte es mal so aus: „De Koh hät verjesse, dat se en Kalv wor."

- *Position Realität*: Jugendliche haben in ihrer Adoleszenz bestimmte Entwicklungsaufgaben und Bedürfnisse, die sie erfüllen sollen. Diese haben sich im Laufe der Jahre wenig verändert und sind elementarer Teil ihres Entwicklungsprozesses. Es ist wichtig, diese Aufgaben und Bedürfnisse als Fachkraft zu kennen und zu berücksichtigen, wenn man mit Jugendlichen arbeitet oder in Kontakt steht (vgl. Schachtner 2013).
- *Position Selbstbestimmung*: In der heutigen Zeit ist der Mensch (und somit auch Jugendliche) in seiner Lebensgestaltung immer weniger durch kulturelle, religiöse oder regionale Vorgaben und Tradition festgelegt, sondern kann sich zunehmend selbstbestimmt verhalten. Im Gegenzug „werden von jedem Menschen hohe Eigenleistungen bei der Gestaltung und Sinngebung des eigenen Lebens und der Sicherung der eigenen Identität verlangt (Hurrelmann 2022: 18).

Durch die verlängerten Ausbildungs- und Qualifizierungsphasen ist es Jugendlichen möglich, die zur Verfügung stehende Zeit und Energie in Aktivitäten in verschiedenen Konsum-, Medien- und Freizeitsektoren (vgl. ebd.) zu investieren. Jugendliche werden durch die Mischung aus eingeschränkter gesellschaftlicher Verantwortung und großzügiger soziokultureller Freiheit tendenziell dazu angeregt, sich offline und online mit Aktions- und Artikulationsmöglichkeiten in den Bereichen Musik, Kleidung und Lebensstil, Sport, Spiel und Beziehungsgestaltung selbst zu verwirklichen.

Nach der Betrachtung von drei unterschiedlichen Perspektiven bezüglich der Entwicklung von Jugendlichen und der damit einhergehenden pädagogischen Haltung werden im Folgenden drei Positionen im Bereich digitaler Medien und den damit verbundenen Herausforderungen in der Medienpädagogik erörtert:

- *Position Konservativ:* In den 90er-Jahren sind PCs und Internet in Büros und Privatwohnungen angekommen und seitdem nutzen jedes Jahr mehr Menschen Computer bzw. digitale Endgeräte für ihre Bedürfnisse. Viele ältere Menschen sprechen dennoch immer noch von Neuen Medien, wenn sie Smartphones, Laptops, Smartwatch oder Pads meinen. Ex-Kanzlerin Angela Merkel betonte 2013: „Das Internet ist für uns alle Neuland". (Kämper 2013) In einer fluiden Gesellschaft und durch die neuen Anforderungen an einen flexiblen Menschen (vgl. Sennett 2000) kann es auch eine Überforderung sein. Die Angst vor der Wandlung ist eine der vier Grundformen der Angst (vgl. Riemann 1961: 17) und kann somit Menschen in ihrem Sein irritieren.
- *Position Neues Normal*: Die Pandemie hat vielen Menschen digitale Arbeitsformen und Tools sichtbar und händelbar gemacht: Videokonferenzen, Padlets, Kommunikation und Öffentlichkeitsarbeit via Social Media, Mindmaps. Digitale Abstimmungen und digitales Brainstorming gab es schon viele Jahre. Medienpädagogische Innovator*innen haben diese Arbeitsweisen bereits seit Jahren als Möglichkeiten gezeigt (vgl. Gerstmann 2021: 33). Die schleichende Wandlung durch digitale Praktiken zeigten die Medienpädagogen Vorderer und Klimmt mit ihren Thesen unter dem Titel „Das neue Normal" auf. „Unterwegs immer online sein", „Permanent erreichbar", „Problemlösen erfolgt unter der Annahme des permanenten Zugangs zu allem relevanten Wissen" sowie „Netzzugang als Voraussetzung für Wohlbefinden" sind nur einige wenige der 15 Thesen, die ein neues Normal im Jahre 2016 beschreiben (vgl. Vorderer/Klimmt 2016).
- *Position Zukunft*: Im gegenwärtigen Diskurs werden Künstliche Intelligenz, Metaverse und VR-Brillen durchaus kontrovers debattiert, aber auch intensiv erprobt. Eine Gruppe von medienpädagogischen Innovator*innen beschäftigt sich mit der Entwicklung von Konzepten, welche die Einsatzmöglichkeiten sowie die Grenzen dieser Technologien aufzeigen. Metaverse möchte uns aktuell vielfältige Möglichkeiten nahelegen. Einige Firmen versprechen

sogar derzeit das Blaue am Himmel und suggerieren, dass Künstliche Intelligenz die anstrengende Denkarbeit übernimmt. Wird es so kommen?

Fazit

Es bleibt festzuhalten: Bedürfnisse Jugendlicher nach Anerkennung, Autonomie und Selbstwirksamkeit bleiben weitgehend gleich, obwohl die Jugendphase immer länger geworden ist. Junge Menschen müssen sich positionieren, ausprobieren und in einer unplanbaren Zukunft eine eigene Perspektive erarbeiten. Hierfür nutzen sie in vielfältiger, kreativer Art digitale Medien. Dieses Handeln und diese Inhalte und Interessen bekommen Erwachsene nur am Rande mit, verstehen sie oft nicht richtig und können sie zumeist nicht nachvollziehen.

Diese Aufgaben erarbeiten sich junge Menschen in einer fluiden Gesellschaft, die sich mit den Auswirkungen der digitalen Transformation und verschiedenen Krisen selbst positionieren muss.

So bleibt die Rolle von Fachkräften gleich: zuhören, verstehen und nachfragen; dies nicht nur bezogen auf den sichtbaren Alltag, sondern auch auf alle Facetten der Jugendlichen. Des Weiteren fungieren sie als Erklärende, die jugendliches Handeln anhand von Entwicklung erkennen und gegebenenfalls vermitteln können. Ob sie bestimmtes Verhalten akzeptieren, ist eine andere Frage, aber sie können – in diesem Fall müssen sie – weiterhin als Anwält*innen jugendliches Handeln erklären, vielleicht sogar verteidigen. Das heißt u.a., dass sie in Gremien, Familien-, Nachbarschafts- und Pressegesprächen jugendliches Handeln erklären, Lobbyarbeit für Jugendarbeit und Medienpädagogik machen sowie Kolleg*innen das aktuelle Medienhandeln an den Bedürfnissen Jugendlicher aufzeigen.

Digitale Medien wandeln sich schnell, einiges geht in den Alltag über, anderes ploppt nur kurzfristig auf. Eine Aufgabe ist hier, als medienpädagogische Fachkraft Diskurse zu beruhigen. Als Beispiele seien die (medialen) Diskussionen um die Kinovorstellungen von *Creed III*, inklusive TikTok-Videos darüber (von Gehlen 2023), oder die Artikel über die DAK-Längsschnittstudie zur Mediennutzung (vgl. DAK-Gesundheit 2023) genannt. Der fachliche Blick und eine Einordnung von aktuellem Phänomen ist eine Aufgabe von Medienpädagog*innen. Weitere Aufgaben sind, mit Jugendlichen in Klassen, Jugendzentren oder Jugendverbänden darüber zu diskutieren oder gemeinsam ins Medienhandeln zu kommen. Also doch die klassische Medienkompetenz seit den 1990er-Jahren von Baacke: Medienkritik, Medienkunde, Mediennutzung und Mediengestaltung.

Autor

Markus Gerstmann: Medienpädagoge beim ServiceBureau Jugendinformation; interessiert sich in seiner langjährigen Arbeitszeit für jugendliches Medienhandeln; analysiert und entwickelt Workshopkonzepte für Schüler*innen, Student*innen, Fachkräfte und Eltern zur Medienkompetenz und schreibt Artikel darüber.

Literatur

Beranek, Angelika (2013): Wochenrückblick KW28. Abrufbar unter: http://medienpaedagogik-bayern.com/2013/07/12/wochenruckblick-kw28/ [Stand: 29.03.2023].

Boyd, Dana (2014): Es ist kompliziert. Das Leben der Teenager in sozialen Netzwerken. München: Redline Verlag.

BR24 (2023): Umbruch – Der Tech-Podcast von BR24, Folge 49 und 50. Abrufbar unter: www.br.de/mediathek/podcast/umbruch-der-tech-podcast-von-br24/648 [Stand: 29.03.2023].

DAK-Gesundheit (2023): Nutzung digitaler Medien im Kindes- und Jugendalter. Wiederholungsbefragung. Abrufbar unter: www.dak.de/dak/bundesthemen/dak-studie-in-pandemie-hat-sich-mediensucht-verdoppelt-2612364.html#/ [Stand: 30.05.2023].

Delouya, Samatha (2022): Nearly half of Gen Z is using TikTok and Instagram for search instead of Google, according to Google's own data. Abrufbar unter: www.businessinsider.com/nearly-half-genz-use-tiktok-instagram-over-google-search-2022-7 [Stand: 29.03.2023].

Erikson, Erik: Stufenmodell der psychosozialen Entwicklung. Abrufbar unter: https://de.wikipedia.org/wiki/Stufenmodell_der_psychosozialen_Entwicklung#Die_acht_Stadien [Stand: 29.03.2023].

Erikson, Erik (1993) [1950]: Childhood and Society. New York, NY: W. W. Norton & Company.

Gerstmann, Markus (2021): Was passiert, wenn Achilles die Schildkröte einholt. In: von Gross, Friederike/Röllecke, Renate (Hrsg.): Mehr als Homeschooling und Onlinebasteln. Dieter Baacke Handbuch 16. München: kopaed, 33-39.

Gerstmann, Markus (2022): TikTok-Camp. Abrufbar unter: https://servicebureau.de/medienpaedagogik/tiktok-camp [Stand: 29.03.2023].

Grässer, Lars (2021): Limitierte Öffentlichkeiten: Das „Dark" und „Private" Social. Abrufbar unter: www.grimme-akademie.de/projekte/aktuell/foe/d/limitierte-oeffentlichkeiten-das-dark-und-private-social [Stand: 29.03.2023].

Grawe, Klaus (2000): Menschliche Grundbedürfnisse als oberste Sollwerte der psychischen Aktivität. In: Grawe, Klaus: Psychologische Therapie. Göttingen, 383-452.

Havighurst, Robert J. (1953): Entwicklungsaufgaben nach Havighurst: Abrufbar unter: https://de.wikipedia.org/wiki/Entwicklungsaufgabe [Stand: 29.03.2023].

Kämper, Vera (2013): Die Kanzlerin entdeckt #Neuland. Abrufbar unter: www.spiegel.de/netzwelt/netzpolitik/kanzlerin-merkel-nennt-bei-obama-besuch-das-internet-neuland-a-906673.html [Stand: 29.03.2023].

Lenzen, Manuela (2020): Künstliche Intelligenz, Fakten, Chancen, Risiken. München: C.H. Beck.

mpfs – Medienpädagogischer Forschungsverbund Südwest (Hrsg.) (2022): JIM-Studie 2022. Jugend, Information, Medien. Basisuntersuchung zum Medienumgang 12- bis 19-Jähriger. Abrufbar unter: https://www.mpfs.de/studien/jim-studie/2022/ [Stand: 29.03.2023].

Quenzel, Gudrun/Hurrelmann, Jürgen (2022): Lebensphase Jugend. 14. Auflage. Weinheim: Beltz.

Riemann, Fritz (1961): Grundformen der Angst. München.

Reutlinger; Christian/Deinet, Ulrich (2019): Sozialmagazin 3-4. Weinheim: Beltz, 10.

Röll, Franz Josef (2020): (Digitale) Medien in der Kinder- und Jugendarbeit. In: Kutscher, Nadja et al.: Handbuch Soziale Arbeit und Digitalisierung. Weinheim: Beltz, 457ff.

Schachtner, Christine (2020): Narrative Selbstkonstruktion. In: merz | medien + erziehung, 04/20, 9.

Schachtner, Christina (2012]: Digital vernetzt – Beziehungen in virtuellen Räumen. In: merz – medien + erziehung, 02/2012, 42-48.

Schmidt, Jan-Hinrik/Paus-Hasebrink, Ingrid/Hasebrink, Uwe (Hrsg.) (2009): Heranwachsen mit dem Social Web. Zur Rolle von Web 2.0-Angeboten im Alltag von Jugendlichen und jungen Erwachsenen. Vistas Verlag.

Schulz von Thun, Friedemann (2014): Miteinander reden: 2. Stile, Werte und Persönlichkeitsentwicklung. Differenzielle Psychologie der Kommunikation. Hamburg: Rowohlt.

Schulz von Thun, Friedemann: Das Werte- und Entwicklungsquadrat. Abrufbar unter www.schulz-von-thun.de/die-modelle/das-werte-und-ent wicklungsquadrat [Stand 03.06.2023].

Sennett, Richard (2000): Der flexible Mensch – Die Kultur des neuen Kapitalismus. btv Verlag.

Spanhel, Dieter (2013): Kinder, Jugendliche und junge Erwachsene in digitalisierten Lernwelten. In: Kutscher, Nadja et al.: Handbuch Soziale Arbeit und Digitalisierung. Weinheim: Beltz, 101ff.

von Gehlen, Dirk (2023): Digitale Notizen. Abrufbar unter: www.dirkvongehlen.de/ich/aufregung-fuer-aufmerksamkeit-was-kino-randale-reternity-und-die-letzte-generation-gemeinsam-haben/ [Stand: 29.03.2023].

Vorderer, Peter/Klimmt, Christoph (2016): Das neue Normal. Abrufbar unter: www.zeit.de/2016/05/online-kommunikation-leben-alltag-auswirkungen [Stand: 29.03.2023].

Kai-Uwe Hugger

Formen und Praktiken der Sozialität jugendlichen Medienhandelns

Die Sozialität des jugendlichen Medienhandelns im Internet nimmt differenzierte Formen an, seien es auf der einen Seite soziale (Protest-) Bewegungen, Szenen oder Cliquen, seien es auf der anderen Seite unterschiedliche mediale Praktiken, die in diesen beobachtet werden können. Welche Anforderungen ergeben sich dadurch für die Entwicklung von Jugendlichen, die unter den gegenwärtigen Mediatisierungsbedingungen aufwachsen? Und welche Perspektiven lassen sich für pädagogisches Handeln schlussfolgern?

In der gegenwärtigen wissenschaftlichen Forschung wird ein differenziertes und vielfältiges Bild der Sozialität jugendlichen Handelns mit digitalen Medien bzw. im Internet gezeichnet. Dabei zeigt sich grundsätzlich, dass der Mediengebrauch von Jugendlichen von den Entwicklungs- und Lebensaufgaben beeinflusst wird, die sie jeweils bewältigen müssen. Neben Schule, Lehre und Ausbildung, Berufseinstieg und Partner*innenwahl gehören dazu auch Freundschafts- und Peerbeziehungen. Das Medienrepertoire der jungen Menschen, also das Repertoire, das sie sich aus dem vorhandenen Medienangebot selbst zusammenstellen, erklärt sich mit Blick auf die Frage der Sozialität aus ihren alltäglich und biografisch anstehenden schulischen, beruflichen und privaten Herausforderungen und Übergängen. Weitere zentrale Bezugspunkte für die Sozialität jugendlichen Medienhandelns finden sich im Wunsch, soziale Zugehörigkeit zu gewinnen und aufrechtzuerhalten, sowie im Interesse, sich vor allem ortsbezogen zu vergemeinschaften (vgl. Hepp/Berg/Roitsch 2022: 215). Schließlich ist der Mediengebrauch in kollektiven jugendlichen Lebenszusammenhängen auch durch die „spezifischen sozio-ökonomischen und sozio-emotionalen Bedingungen grundiert – etwa indem bestimmte kostspielige Angebote nicht genutzt werden können oder gerade auf eine nahezu exzessive Medienausstattung Wert gelegt wird, um auf diese Weise Sozialprestige im Freundeskreis zu generieren" (Paus-Hasebrink/Sinner 2021: 297).

Formen der Sozialität jugendlichen Medienhandelns

Welche Formen der Sozialität jugendlichen Medienhandelns werden vor diesem Hintergrund in der Forschung diskutiert? Drei Beispiele seien an dieser Stelle genannt:

Soziale Protestbewegungen: Fridays for Future

Digitalen Medien wird in den letzten Jahren stets ein Einfluss auf gegenwärtige Protestbewegungen attestiert (vgl. Moser 2014). So zeigt sich, dass das Smartphone und soziale Medien den rasanten Erfolg von Fridays for Future (FFF) erst ermöglicht und unterstützt haben (vgl. von Wehrden/Kater-Wettstädt/Schneidewind 2019). Bei FFF engagieren sich seit 2018 zahlreiche junge Menschen und gehen auf die Straße, um für Klimaschutz zu protestieren. Die größte Altersgruppe, die bei den Novemberprotesten 2019 identifiziert wurde, sind die 14- bis 25-Jährigen (vgl. Sommer et al. 2020). Die jugendlichen FFF-Sympathisanten verbinden sich über die digitalen Medien und nutzen sie als Informationsquelle. Gleichwohl stehen für die jugendlichen Demonstrierenden persönliche Kontakte und Gespräche mit Gleichaltrigen an erster Stelle, wenn es um Informationsgewinnung über FFF und die Entscheidung geht, an einer Demonstration teilzunehmen (vgl. ebd.).

Jugendszenen

In der Jugendforschung werden Jugendszenen als Form von lockerem Netzwerk verstanden, zu dessen Charakteristika es u.a. gehört, dass sich in ihm unbestimmt viele beteiligte Personen und Personengruppen aufgrund bestimmter Interessen eine Zeit lang vergemeinschaften (vgl. Hitzler/Niederbacher 2010). Es zeigt sich, dass digitale Medien wesentlich zur kommunikativen Vernetzung, zur Informationsbeschaffung und zur Identitätsarbeit der Mitglieder und Sympathisanten innerhalb von Jugendszenen beitragen (vgl. Hugger 2014).

Dies gilt z.B. für musikorientierte Jugendszenen wie Gothic, Punk, Emo, Indie oder Metal. Während seit den 2000er-Jahren auch einige neue Musikszenen bekannt geworden sind, die ausschließlich online entstanden sind (Visual Kei aus Japan) oder online stattfinden (E-Girls/E-Boys) (vgl. von Gross 2022), gibt es andere, die einen digitalen Wandel erlebt haben. So hat sich etwa die Indie-Szene von einer insbesondere auf das realweltliche Aufstöbern von neuen Bands und an Musiktiteln orientierter Kultur (z.B. in Plattenläden, auf Flohmärkten, CD-Tauschbörsen) zu einer neuartigen Gestalt von Szene entwickelt, die sich einer Vielfalt von transnationalen Online-Magazinen, Web-Diensten und musikbezogenen sozialen Netzwerken im Internet bedient, um musikalisches Wissen für die Entdeckung von Innovativem zu sammeln. Diese Art der diversifizierten Nutzung von Web-Angeboten ließ – so Paul Eisewicht und Tilo Grenz – den bisher bekannten, übergreifenden szeneförmigen Gruppenzusammenhang brüchig werden und führte zu einem „transnationalen Stilisierungs- und Sinnbasar" (Eisewicht/Grenz 2011: 399), der für die gegenwärtige Gestalt der Indie-Szene verantwortlich sei: eine „schnelllebige, zumindest auf gewisse Zeit stabilisierte ‚glokale'" (ebd.) Form von Jugendkultur.

Die Entwicklung und Gestaltung sozialer Beziehungen innerhalb ihrer Szenen organisieren die Jugendlichen sowohl offline (Face-to-Face) als auch online, z.B. über Instant Messenger oder Social Media, je nach individuellen und kollektiven Vorlieben sowie passenden zeitlichen und räumlichen Rahmenbedingungen. Dabei sind sich die Jugendlichen über die unterschiedlichen Qualitäten der kommunikativen Modi mit und ohne Medien im Klaren:

> „Sie wählen je nach Bedarf ein Chat- oder ein Face-to-Face-Gespräch, eine knappe SMS oder eine ausführliche E-Mail und unterscheiden nach eigenen beziehungsspezifischen Kriterien zwischen verschiedenen Kommunikationsformen." (Krotz/Schulz 2014: 37)

Cliquen

Cliquen sind soziale Gruppen von Jugendlichen, „die sich in der Freizeit treffen, Nachmittage miteinander verbringen und sich vergemeinschaften, in denen spezifische Werte wie Spaß haben und Lernen wichtig sind und die sich gegenseitig unterstützen" (Ecarius 2020: 179). Auch in den jugendlichen Cliquen gehören die digitalen Medien und insbesondere das Mobiltelefon bzw. Smartphone zu ständigen Begleitern. Dies wird etwa in einer Langzeitstudie über eine Gruppe von 16-jährigen männlichen Freunden deutlich, die sich für Hip-Hop begeistern (Krotz/Schulz 2014). Die in der Studie befragten Jugendlichen benutzen das Smartphone zur Organisation ihrer Beziehungen und für die Selbstpräsentation:

> „Ihre Handys gestalten sie mit szenetypischen Logos und Animationen als Displayhintergrund, wählen die Musik ihrer Stars als Klingelton und fotografieren während des Shoppens Schuhe oder Kleidung, die sie gern besitzen würden. Darüber hinaus verabreden sich die Jugendlichen flexibel per SMS und telefonieren an den Wochenenden oft stundenlang, um trotz räumlicher Distanz miteinander verbunden zu sein. Unter anderem über diese Praktiken konstituieren sich die für beste Freundschaften typischen Formen von Gemeinsamkeit und Nähe." (Krotz/Schulz 2014: 38f.)

Mediatisierte Jugend

Insgesamt wird zwar der Jugend-Forschung eine „begriffliche Unschärfe" (Ecarius 2021) attestiert, mit welchen Begriffen sie heute die kollektiven Lebensformen von Jugendlichen zu bezeichnen versucht und welche Erklärungskraft sie Cliquen, Jugendkulturen, Jugendsubkulturen oder Jugendszenen (auch) mit Blick auf digitale Medien zuerkennt.

Jenseits dessen ist aber fraglos, dass sich das Handeln in sozialen Gruppen von Jugendlichen gegenwärtig als mediatisiert beschreiben lässt (vgl. Hugger/Tillmann 2021). Dies bedeutet einerseits, dass die Orte, Formen des Handelns, Kommunikation und Identitätsfindung von Jugendlichen nicht mehr angemessen zu verstehen sind, wenn nicht die durchdringende Relevanz der digitalen Medien und Medienangebote analytisch einbezogen wird.

Andererseits haben Mediatisierungsprozesse auch immer individuelle, soziale und kulturelle Dimensionen, sind also ein Bestandteil sozialen Wandels insgesamt (vgl. Krotz 2007). Die Auswirkungen von Mediatisierungsprozessen auf Jugendliche und ihre Sozialität dürfen also nicht medienzentriert missverstanden werden, wenn es darum geht, die Bedeutung von veränderten kulturellen und sozialen Formen des Handelns und Zusammenlebens mit Medien für die Lebensformen von Jugendlichen zu interpretieren.

Mediale Praktiken

Vor diesem Hintergrund lassen sich zur Sozialität jugendlichen Handelns mit digitalen Medien verschiedene Praktiken von Jugendlichen benennen, die die Forschung in den letzten Jahren identifiziert hat. Zu diesen gehören:

Partizipieren

Durch Internet und Social Media entstehen „participatory cultures" (Jenkins 2006) von jugendlichen Fans. Unter Mediatisierungsbedingungen wird von Fans eine aktive Teilhabe erwartet, weil sie z.B. von neuen TV-Serien, aber auch von ihren Stars und Idolen ermutigt werden, nach zusätzlichen und weiterführenden Informationen im Internet zu suchen und sich in den sozialen Medien darüber auszutauschen. Die Fans stellen medienkonvergente Verbindungen zwischen den in unterschiedlichen Medien verfügbaren Inhalten her. Dabei sind sie aber auch auf die sozialen Beziehungen zu Gleichgesinnten und Peers angewiesen, wodurch Kollektive entstehen, in denen Wissen gemeinsam geschaffen, zirkuliert und debattiert wird.

Partizipative Kulturen von jungen Menschen im Social Web finden sich z.B. unter den Autor*innen von Fan Fiction, deren partizipative und zugleich kreative fankulturelle Praktiken auch als „netzbasierte szenische Vergemeinschaftsform" (Stock/Nieland 2019) beschrieben wird. Sie bilden sich heraus, indem Akteur*innen eines Fandoms gemeinsam auf Basis bekannter Charaktere, Erzählungen und Settings Geschichten weiterentwickeln und umdeuten, mit Bezug z.B. auf eine koreanische Pop-Band, Bücher und Filme der Twilight-Saga oder Mangas. Die szenetypischen Treffpunkte sind vor allem im Internet zu finden, der kommunikative Austausch erfolgt über verschiedene Netzwerke, zu denen etwa Facebook, WhatsApp, Tumblr oder die jeweiligen Fan-Fiction-Plattformen gehören.

Kommunikativ vernetzen und begrenzen

Wie bereits deutlich werden sollte, bieten die digitalen Medien, insbesondere das Smartphone, jungen Menschen die Möglichkeit, sich im Rahmen von unterschiedlichen sozialen Gruppen gemeinsam kommunikativ zu vernetzen. Hiermit ist jedoch keine grenzenlose Kommunikation gemeint, wie sie das allzu homogene Generationenbild des Digital-Natives-Mythos nahelegen. Vielmehr zeigen empirische Studien, dass das Agieren von Jugendlichen und jungen Erwachsenen im Internet auch häufig durch „kommunikative Grenzziehungen" (Hepp/Berg/Roitsch 2014) geprägt ist. Darunter zu fassen sind „alle Handlungen bzw. Praktiken des beabsichtigten Nicht- oder nur beschränkten Kommunizierens mit Medien. Dabei bedeutet kommunikative Grenzziehung neben der generellen Nicht-Nutzung bestimmter Medien vor allem die (situative) Kommunikationsvermeidung zu bestimmten Zeiten, an bestimmten Lokalitäten sowie in bestimmten sozialen Kontexten" (ebd.: 177).

Die in der Untersuchung von Hepp/Berg/Roitsch (2014) durchgeführten Interviews mit jungen Erwachsenen legen nahe, dass sich diese darüber bewusst sind, in bestimmten Situationen kommunikative Grenzziehungen vornehmen zu müssen. Im Hinblick auf die Vergemeinschaftung mit Gleichgesinnten und Peers bezieht sich dies etwa darauf, dass die jungen Menschen managen, wie sie über digitale Medien (Smartphone, Laptop etc.) einen Zugang zu ihren verschiedenen sozialen Gruppen herstellen, ihre Beziehungen managen und somit auch Gruppen voneinander abgrenzen. Kommunikative Grenzziehung bedeutet für die jungen Erwachsenen aber auch, sich des eigenen Medienbudgets bewusst zu sein und dieses zu gestalten bzw. zu limitieren.

Visualisieren

Fotos und Bewegtbilder in Social Media sind ein fester Bestandteil der alltäglichen Kommunikation und Interaktion von Jugendlichen innerhalb ihrer Peergroups: WhatsApp, Instagram, YouTube, TikTok und Snapchat sind 2022 die meistgenutzten Online-Plattformen unter 12- bis 19-Jährigen und mit zunehmendem Alter der Jugendlichen nehmen sie an Bedeutung zu (vgl. mpfs 2022).

Wichtiger Bestandteil jugendlicher Peergroups ist – jenseits der Darstellung von Beziehungen durch den Upload von Personenaufnahmen – das Produzieren, Posten und anschließende online stattfindende Aushandeln von Bildern gemeinsamer Erlebnisse wie z.B. Ausflügen und Partys.

> „Im Rahmen dieser Erlebnisdarstellungen konstituiert sich die Gruppe von Freunden anhand der Abbildung bei gemeinsamen Aktivitäten oder durch die anschließenden kommunikativen Bezugnahmen. Durch Verlinkungen können beteiligte Mitglieder der Gruppe als Teil der Unternehmung gewissermaßen konnotativ hinzugefügt werden, auch wenn diese auf dem Bild selbst gar nicht zu sehen sind. Gleichzeitig können diese durch das Aufzeigen von ‚Insiderwissen' in Form von Bildkommentaren ihre Teilhabe demonstrieren." (Autenrieth/Neumann-Braun 2016: 348)

Insgesamt wird in den Ergebnissen der Medienforschung die zunehmende Relevanz visueller Praktiken in der Sozialität jugendlichen Handelns in Social Media deutlich. Social Media und mobile Apps begünstigen den für Jugendliche elementaren permanenten Austausch mit Freundschaften, Clique und Szenen. Mithilfe von Links, Likes und Kommentaren werden „komplexe Beziehungsdifferenzierungen und Statusaushandlungen" (ebd.: 347) vorgenommen. Allerdings ist die übliche Praxis des Verlinkens und Taggings, mit der einerseits gegenseitige Verbundenheit signalisiert, andererseits eine Maximierung des potenziellen Publikums erreicht werden kann (vgl. ebd.), ein dynamischer Prozess. Denn z.B. mit zunehmendem Alter betrachten die Jugendlichen ihren Mediengebrauch und somit auch die Online-Darstellung ihrer Beziehungen reflektierter (vgl. Paus-Hasebrink/Sinner 2021: 192)

Veränderte Anforderungen an das heranwachsende Subjekt

Zusammengefasst nimmt also die Sozialität des jugendlichen Medienhandelns im Internet differenzierte Formen an, seien es auf der einen Seite soziale (Protest-)Bewegungen, Szenen oder Cliquen, seien es auf der anderen Seite unterschiedliche mediale Praktiken, die in diesen beobachtet werden können.

Wie ist nun dieses Ergebnis mit Blick auf die gegenwärtigen Anforderungen des Aufwachsens von Jugendlichen unter Mediatisierungsbedingungen zu interpretieren? Anknüpfend an den theoretischen Vorschlag von Reckwitz (2017) geht es in der heutigen Jugendphase für das Subjekt darum, seine Einzigartigkeit leben und präsentieren zu können, „auf authentische Weise ‚ich selbst' zu sein" (ebd.: 247). Das Streben nach *Authentizität* in den sozialen Medien ist für das „digitale Selbst" von essentieller Bedeutung. Das Subjekt nimmt in den sozialen Medien an einem ständigen „digitalen Aufmerksamkeits- und Attraktivitätswettbewerb" (ebd.) teil, unter Bedingungen eines „Kampfes um Sichtbarkeit und Wertschätzung mit anderen Profilen, Blogs etc. [...]. Allein wenn das Subjekt auf eine authentische und interessante Weise als einzigartig wahrgenommen, das heißt sichtbar wird, hat es eine Chance, in diesem Kampf zu bestehen und dauerhaft auch Singularitätskapital zu akkumulieren, das im Spiel des Sozialen eine soziale Position und Anerkennung sichert" (ebd.).

Vor diesem Hintergrund könnte für das heranwachsende Subjekt die Bedeutung seiner gegenwärtigen sozialen Gruppen darin liegen – wie Ecarius (2020) formuliert –, dass es dort lernt, „sich selbst zu organisieren zwischen Kommerz und Medien, Selbstinszenierung und Fremdinszenierung, zwischen unterschiedlichen Wahrheiten oder erzählten Geschichten, wobei Übergänge alltägliche Praxis sind" (Ecarius 2020: 181). Wenn diese These richtig ist – sie erscheint plausibel, bedarf aber noch weiterer theoretischer und empirischer Erforschung – folgt daraus auch eine pädagogische Perspektive, nicht zuletzt für die Schule.

Verknüpfung von informellem und formalem Lernen als pädagogische Perspektive

Die Bewältigung dieser stark medienbezogenen Lern- und Entwicklungsaufgabe erfordert von den Jugendlichen Kompetenzen, die in medienpädagogischer Hinsicht vor allem den Erwerb von Medienkompetenz und Medienbildung (vgl. Hugger 2022) adressieren. Diese werden mit Blick auf Peergruppen insbesondere in Selbstsozialisationsprozessen erworben, so dass pädagogische Überlegungen zunächst auf informelle Lernprozesse gelenkt werden: Das informelle Lernen in Peergroup, Cliquen oder Szenen bezieht sich „zum einen auf die vielfältigen Beziehungssituationen sowie den Erwerb von Kompetenzen bezüglich der Kommunikation und Interaktion [...], zum anderen auf den Bereich der Reflexion und der Selbstüberprüfung, werden doch in der Konfrontation mit anderen Jugendlichen bzw. Gruppen [...] die eigenen Interessen, Denk- und Handlungsmuster, Perspektiven und Horizonte geprüft, in Frage gestellt, modifiziert, erweitert und stabilisiert. Dieser Prozess der Entwicklung von persönlichen Werteinstellungen, Vorlieben und einer subjektiven Reflexivität geschieht in den Gruppen oft unbewusst, meist nebenbei und implizit, bewirkt aber ein hohes Maß an gleichzeitiger Verunsicherung und Selbstvergewisserung, an Nachdenken und Überprüfung der eigenen Standpunkte und Vorstellungen" (Rauschenbach et al. 2004: 32).

Informelles Lernen in Peergruppen stellt freilich keinen Gegensatz zum formalen Lernen in der Schule dar. So ist einerseits Schule heute nicht mehr nur ein Ort der Vermittlung und des Erwerbs von Wissen, sondern auch ein Ort, in dem Jugendliche einen Teil ihrer Freizeit verbringen und gestalten (vgl. ebd.). Andererseits belegen Untersuchungen, dass z.B. das von Schüler*innen im informellen und peerbezogenen Lernen angeeignete stilspezifische Wissen, wie die Kenntnis von Bands, musikalischen Stilrichtungen und entsprechenden Formen der Selbstpräsentation, von einzelnen Lehrer*innen durchaus wahrgenommen und in den formalen Unterricht integriert werden kann (vgl. Pfaff 2008).

Insofern gibt es gute Gründe dafür, dass eine solche Integration im Schulunterricht auch im Hinblick auf die von jugendlichen Peergruppen erworbene Medienkompetenz und Medienbildung fruchtbar gemacht werden sollte.

Autor

Prof. Dr. Kai-Uwe Hugger: Professor für Medienpädagogik und Mediendidaktik an der Humanwissenschaftlichen Fakultät der Universität zu Köln; Arbeitsschwerpunkte: Jugendmedienforschung, Mediensozialisation, Medienkompetenzforschung und Medienpädagogische Professionalisierung.

Literatur

Ecarius, Jutta (2020): Peergroups: Cliquen, offene Gruppen, Szenen oder Jugendkulturen? In: Gibson, Anja/Hummrich, Merle/Kramer, Rolf Torsten (Hrsg.): Rekonstruktive Jugend(kultur)-

forschung, Flashback – Flashforward. Wiesbaden: Springer VS, 167-184.
Eisewicht, Paul/Grenz, Tilo (2011): Mediatisierung einer Szenepraxis. Indie als Hybrid transnationaler und lokaler Kontexte. In: Diskurs Kindheits- und Jugendforschung, Jg. 6, H. 4, 387-401.
Hepp, Andreas/Berg, Matthias/Roitsch, Cindy (2014): Mediatisierte Welten der Vergemeinschaftung. Wiesbaden: Springer VS.
Hepp, Andreas/Berg, Matthias/Roitsch, Cindy (2022): Mediengenration und Vergemeinschaftung. Digitale Medien und der Wandel unseres Gemeinschaftslebens. Wiesbaden: Springer VS.
Hitzler, Ronald/Niederbacher, Arne (2010): Leben in Szenen. Formen juveniler Vergemeinschaftung heute. Wiesbaden: Springer VS.
Hugger, Kai-Uwe (2014) (Hrsg.): Digitale Jugendkulturen. Wiesbaden: Springer VS.
Hugger, Kai-Uwe/Tillmann, Angela (2021): Kindheit und Jugend im Wandel. Veränderte Medienumgebung und Mediennutzung. In: Krüger, Heinz-Hermann/Grunert, Cathleen/Ludwig, Katja (Hrsg.): Handbuch Kindheits- und Jugendforschung. Wiesbaden: Springer VS.
Hugger, Kai-Uwe (2022): Medienkompetenz. In: Sander, Uwe/von Gross, Friederike/Hugger, Kai-Uwe (Hrsg.): Handbuch Medienpädagogik. Wiesbaden: Springer VS, 67-80.
Jenkins, Henry (2006): Fans, Bloggers and Gamers: Exploring Participatory Culture. Essays on Participatory Culture. New York: NYU Press.
Krotz, Friedrich (2007): Mediatisierung. Fallstudien zum Wandel der Kommunikation. Wiesbaden: Springer VS.
Krotz, Friedrich/Schulz, Iren (2014): Jugendkulturen im Zeitalter der Mediatisierung. In: Hugger, Kai-Uwe (Hrsg.): Digitale Jugendkulturen. Wiesbaden: Springer VS, 31-44.
mpfs – Medienpädagogischer Forschungsverbund Südwest (2021): JIM-Studie 2021. Jugend, Information, Medien. Basisstudie zum Medienumgang 12- bis 19-Jähriger. Stuttgart.
Moser, Heinz (2014): Die Veränderung der politischen Teilnahme und Partizipation im Zeitalter der digitalen Netze. In: Biermann, Ralf/Fromme, Johannes/Verständig, Dan (Hrsg.): Partizipative Medienkulturen. Positionen und Untersuchungen zu veränderten Formen öffentlicher Teilhabe. Wiesbaden: Springer VS, 21-48.
Paus-Hasebrink, Ingrid/Sinner, Philip (2021): 15 Jahre Panelstudie zur (Medien-)Sozialisation. Wie leben die Kinder von damals heute als junge Erwachsene? Baden-Baden: Nomos.
Pfaff, Nicole (2008): Jugendkulturen als Kontexte informellen Lernens – Nur ein Risiko für die Schulkarriere? In: Zeitschrift für Pädagogik, Jg. 54, H. 1, 34-48.
Rauschenbach, Thomas/Leu, Hans Rudolf/Lingenauber, Sabine/Mack, Wolfgang/Schilling, Matthias/Schneider, Kornelia/Züchner, Ivo (2004): Nonformale und informelle Bildung im Kindes- und Jugendalter. Konzeptionelle Grundlagen für einen Nationalen Bildungsbericht. Berlin.
Reckwitz, Andreas (2017): Die Gesellschaft der Singularitäten. Zum Strukturwandel der Moderne. Frankfurt a.M.: Suhrkamp.
Sommer, Moritz/Haunss, Sebastian/Gardner, Beth G./Neuber, Michael/Rucht, Dieter (2020): Wer demonstriert da? Ergebnisse von Befragungen bei Großprotesten von Fridays for Future in Deutschland im März und November 2019. In: Haunss, Sebastian/Sommer, Moritz (Hrsg.): Fridays for Future – Die Jugend gegen den Klimawandel: Konturen der weltweiten Protestbewegung. Bielefeld: transcript Verlag, 15-66.
Stock, Moritz/Nieland, Jörg-Uwe (2019): Fan Fiction als szenische Vergemeinschaftung: Text- und Bedeutungsproduktionen und ihre Verhandlungen. In: Böder, Tim/Eisewicht, Paul/Mey, Günter/Pfaff, Nicole (Hrsg.): Stilbildungen und Zugehörigkeit, Erlebniswelten. Wiesbaden: Springer VS, 45-66.
von Gross, Friederike (2022): Diskussionsfelder der Medienpädagogik: Jugendkulturen, Musik und Medien. In: Sander, Uwe/von Gross, Friederike/Hugger, Kai-Uwe (Hrsg.): Handbuch Medienpädagogik. Wiesbaden: Springer VS, 647-654.
von Wehrden, Henrik/Kater-Wettstädt, Lydia/Schneidewind, Uwe (2019): Fridays for Future aus nachhaltigkeitswissenschaftlicher Perspektive. In: GAIA – Ecological Perspectives for Science and Society, Jg. 28, Heft 3, 307-309.

Sonja Ganguin/Johannes Gemkow

Mediatisierte Vergemeinschaftungen von Jugend

Sozialbeziehungen von Jugendlichen sind heute zum großen Teil mediatisiert. Das bedeutet, dass Jugendliche heute mehr denn je über soziale Medien Beziehungen und damit auch Gemeinschaften zu anderen aufbauen und pflegen. Dieser Beitrag gibt einen Blick darauf, warum die Erforschung dieser mediatisierten Vergemeinschaftungen von Jugend so wichtig ist, auf welchen theoretischen Ansätzen diese aufbauen und welche Folgen dieser Vergemeinschaftungen sich bereits zeigen.

Medienpädagogische Jugendforschung bedeutet nicht mehr nur, Jugend im Kontext eines kontinuierlichen Wandels zu beobachten, sondern vor dem Hintergrund einer tiefgreifenden Mediatisierung den Blick auf Transformationen jugendlicher Lebenswelten zu lenken. Dabei zeigen sich für uns zwei wesentliche Transformationen: erstens der Strukturwandel der Öffentlichkeit und zweitens die Bildung sozialer Beziehungen durch soziale Medien. Der Strukturwandel der Öffentlichkeit begleitet in Form von transformativen Partizipationsmöglichkeiten und -paradoxien, sozio-ökologischen Verteilungen und neuen epistemischen Orientierungen die medienpädagogische Jugendforschung.

Die zweite Transformation ist durch die Bedingungen und Formen der Bildung von sozialen Beziehungen im Jugendalter gegeben. Posttraditionale Gemeinschaften werden in ihrer zeitlich begrenzten und kommerziell evozierten Mitgliedschaft durch die Mediatisierung als Teil einer Plattform sicht- und analysierbar sowie als Orientierungsrahmen und mediale Praxis ein Referenzobjekt für die (Medien-)Sozialisation Jugendlicher.

Warum Jugend?

Zuallererst ist zu bemerken, dass Jugend keine homogene Gruppe ist, die sich durch gleiches Medienhandeln auszeichnet. Jugend – egal, ob von 12 bis 19 Jahren (vgl. mpfs 2022) oder 14 bis 17 (vgl. Kruger et al. 2021) operationalisiert – ist als äußerst partikular zu verstehen (vgl. Hugger 2014). Medienhandeln ist immer nur zu einem gewissen Teil vom Alter ableitbar. Andere Aspekte wie soziale Herkunft, Geschwister, Geschlecht oder Wohnort spielen in der Analyse von Medienhandeln ebenfalls eine Rolle. Gleichwohl ist der Zugang über das Alter ein wiederkehrendes Element von Jugendstudien – entweder, weil damit versucht wird, Generalaussagen aus Daten herauszulesen (vgl. Scherr 2009: 24) oder aber, um die multiplen Kontexte herauszustellen, die gerade auch im psychologischen und soziologischen Kontext der Jugend sichtbar werden.

Jugend ist für uns aus drei Gründen interessant, um mediatisierte Vergemeinschaftung zu erforschen. Der erste Grund betrifft das Medienhandeln Jugendlicher. Dazu gehört u.a. die Medienausstattung. Gemäß der aktuellen JIM-Studie, die als Langzeitprojekt des Medienpädagogischen Forschungsverbunds Südwest (mpfs) jährlich und repräsentativ die Entwicklung des Medienhandelns Jugendlicher erfasst, liegt der Besitz eines Smartphones bei den 12- bis 13-Jährigen schon bei 94 Prozent, während er bei den 14- bis 15-Jährigen auf 95, bei den 16- bis 19-Jährigen auf 98 Prozent steigt (vgl. mpfs 2022: 9). Das Internet wird von 84 Prozent der Befragten täglich genutzt (vgl. ebd.: 16). Unter das Medienhandeln fällt aber auch die Nutzung medialer Angebote. Unter den neun beliebtesten Internetangeboten stehen mit Instagram (31 %), TikTok (24 %), YouTube (23 %) und Facebook (10 %) vier Angebote sozialer Medien.

Nicht nur Medienausstattung und -nutzung fallen unter das Medienhandeln, sondern auch Wege der Meinungsbildung. Diese sind für Vergemeinschaftungen besonders interessant, da die Meinungsbildung Jugendlicher stark von der Peergroup und dem sozialen Umfeld abhängt. Nicht unbedingt in dem Sinne, dass Freunde einander bestimmte Botschaften aufzwingen, sondern aufgrund der starken Orientierungskraft der Peers entstehen gemeinsame Themenräume, die einen performativen Zwang mit sich bringen. Jugendliche nutzen für politische Informationsaneignung und Meinungsbildung besonders häufig soziale Medien (vgl. Vodafone Stiftung 2019: 11). Während 39 Prozent der 12- bis 19-Jährigen Suchmaschinen für die politische Informationsaneignung nutzen, folgen mit 30 Prozent Instagram, mit 25 Prozent TikTok und mit 22 Prozent YouTube Angebote sozialer Medien (vgl. mpfs 2022: 43). Das ist ein entscheidender Wechsel in der Informationsaneignung Jugendlicher. Noch 2014 lagen Tageszeitung und Fernsehen bei politischer Informationsaneignung vor den sozialen Medien (vgl. Tillmann 2022: 118).

Weiterhin entstehen durch die sozialen Medien parasoziale Orientierungen. Jugendliche bringen auf sozialen Medien vertretenen Politiker*innen mehr Vertrauen entgegen als jenen, die sie nicht von diesen Plattformen kennen (vgl. Enli/Rosenberg 2018: 9). Im Hinblick auf die gestiegene Relevanz und Sichtbarkeit von beispielsweise Populismus über soziale Medien erlangt dieses Argument besonderes Gewicht, wie die Twitter-Strategie von Donald Trump ausdrücklich zeigte. Ebenso stellen Social-Media-Influencer (SMI) eine relevante Quelle für die Nachrichtennutzung dar. Diese sind in der Lage, den eigenen Meinungsbildungsprozess mit Fakten und Hintergründen anzureichern, aber auch oberflächliche Meinungen auszubilden, um mit den Freund*innen Anschlusskommunikation führen zu können (vgl. Wunderlich/Hölig 2022).

Der zweite Grund betrifft die Orientierungskraft sozialer Medien für Jugendliche. Soziale Medien bieten ihnen vor allem Orientierung für ihre Identität. Dies geschieht beispielsweise über die Suche nach sozialen Vergleichsinformationen (vgl. Hannover et al. 2004: 183) wie Körperbild, Erfolg oder Selbstwert. Ebenfalls spielt der *Selective-Exposure*-Ansatz (vgl. Zillmann/Bryant 1985) eine wichtige Rolle. Dieser wurde und wird aktuell unter den Stichpunkten „Echokammer" oder „Filterblase" (Pariser 2011) diskutiert. Der Kern des Selective-Exposure-Ansatzes ist, dass kognitive Dissonanzen als unangenehm wahrgenommen werden und daher vermieden werden sollen. In der Folge könnten soziale Medien über das gezielte Filtern, Auswählen und/oder Erstellen von Informationen genutzt werden, um vor allem politische Informationen zu nutzen, die mit den eigenen Überzeugungen im Einklang stehen (vgl. Stroud 2008). Hinzuzufügen ist aber auch, dass die Konzepte von Echokammer und Filterblase die Komplexität des Medienhandelns stark reduzieren. Bruns nennt sie „ill-defined ideas" (2019: 117) und meint damit, dass die beiden Konzepte selbst nicht trennscharf definiert sind und die menschliche Informationsaneignung zu stark verkürzen. Stark et al. (2021) sehen bisher keine empirischen Evidenzen für die Existenz von sich bestätigenden Informationsumgebungen. Viel eher scheint die Nutzung von sozialen Medien zu einer steigenden Zahl konfrontierender Meinungen zu führen (vgl. Stark et al. 2021: 312). Damit einher geht nun aber gerade kein deliberativer Aushandlungsprozess, sondern eine Verzerrung des Meinungsklimas in polarisierte Fronten, die wiederum einen Nährboden für populistische Kommunikation darstellt. An Themen mit einer starken bipolaren Kodierung („gut/richtig" und „schlecht/falsch") lässt sich ablesen, dass die Anhänger*innen einer bestimmten Einstellung dazu tendieren, eine missliebige Berichterstattung pauschal als unfair zu bewerten, was dazu führt, dass die Anhänger*innen unterschiedlicher Einstellungen sich von demselben Beitrag gleichermaßen benachteiligt fühlen (vgl. Holtz/Kimmerle 2020: 22).

Der dritte Grund betrifft die Vergemeinschaftungsformen Jugendlicher. Jugendliche Vergemeinschaftungen sind immer stärker mediatisiert. Das bedeutet, dass ursprünglich territorial gebundene Vergemeinschaftungen wie die Clique heute wesentlich stärker über soziale Medien kommunizieren und inszenieren. Solche mediatisierten Vergemeinschaftungen kommen damit auch häufiger mit polarisierten Diskursen und populistischen wie extremistischen Darstellungen in Kontakt. Angebote, die beispielsweise in Form von Gangsta-Rap (vgl. Grimm/Baier 2023) und jihadistischen Kampfgesängen (vgl. Kiefer et al. 2018: 84) auftreten können, offerieren nicht nur politische Deutungsweisen, sondern eine jugendspezifische Lebenswelt, in der kollektive Identitäten Orientierung bieten. Jugendliche Vergemeinschaftungen treten mithin als wichtigste Zielgruppe extremistischer Propaganda und Rekrutierungsversuche auf (vgl. Weimann/Jost 2015, Glaser/Frankenberger 2016, Reinemann et al. 2019). Gerade „rechtspopulistische Gruppen versuchen, die Glaubwürdigkeit ihrer Informationen zu erhöhen, indem sie etablierte Qualitätsmedien diskreditieren" (Milbradt/Hohnstein 2017: 27). Über zusätzliche verzerrte bis falsche Informationsdarstellungen schaffen Populist*innen epistemische Gegenwelten, die gerade in einer Phase der identitären Selbstpositionierung, in der alternative Weltentwürfe zu verfestigten politischen Haltungen führen können, kritisch zu betrachten sind. Vor allem kann soziale Benachteiligung ein Nährboden für solche Gegenwelten sein. Dabei werden populistische bis extremistische Inhalte gezielt auf die Zielgruppe zugeschnitten, indem „Schnittmengen zu jugendlichen Lebenswelten und Entwicklungsphasen gesucht sowie popkulturelle Elemente aufgegriffen" (Brüggen et al. 2019: 96) werden, sodass ein verharmlosender Eindruck erweckt wird.

Welche Gemeinschaft?

Der Ursprung des Begriffes im deutschsprachigen Raum liegt in Tönnies Unterscheidung von „Gemeinschaft und Gesellschaft" (Tönnies 1991, zuerst 1887). Aufbauend auf territorialen Sozialbeziehungen, wie die von Mutter und Kind, Familie und Dorf, zeichnet Tönnies die Gemeinschaft als romantisiertes „reales und organisches Leben" (Tönnies 1991: 3). Dieser sozial determinierten Form stellt er die abstrakte und vorübergehende Gesellschaft als „ideelle und mechanische Bildung" entgegen (ebd.: 3).

Im Gegensatz zu Tönnies stabilen Gebilden hat Max Weber mit dem Begriff der Vergemeinschaftung das Prozesshafte in den Vordergrund gerückt. Gemeinschaften entstünden also aus sozialem Handeln, nicht aus vorgegebenen Bindungs- und Beziehungsstrukturen, womit es möglich wird, vergemeinschaftendes Handeln als solches zu betrachten. Die Vergemeinschaftung beruht nach Weber auf „subjektiv gefühlter (affektueller oder traditionaler) Zusammengehörigkeit der Beteiligten" (Weber 2013: 13). Somit entstehe auch ein „Wir-Gefühl" aller an der Vergemeinschaftung Beteiligten, etwas, was sozialisationstheoretisch auch als (vorübergehende) soziale Identität aufgefasst werden kann. Mit dem Bezug auf das Kollektive erlangt die Vergemeinschaftung auch eine Komponente der affektiven Distinktion, also der Ablehnung gegenüber Dritten, die sich zuvorderst schon bei Georg Simmel zeigte:

> „Es ist eine Tatsache von der größten soziologischen Bedeutung, […], daß (sic!) die gemeinsame Gegnerschaft gegen einen Dritten unter allen Umständen zusammenschließend wirkt." (Simmel 1908: 610f.)

Die veränderten Bedingungen der Vergemeinschaftungen sind im Zuge spät- und postmoderner Debatten wiederholt stark thematisiert worden (vgl. Gertenbach et al. 2018: 58-60). Dabei ist der Begriff der *posttraditionalen Vergemeinschaftung* zu einem Fixpunkt für Arbeiten geworden, die davon ausgehen, dass Gemeinschaft nicht verloren gehe, sondern vielmehr „einem Formwandel unterworfen [ist], der den Verschiebungen und Veränderungen im sozialen Raum Rechnung trägt." (Gertenbach et al. 2018: 55). So sieht Honneth in der Posttraditionalität der Vergemeinschaftungen die Möglichkeit, dass „jedes Mitglied einer Gesellschaft durch eine radikale Öffnung des ethischen Werthorizontes in die Lage versetzt wird, so in seinen Leistungen und Fähigkeiten anerkannt zu werden, dass es sich selber wertzuschätzen lernt" (Honneth 1993: 269). Die Wechselwirkung zwischen Subjekt und Kollektiv über Anerkennungsmechanismen mag dabei nur eine Interpretation von Vergemeinschaftungen sein und keine radikale neue Bedingung ihres Entstehens, wie es bei Hitlzer deutlich wird: Posttraditionale Vergemeinschaftungen zeichnen sich durch „freiwillige Einbindung des Individuums auf seiner kontingenten Entscheidung für eine temporäre Mitgliedschaft in einer – typischerweise von einer Organisations-Elite im Zusammenhang mit Profitinteressen stabilisierten und perpetuierten – (vorzugsweise freizeit- und konsumorientierten) sozialen Agglomeration" aus (Hitzler 1998: 82). Bei Hitzler werden Vergemeinschaftungen als temporär und jederzeit kündbar angesehen, was nun dem ursprünglichen Begriff bei Tönnies gänzlich entgegensteht.

Mediatisierte Vergemeinschaftung

Mit der Mediatisierung wird ein zeitgenössischer Metaprozess akzentuiert, mit dem themen- bzw. interessenzentrierte Kommunikationsräume zum Ort interaktiver Herstellung sozialer Beziehung und damit ubiquitärer Ausgangspunkt jugendkultureller Gemeinschaften werden (vgl. Hepp et al. 2014: 185). Damit transformieren sich unter der Mediatisierung Bedingungen, Praktiken und Diskurse von Vergemeinschaftungen.

Mit der Mediatisierung wird die Idee einer prinzipiell lockeren, weil zeit- und zwanglosen Vergemeinschaftung aufgegriffen. Jedoch ist auch zu vermerken, dass die jugendlichen Sozialbeziehungen und Vergemeinschaftungen sich gerade nicht von jenen Sozialformen unterscheiden, die die Jugendlichen abseits von sozialen Medien aufrechterhalten. Viel eher scheint die Hypothese der „social augmentation" (Katz/Aspden 1997) zuzutreffen, womit gemeint ist, dass die sozialen Ressourcen Jugendlicher sich allgemein auf sozialen Medien online wiederfinden.

Dennoch transformieren sich unter der Mediatisierung Bedingungen, Praktiken und Diskurse von Vergemeinschaftungen. Dies wirkt sich grundlegend auf die Handlungsleitung Jugendlicher aus.

Zum einen stellt die Mediatisierung einen Überschuss an Sinnangeboten dar. Vergemeinschaftungen folgen der Logik geteilter Werte und sind somit auch immer Sinngemeinschaften. Zum anderen begünstigt die Mediatisierung einen Rationalisierungsschub. Über Datenaggregation entstehen metrische Wirklichkeitskonstruktionen, wie sich beispielsweise in Quantified-Self-Praktiken, Lifelogging (vgl. Selke 2014) oder verschiedensten Rankings und Scores zeigt (vgl. Mau 2017). Das heißt, die Mediatisierung schafft hier einen scheinbaren Widerspruch zwischen einem Überschuss an Sinnangeboten und einem gleichzeitigen Schub, der Individuen die Rationalisierung ihrer Lebenswelt, wenn nicht nahelegt, dann zumindest ermöglicht. Aus dieser widersprüchlichen Situation entsteht eine Ohnmachtserfahrung gegenüber der Rationalität, welche sich nicht nur in den Diskussionen um Polarisierung, Populismus und Postfaktizität zeigt, sondern auch Teil der alternativen Fakten ist (vgl. Kumkar 2022), die sich alle dem Zwang des Rationalen entgegenstellen. Fällt der Zwang des Rationalen, steigt die Lust am Emotionalen. In diesem Zuge zeigen sich mediatisierte Vergemeinschaftungen überaus inszeniert. Den Zuwachs an inszenierten Darstellungen auf die egozentrierten Netzwerke zurückzuführen, käme also einer Verkürzung gleich. Es ist auch eine Krise des Rationalen, welche emotionale Darstellungen begünstigt. Die Vergemeinschaftungen „folgen nicht geteilten Interessen, es erzeugt sie. Genauer gesagt: Sich dem Handeln anzuschließen, ist alles, was es zu teilen gibt" (Bauman 1995: 354). Und „teilen" ist auf sozialen Medien auch immer ein Akt inszenierter Aufmerksamkeit.

Die Welt- und Selbstdeutung mediatisierter Sozialbeziehungen und Vergemeinschaftungen beruhen auf einer subjektiv gefühlten Zusammengehörigkeit der Beteiligten, die in periodisch wiederkehrenden Zuständen der kollektiven Verschmelzung gegenseitig und für die Gemeinschaft sichtbar wird (vgl. Durkheim 1994: 571). Mit dem grundlegenden Wandel gesellschaftlicher Partizipation durch soziale Medien entsteht für Jugendliche eine dynamisch sich wandelnde Sozialisationsinstanz, in der Emotionalisierung, Kommodifizierung und Theatralisierung mit Praktiken der Exklusion und Inklusion in performativen Zwang münden. Die mediatisierte Vergemeinschaft wird somit zu einem volatilen *signifikanten Anderen*, der als Markt für unverbindliche Identitäten in das psychosoziale Moratorium der Jugend eingreift.

Mit dem Blick auf medienpädagogische Bildungsinitiativen sollten die veränderten und sich verändernden mediatisierten Bedingungen von Vergemeinschaftungen thematisiert werden. Jugendliche treten in einen häufig unkontrollierten und sinnüberfüllten sozialen Raum. Dies bedarf pädagogischer Begleitung. Mit der gestiegenen Eigenverantwortung der Jugendlichen in den Bereichen Kommunikation, Organisation, Information und Unterhaltung geht auch eine steigende Bedeutung medienpädagogischer Praxisarbeit einher. Denn die Individualisierung all dieser Themenbereiche ist eine direkte Folge der Mediatisierung der Lebenswelt.

Autor*innen

Prof. Dr. Sonja Ganguin: Professorin für Medienkompetenz- und Aneignungsforschung am Institut für Kommunikations- und Medienwissenschaft sowie Direktorin des Zentrums für Medienproduktion (ZMP) an der Universität Leipzig.

Dr. Johannes Gemkow: Wissenschaftlicher Mitarbeiter am Forschungsinstitut Gesellschaftlicher Zusammenhalt (FGZ); forscht zu Jugend, sozialen Medien, Populismus und Medienkompetenz; seit 2015 am Institut für Kommunikations- und Medienwissenschaft, Universität Leipzig.

Literatur

Bauman, Zygmunt (1995): Postmoderne Ethik. Hamburg: Hamburger Edition.

Brüggen, Niels/Dreyer, Stephan/Gebel, Christa/Lauber, Achim/Müller, Raphaela/Stecher, Sina (2019): Gefährdungsatlas. Digitales Aufwachsen. Vom Kind aus denken. Zukunftssicher handeln. Hg. v. Bundesprüfstelle für jugendgefährdende Medien. Abrufbar unter: www.bzkj.de/resource/blob/176416/2c81e8af0ea7cff94d1b688f360ba1d2/gefaehrdungsatlas-data.pdf [Stand: 07.06.2023].

Durkheim, Émile (1994): Die elementaren Formen des religiösen Lebens. Zuerst Paris 1912. Frankfurt am Main: Suhrkamp (stw, 1125).

Enli, Gunn/Rosenberg, Linda Therese (2018): Trust in the Age of Social Media: Populist Politicians Seem More Authentic. In: Social Media + Society, 4 (1), 205630511876443. DOI: 10.1177/2056305118764430.

Gertenbach, Lars/Laux, Henning/Rosa, Hartmut/Strecker, David (2018): Theorien der Gemeinschaft zur Einführung. Überarbeitete Auflage. Hamburg: Junius (Zur Einführung, [367]).

Glaser, Stefan/Frankenberger, Patrick (2016): Subtile Beeinflussung und offene Aufrufe zu Hass und Gewalt. In: Kinder- und Jugendschutz in Wissenschaft und Praxis (1), 8-11.

Grimm, Marc/Baier, Jakob (2023): Jugendkultureller Antisemitismus. Warum Jugendliche für antisemitische Ressentiments im Gangsta-Rap empfänglich sind. Frankfurt: Wochenschau (Antisemitismus und Bildung).

Hannover, Bettina/Mauch, Martina/Leffelsend, Stefanie (2004): Sozialpsychologische Grundlagen. In: Mangold, Roland/Vorderer, Peter/Bente, Gary (Hrsg.): Lehrbuch der Medienpsychologie. Göttingen, Bern, München: Hogrefe, Ciando, 175-197.

Hepp, Andreas/Berg, Matthias/Roitsch, Cindy (2014): Kommunikative Grenzziehung: Kommunikatives Grenzmanagement und die Grenzen der Gemeinschaft. Wiesbaden: VS.

Hitzler, Ronald (1998): Posttraditionale Vergemeinschaftung. Über neue Formen der Sozialbindung. In: Berliner Debatte Initial, 9 (1), 81-89.

Holtz, Peter/Kimmerle, Joachim (2020). „Lügenpresse“ und der Hostile-Media-Effekt. In: Die Psychologie des Postfaktischen: Über Fake News, „Lügenpresse“, Clickbait & Co. Herausgegeben von Markus Appel. Berlin, Heidelberg: Springer, 21-31.

Honneth, Axel (1993): Posttraditionale Gemeinschaften. Ein konzeptueller Vorschlag. In: Brumlik, Micha/Brunkhorst, Hauke (Hrsg.): Gemeinschaft und Gerechtigkeit. Unter Mitarbeit von Karl-Otto

Apel. Orig.-Ausg., 5.-6. Tsd. Frankfurt am Main: S. Fischer, 260-270.

Hugger, Kai-Uwe (2014): Digitale Jugendkulturen. In: Hugger, Kai-Uwe (Hrsg.): Digitale Jugendkulturen. Wiesbaden: Springer, 11-28.

Katz, James E./Aspden, Philip (1997): 'A nation of strangers?', Communications of the ACM, vol. 40, pp. 81-86.

Kiefer, Michael/Hüttermann, Jörg/Dziri, Bacem/Ceylan, Rauf/Roth, Viktoria/Srowig, Fabian/Zick, Andreas (2018): „Lasset uns in sha'a Allah ein Plan machen". Wiesbaden: Springer.

Kruger, Susanne/Walper, Sabine/Rauschenbach, Thomas (Hrsg.) (2021): Aufwachsen in Deutschland 2019. Alltagswelten von Kindern, Jugendlichen und Familien: AID:A 2019. Deutsches Jugendinstitut. Bielefeld: wbv. Abrufbar unter: https://elibrary.utb.de/doi/book/10.3278/9783763966325 [Stand: 07.06.2023].

Kumkar, Nils C. (2022): Alternative Fakten. Zur Praxis der kommunikativen Erkenntnisverweigerung. Originalausgabe. Berlin: Suhrkamp. Abrufbar unter: www.content-select.com/index.php?id=bib_view&ean=9783518774731 [Stand: 07.06.2023].

Mau, Steffen (2017): Das metrische Wir. Über die Quantifizierung des Sozialen. Berlin: Suhrkamp (Sonderdruck edition suhrkamp).

mpfs – Medienpädagogischer Forschungsverbund Südwest (2022): JIM-Studie 2022. Jugend, Information, Medien. Basisuntersuchung zum Medienumgang 12- bis 19-Jähriger. Abrufbar unter: www.mpfs.de/fileadmin/files/Studien/JIM/2022/JIM_2022_Web_final.pdf [Stand: 07.06.2023].

Milbradt, Björn/Hohnstein, Sally (2017): Jugendliche gegen Populismus im Netz wappnen. In: DIJ Impulse, (3), 25-28. Abrufbar unter: www.dji.de/fileadmin/user_upload/bulletin/d_bull_d/bull117_d/DJI_3_17_Web.pdf [Stand: 07.06.2023].

Pariser, Eli (2011): The filter bubble. What the Internet is hiding from you. New York, NY: Penguin Press.

Reinemann, Carsten/Nienierza, Angela/Fawzi, Nayla/Riesmeyer, Claudia/Neumann, Katharina (2019): Jugend – Medien – Extremismus. Wiesbaden: Springer.

Scherr, Albert (2009): Jugendsoziologie. Einführung in Grundlagen und Theorien. 9. erw. und umfassend überarb. Aufl. Wiesbaden: VS (Lehrbuch).

Selke, Stefan (2014): Lifelogging. Wie die digitale Selbstvermessung unsere Gesellschaft verändert. Berlin: Econ.

Simmel, Georg (1908): Soziologie. Untersuchungen über die Formen der Vergesellschaftung. Leipzig: Duncker & Humblot. Abrufbar unter: www.ssoar.info/ssoar/handle/document/54620 [Stand: 07.06.2023].

Stroud, Natalie Jomini (2008): Media Use and Political Predispositions: Revisiting the Concept of Selective Exposure. In: Polit Behav, 30 (3), 341-366. DOI: 10.1007/s11109-007-9050-9.

Tillmann, Angela (2022): Informationsverhalten von Kindern und Jugendlichen in digital-vernetzten Welten. Schriftenreihe Medienkompetenz. In: Bundeszentrale für politische Bildung, 29.03.2022. Abrufbar unter: www.bpb.de/shop/buecher/schriftenreihe/medienkompetenz-schriftenreihe/257603/informationsverhalten-von-kindern-und-jugendlichen-in-digital-vernetzten-welten/ [Stand: 07.06.2023].

Tönnies, Ferdinand (1991): Gemeinschaft und Gesellschaft. Grundbegriffe der reinen Soziologie. 3. unveränd. Aufl. Darmstadt: Wiss. Buchges (Bibliothek klassischer Texte).

Vodafone Stiftung (2019): Alles auf dem Schirm? Wie sich junge Menschen in Deutschland zu politischen Themen informieren. Abrufbar unter: www.vodafone-stiftung.de/wp-content/uploads/2019/11/Vodafone-Stiftung-Deutschland_Studie_Politisches_Informationsverhalten.pdf [Stand: 07.06.2023].

Weber, Max (2013): Wirtschaft und Gesellschaft. Grundriss der verstehenden Soziologie. 5. revidierte Aufl., Studienausg. Tübingen: Mohr.

Weimann, Gabriel/Jost, Jannis (2015): Neuer Terrorismus und Neue Medien. In: Zeitschrift für Außen- und Sicherheitspolitik, 8 (3), 369-388. DOI: 10.1007/s12399-015-0493-5.

Wunderlich, Leonie/Hölig, Sascha (2022): Social Media Content Creators aus Sicht ihrer jungen Follower: Eine qualitative Studie im Rahmen des Projekts #UseTheNews. Unter Mitarbeit von Leibniz-Institut für Medienforschung | Hans-Bredow-Institut (HBI).

Zillmann, Dolf/Bryant, Jennings (1985): Selective exposure to communication. Hillsdale, N.J.: Erlbaum.

Judith Ackermann/Benjamin Egger

Postdigital Wellbeing und Influencer*innen

Empathische Feedbackschleifen zwischen queeren Sportler*innen und Jugendlichen

*Der Artikel ordnet Social-Media-Anwendungen als zentrales Moment der Selbstdarstellung und Identitätsbildung in postdigitalen Jugendkontexten ein und untersucht, auf welche Weise Sport-Influencer*innen durch das Teilen queerer Inhalte und Positionen mit queeren Jugendlichen in empathische Feedbackschleifen treten können, um durch Verbündung deren Wohlbefinden zu stärken.*

*Postdigital Wellbeing & Sport-Influencer*innen*

Social-Media-Anwendungen haben einen hohen Stellenwert im alltäglichen Medienensemble von Jugendlichen. Bereits mehr als die Hälfte (53%) der Zehn- bis 13-Jährigen nutzt TikTok auf ihrem Smartphone und knapp jede*r Dritte (30%) Instagram (vgl. Kinder Medien Monitor 2022: 41). Beide Anwendungen eint die starke Fokussierung auf (Bewegt-) Bilder und Endlos-Feeds, die es den Nutzenden gestatten, zeitlich unbegrenzt auf neue Inhalte zuzugreifen, was mit ein Grund dafür ist, dass beide Plattformen in Forschung und Medienpädagogik regelmäßig im Kontext von toxischem Medienhandeln verhandelt werden. Im Fokus stehen ungeeignete Inhalte (vgl. Amadeu Antonio Stiftung 2023), mögliche Zusammenhänge zwischen exzessiver Nutzung und mentaler Gesundheit (vgl. Lambert et. al 2022) sowie stereotype Geschlechtervorstellungen und Körperbilder (vgl. Blessing/Habermeyer/Claus 2021, Geuer 2022). Parallel sind die Plattformen beliebte Orte, „um das eigene Selbst kennenzulernen und Formen der individuellen Selbstdarstellung auszuprobieren" (Guddat/Hajok 2020: 4). Dem folgend möchten wir postdigitales Wellbeing nicht an eine zeitliche und Risiko-vermeidende Balance mit Blick auf die Nutzung digitaler Medien knüpfen, sondern an die Möglichkeit, soziale Medien als Ressource für den kreativen Ausdruck und die Akzeptanz des eigenen Selbst in virealen Kontexten (und darüber hinaus) zu nutzen. Da im Sport seit langem starke Zusammenhänge zwischen Körperkonzept und Selbstwertgefühl vermutet werden (vgl. Brandl-Bredenbeck 2010: 123) sowie „Fitness, Sport und Gesundheit" der drittwichtigste Interessenbereich junger Menschen in sozialen Medien ist (vgl. Klinger/Mittischek/Waldner 2022: 17), stellt der Bereich aus unserer Perspektive ein wichtiges Anwendungsszenario für postdigitales Wellbeing dar. In diesem Feld promoten Influencer*innen an Fitnessidealen ausgerichtete Orientierungsweisen für Heranwachsende. Für Jugendliche fungieren sie als mediale Leitfiguren (vgl. Pirker 2021), denen Kompetenz und Glaubwürdigkeit für einen bestimmten Bereich zugesprochen wird (vgl. Schach 2018). Dies trifft auch auf prominente Sportler*innen zu, welche in sozialen Medien höchste Reichweiten erzielen und qua ihrer sportlichen Erfolge oft als Rollenvorbilder dienen. Wie „klassische" Influencer*innen nehmen sie daher mitunter Einfluss auf die Meinungsbildung junger Menschen, indem sie diese etwa dazu bringen, ihre Haltung zu bestimmten Themen zu überdenken (vgl. Guddat/Hajok 2020). Im Sport- und Fitnessbereich konzentrieren sich Inhalte neben der Dokumentation von Sporterfolgen oft auf Hinweise zu Trainings- und Ernährungsweisen, Muskelaufbau, Erfolgsstrategien sowie Lifestyle (vgl. Klier/Rommerskirchen/Brixius 2022: 1). Gerade in letzterem Bereich verhandeln Sportler*innen auf ihren Social-Media-Präsenzen demzufolge automatisch Themen von Heteronormativität und Queerness (im Sport) mit.

Queerness im Sport

Queere Konzepte zielen darauf, den Bereich der Norm infrage zu stellen, indem sie Bedingungen für die Hervorbringung von Geschlechtsidentität, Begehrensformen, Sexualität, sexueller Identität bzw. Lebensweisen fokussieren (vgl. Hettmann 2017: 21, Hutfless 2019: 45). Eine queere Haltung zur Welt überwindet das enge Korsett binärbasierter Denkmuster und heterosexuell durchwirkter Erwartungen und Lebensweisen, weshalb dem Queeren stets eine Widerständigkeit innewohnt. Dies spiegelt sich auch in der historischen Genese des Begriffs: Queer, von *cwer* für *krumm* oder *ungerade*, geht auf eine abwertende Verwendung zurück, die Personen denunzieren wie marginalisieren und sprachlich, emotional und strukturell von der Allgemeinheit ausschließen wollte. Mit den AIDS-Aktivismen der 1980er- und 1990er-Jahre, die sich gegen die homophobe Politik in den USA richteten, eigneten sich die betroffenen Gruppen den Begriff jedoch an und wendeten ihn positiv (vgl. Hall 2003: 16). In der aktivistischen Verbündung auf Basis geteilter Ideen und Erfahrungen entstand ein zentraler Aspekt queeren Handelns und queerer Theorie (vgl. McCann/Monaghan 2020: 93). So vereinigten sich zuvor distinkte Gruppen (etwa die der Lesben und Schwulen) mit dem Ziel, neues Wissen herauszubilden (vgl. Hark 2005: 292). Entlang von Abgrenzung einerseits und Verbundenheit wie Unterstützung andererseits entwickelte sich queer zum umbrella term „für Lesben, Bisexuelle, Schwule, Transgender, Agender*, Trans*Personen, Inter* und andere Selbstbezeichnungen bzw. Selbstpositionierungen" (Hettmann 2017: 20).

Mit dem Sport, dessen Ausführung in der Regel mit einer klaren Zweiteilung von Geschlecht einhergeht, steht queer als Konzept per se in Konflikt, da es jene Normsetzungen zu dekonstruieren sucht. Nicht nur werden durch binärbasierte Separierungen auf Basis von Geschlecht Personen, die sich diesem System entziehen, ausgeschlossen. Auch manifestieren sich darin Stereotypen, die mit konservativen Idealvorstellungen von Männlichkeit und Weiblichkeit verbunden sind sowie auf einem heterosexuellen Weltbild fußen. Als praktische Konsequenz sehen sich queere Jugendliche, die sich in der Phase der Entdeckung ihrer Sexualität und Ausformung ihrer Identität befinden, von der Beteiligung an Sportvereinen oder sportlichen Aktivitäten potenziell ausgeschlossen oder können als bereits aktive (Leistungs-)Sportler*innen ihre Identität nicht offen leben.

Phipps zeigt, dass heteronormativ geprägte Umgebungen und stereotype Vorstellungen von Geschlecht LGBTQIA+-Studierende mitunter abhalten, an Sportprogrammen teilzunehmen oder sie in ihrer Entscheidung für bestimmte Sportarten beeinflussen. Insbesondere eine geschlechtsspezifische Wahrnehmung des Sports (in Übereinstimmung mit der heterosexuellen Matrix) kann Schüler*innen auf Sportarten beschränken, die mit den Geschlechternormen übereinstimmen, oder auf solche, die inklusiver erscheinen. Die Barrieren seien subtil, ließen sich jedoch eindeutig als restriktive Praktiken einordnen (vgl. Phipps 2020: 374).

Menzel et al. (2019) bestätigen in ihrer Online-Umfrage mit LGBTQIA+-Personen in 28 EU-Ländern, dass 90 Prozent der Befragten Homo- und insbesondere Transphobie als Herausforderung der Gegenwart im Sport erachten, weshalb 20 Prozent der Befragten aufgrund ihrer Sexualität oder geschlechtlichen Identität davon absehen, sich einem Sportverein bzw. einer -gruppe anzuschließen, wobei unter Trans*-Personen die Exklusion besonders hoch ausfällt und vor allem Sportarten wie Fußball, Schwimmen, Boxen und Tanz Abwehrhaltungen hervorrufen (vgl. auch Walser et al. 2022). Die Befragten wünschten sich häufigere Coming-outs unter prominenten Sportler*innen sowie groß angelegte Kampagnen gegen Homophobie/Transphobie, um dem Problem zu begegnen. Hierfür stellen soziale Medien einen populären und aus unserer Perspektive sehr gut geeigneten, niedrigschwelligen Weg dar, um empathische Verbindungen zwischen queeren Sportler*innen und Jugendlichen mit dem Ziel eines gestärkten Wohlbefindens zu erzeugen.

Empathische Feedbackschleife

Vielfach wird medialen Erfahrungen eine wirklichkeitskonstituierende Qualität aberkannt. Deutlich zeigt sich dies am Alltagsgebrauch der Abkürzung *IRL* (In Real Life), mit der digitale Technologien und das symbolisch dafür stehende Internet vom vermeintlich *richtigen* Leben abgegrenzt, nicht zuletzt auch in ihrer Positivwirkung diskreditiert werden. Gleichwohl kein Zweifel daran besteht, dass Medien in ihrer materialen Beschaffenheit der eigenständigen Analyse bedürfen, muss anerkannt werden, dass sie ob der Möglichkeiten zur Teilhabe, den einhergehenden Affekten sowie der Teilhabe-erforderlichen Reflexivität unwiederbringbarer Bestandteil menschlicher Realität sind – gerade darin ist ihr postdigitaler Charakter angezeigt.[1] So lässt sich an der ungebrochenen Popularität sozialer Medien ablesen, dass die vielfältigen Möglichkeiten, digitale Austausch- und Reaktionsumgebungen in den Alltag zu integrieren, den Bedarf nach öffentlichen bis teil-öffentlichen Plätzen der Begegnung abbilden. Gemein ist ihnen die Kopräsenz der Beteiligten, die es erlaubt, dass die Anwesenden sich in ihrer Erfahrung des Raums bedingen. Da soziale Medien in der Regel mit technischen Reaktionsmomenten (Likes, Emojis, Feeds) ausgestattet sind, erlauben sie, dass involvierte Akteur*innen sich ihrer Anwesenheit gegenseitig bestätigen sowie ihrer Wahrnehmung und des Wahrgenommen-Werdens beglaubigen. In zweifacher Weise lassen sich diese Bestätigungen als *Empathische Feedbackschleifen* (Ackermann/Egger 2021a, Egger et al. 2021) beschreiben. In der Regel drücken sich Reaktionen mittels schnell artikulierter Gefühlsregungen in Form von Emojis aus. Die *Empathische Feedbackschleife* zielt auf dieser Ebene vorrangig darauf, kopräsente Konfigurationen in Form eines schnell erfahrbaren empathischen Austauschs emotional abzubilden (vgl. Egger et al. 2021: 136). Auf einer zweiten Ebene treten die Beteiligten in einen komplexeren Austausch, der sich in schriftlichen (z.B. Feeds, Direct Messages), auditiven (Sprachnachrichten), visuellen (BeReal) oder gar audio-visuellen (Video-Snaps, Reaktionsvideos auf TikTok) Reaktionsmomenten ausdrücken kann. Hier ist von einer digital-erweiterten ko-leiblichen Präsenz auszugehen, die sich zu einem „affektive[n] *Mit-Sein*" (Slaby 2020) steigert und erlaubt, den Zustand anderer Personen auch aus verbleibender Distanz heraus emotional zu erfahren (vgl. Ackermann/Egger 2021a: 122, Breyer 2013). Beide Ebenen wechselseitigen Aufeinanderbezogenseins, die sich in der Schnelligkeit des Reaktionsvermögens und in ihrer Begegnungsvarianz unterscheiden, müssen so verstanden werden, dass die Beteiligten stets auch in ihrer physisch-leiblichen Erfahrung (nachhaltig) geprägt werden. In der Folge möchten wir die potenziellen Momente empathischer Feedbacksituationen zwischen queeren Sportler*innen und Jugendlichen am Beispiel exemplarischer Aktivitäten auf Instagram und TikTok näher beleuchten.

Strategien queeren Aktivismus' im Sport in sozialen Medien

Mit Blick auf die Initiierung *Empathischer Feedbackschleifen* nehmen Selbstoffenbarungen in sozialen Medien eine wichtige Rolle ein und führen insbesondere im Fall populärer Personen nicht selten gleichzeitig zu erhöhter Publizität bzw. medialer Resonanz und einem Gefühl gesteigerter Nähe bzw. einer geteilten Vertrauensbasis. Schließlich stellt die Thematisierung der eigenen Queerness einen besonders privaten Inhalt dar. Es zeigt sich, dass LGBTQIA+-Jugendliche ihre Social-Media-Profile mit Bedacht befüllen, um sich auf behutsame Weise mit ihnen ähnlichen Personen zu verbinden (vgl. Chandra/Hancke 2022). Dabei gilt es als essenzielles Moment für das mentale und soziale Wohlergehen, transparent in Bezug auf die eigene Geschlechteridentität und sexuelle Orientierung zu sein und sich entsprechend angenommen zu fühlen (vgl. Carrasco/Kerne 2018: 3).

Soziale Netzwerke bieten ihnen die Möglichkeit, sich mit anderen Queers über ihre Konflikte, Fragen, Wünsche wie Ziele auszutauschen, d.h. in ihrer Identität zu stärken.

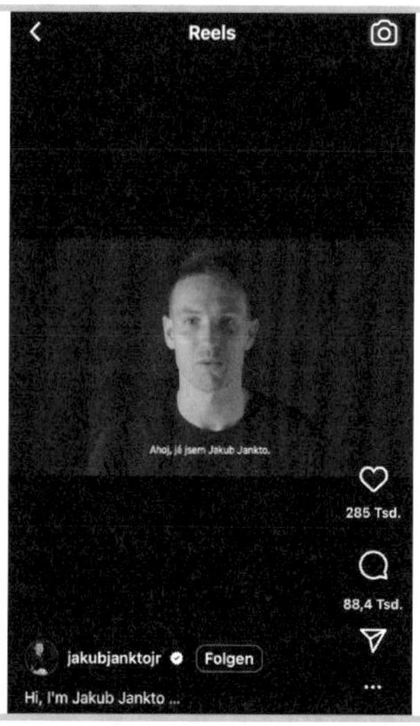

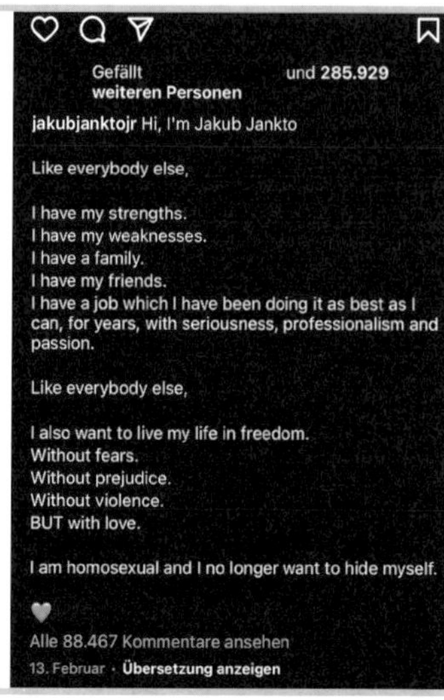

Abb. 1: Tennisspielerin Daria Kasatkina mit Partnerin (Instagram)

Abb. 2 und 3: Outing-Video des Fußballers Jakub Jankto (Instagram)

Dabei werden sie durch queere Vorbilder, Allys oder öffentliche Outings von Prominenten mittelbar unterstützt und begleitet. Wasserspringer Tom Daley gehörte 2013 zu den ersten prominenten Leistungssportler*innen, die sich per Social Media outeten. Er habe dabei keine Unterstützung seines Managements erhalten. Vielmehr sei argumentiert worden, dass er große Teile seiner Fan-Gemeinde und Sponsor*innen verlieren könne, zudem auf Auslandsreisen potenziell größerer Gefahr ausgesetzt sei. Daley habe infolge YouTube statt klassischer Medien für sein Outing gewählt, weil ihm die Plattform größtmögliche Kontrolle verliehen hätte.[2] Soziale Medien ermöglichen prominenten queeren Sportler*innen einen gewissen Schutzrahmen für Coming-outs, da sich auf ihren Profile in der Regel eine große, loyale Fanbasis organisiert, welcher entsprechende Inhalte als erstes zugespielt werden und von denen vorrangig unterstützende Aktivitäten zu erwarten sind. Erst mit wachsender Skalierung der Informationen ist mit einer Zunahme negativer Reaktionen zu rechnen. So verwundert es kaum, dass heute oft Plattformen wie Instagram oder TikTok als Orte öffentlichkeitswirksamer Outings oder queeren Aktivismus gewählt werden. Tennisspielerin Daria Kasatkina sieht hier Vorbildfunktion und Verantwortung reichweitenstarker queerer Sportler*innen, weil es wichtig „für junge Menschen [sei], die mit Problemen in der Öffentlichkeit konfrontiert werden, [...] wenn Sportler oder andere bekannte Persönlichkeiten darüber reden".[3]

Kasatkina selbst platzierte am 18.07.2022 auf Instagram ein Bild mit ihrer Partnerin, nachdem sie zuvor in einem Interview auf YouTube über ihre Homosexualität gesprochen hatte. Das Bild kommt ohne Hashtags oder Bildbeschreibung aus, sondern ist lediglich mit einem lila Herz als Caption versehen. Es wird somit schriftlich kein dezidierter Bezug zur Thematik des Coming-outs hergestellt, sondern ausschließlich auf der visuellen Ebene queere Lebensweise dokumentiert (siehe Abb. 1). Anders verfährt das Outing-Video des Fußballers Jakub Jankto, welches am 13.02.2023 ebenfalls auf Instagram platziert wurde und eine Selbstoffenbarung in Form von gesprochenem Wort und Schrift darstellt, ohne diese jedoch mit privaten Bildern zu verknüpfen (siehe Abb. 2 und 3). Das Coming-out wird hier dezidiert als solches und als Befreiungsschlag mit den Worten "I am homosexual and I no longer want to hide myself" thematisiert sowie der Betonung, dass sich hieraus keinerlei Besonderheiten in Bezug auf die eigene Person ableiten ließen durch den zweifachen Einsatz der Formulierung "Like everybody else".

Berücksichtigt man, dass Jugendliche eher Nachrichten anderer teilen als selbst Inhalte zu produzieren (vgl. Ackermann 2021), bedeuten solche Kommunikate ein wichtiges Element zur Initiierung empathischer Feedbackschleifen. Gerade für TikTok zeigt sich, dass Direktnachrichten weniger für den schriftlichen Austausch mit anderen genutzt werden als für das kommentarlose Weiterleiten von Videos (vgl. Bhandari/Bima 2022). Mit Blick auf die Bewertung eines Inhalts und die Entscheidung, diesen zu teilen, stellen neben dem eigentlichen (Bewegt-)Bild auch die dokumentierte Resonanz durch die Community und/oder klassische Medien wichtige Ressourcen dar.

Beide Beiträge haben auf Instagram mit 51.242 Likes und 4.188 Kommentaren im Fall Kasatkina und 285.924 Likes und 88.469 Kommentaren im Fall Jankto (Stand: 07.05.2023) eine hohe Reichweite erzielt, wenngleich auffällt, dass die Skalierung des Coming-out-Videos von Jankto um ein Vielfaches höher ausfällt, obwohl es wesentlich neuer ist und der Account mit 116K Abonnent*innen im Vergleich zu 236K deutlich kleiner.[4] Geht man davon aus, dass die Wahrscheinlichkeit von Hasskommentaren mit zunehmender Skalierung ansteigt, verwundert es wenig, dass sich bei Jankto im Verhältnis mehr von diesen finden als bei Kasatkina. So zeigt der Feed unter dem Video von Jankto eine Vielzahl anonymer Hassbotschaften, die gerade ob ihrer oft radikalen und verachtenden Ablehnung ins Auge fallen, durch besonders hoch gerankte Solidarisierungskommentare prominenter Akteuer*innen, wie dem Fußballclub Real Madrid oder der Liga Portugal, sowie prominenter Sportler*innen jedoch Relativierung erfahren. Entsprechend der Kuratierung der Kommentare durch die Plattformen kommt Elitepersonen eine wichtige Rolle zu, da große und verifizierte Accounts verstärkte Sichtbarkeit und intensivere Likes auf ihre Ergänzungen erfahren und zusätzlich Mitglieder der eigenen Community prominenter mit den eigenen Äußerungen gezeigt werden. Somit trägt jede Kommentierung durch verknüpfte Profile und Influencer*innen zur konkreten Ausgestaltung der empathischen Feedbackschleife bei. Im Fall von Kasatkina ist der höchstgerankte Kommentar ein Solidarisierungspost ihres Sponsors Adidas, der durch den Hashtag #loveislove an den queeren Diskurs angebunden wird und von der Community 2.402 Mal gelikt sowie von der Sportlerin selbst beantwortet wurde. Zusätzlich finden sich viele positive Kommentare von anderen Sportler*innen aus dem Tennis sowie anderen Sportarten. Dezidierte Hashtags mit Queer-Bezug werden von beiden Initiator*innen nicht verwendet, auch gibt es keine Angaben in ihren Kurzbios (wie die Regenbogenflagge), die ihr Queersein thematisieren, wenngleich gerade letzteres eine niedrigschwellige Umsetzung von Queer-Thematiken auf Social Media ermöglicht. Stattdessen vollzieht Kasatkina regelmäßig sogeannte "visual reminder of queerness made by a queer woman" (Bentley 2016), indem sie Bilder von sich und ihrer Partnerin postet. Hingegen verzichtet Jankto (bisher) auf private Aufnahmen, sondern greift lediglich die Thematik nochmals als Caption zu einem Portraitbild von sich auf, indem er – übersetzt – schreibt: Ich wünschte, schwul zu sein wäre keine Neuigkeit. Auffällig ist, dass er im Fall des Folgepostings in seiner Heimatsprache schreibt und im Falle des Outings ergänzend das Englische verwendet, was auf eine angestrebte höhere Sichtbarkeit hinweist.

Anders verhält es sich auf TikTok, wo ebenfalls beide Coming-outs verhandelt werden, jedoch teilweise nur als Sekundärinformation präsent sind, wodurch die entstehenden empathischen Feedbackschleifen ihr Startmoment in einer bereits durch die Community kontextualisierten Form nehmen und sich entsprechend vervielfältigen. So verfügt Jankto auf der Plattform zwar ebenfalls über einen Account, der mit 186,2K Follower*innen sogar größer ist als der auf Instagram, hat jedoch keine aktiven Videos (siehe Abb. 4), wenngleich die angegebene Like-Zahl von 58,1K darauf hinweist, dass zu einem früheren Zeitpunkt Videos vor-

Abb. 4, 5, 6 und 7: TikTok-Videos, die sich auf Fußball- und/oder LGTBQIA+-Themen konzentrieren und Solidarisierungen mit Jakub Jankto aussprechen (Abb. 4-6) oder ihn in scheinbar zufälligen Situationen als Akteur einbeziehen, um Inhalte mit Queerbezug zu generieren (Abb. 7)

handen waren. Das Coming-out-Video migriert entsprechend als Insertierung aus Instagram und/oder Screenrecording über TikTok-Videos der Community auf die Plattform. Dabei fallen insbesondere Videos von Accounts auf, die sich auf Fußball- und/oder LGTBQIA+-Themen konzentrieren und Solidarisierungen mit Jankto aussprechen (siehe Abb. 4-6) oder ihn in scheinbar zufälligen Situationen als Akteur einbeziehen, um Inhalte mit Queerbezug zu generieren (siehe Abb. 7). Die verschiedenen Reaktionsvideos zeigen deutlich häufiger Hashtags und Bildbeschreibungen bzw. Textinsertierungen mit Queer-Bezug und docken sich somit bewusst an entsprechende Diskurse an. Zusätzlich erzeugen die Videos große Reichweiten und vielfache Kommentierungen. Anders als Jankto platziert Kasatkina am Tag nach ihrem Instagram-Post selbst ein Video auf TikTok, welches das Coming-out plattformentsprechend auf andere Weise thematisiert – aber ebenfalls ohne dezidierten Hinweis darauf (siehe Abb. 8). Trotzdem es sich bei Kasatkinas Account um einen sehr kleinen mit lediglich 6400 Follower*innen handelt, erhält das Video eine fünfstellige Reichweite und es finden sich einige Bezugnahmen. In der Art, wie diese realisiert sind, zeigt sich ein deutlicher Unterschied, der aus unserer Sicht durch die Umsetzung der Ursprungskommunikate bedingt ist: Für Kasatkina finden sich auf der Plattform Videos, die ihr und ihrer Partnerin nur das Beste wünschen und dies mit Fotografien und/oder Videoausschnitten des Paares hinterlegen (siehe Abb. 9 und 10). Dies wird dadurch ermöglicht, dass sowohl Kasatkina als auch ihre Partnerin Natalia Zabiiako seit dem Coming-out regelmäßig Inhalte aus ihrem Paaralltag auf der Plattform teilen (siehe Abb. 11). Die kontinuierliche Platzierung von Bewegtbildinhalten mit Queer-Bezug verstärkt somit das Normalisierungsmoment und damit verbunden das Wellbeing der beteiligten Akteur*innen, wie in den Abbildungen sehr gut ersichtlich. Der ausgeschriebene Queer-Bezug erscheint jedoch weiterhin stärker auf den Reaktionsvideos und zeigt, wie die Inhalte genutzt werden können, um Verbündungsmomente entlang empathischer Feedbackschleifen herzustellen und in übergeordnete Diskurse einzubetten.

Abb. 8: Das TikTok-Video von Daria Kasatkina erhält eine fünfstellige Reichweite

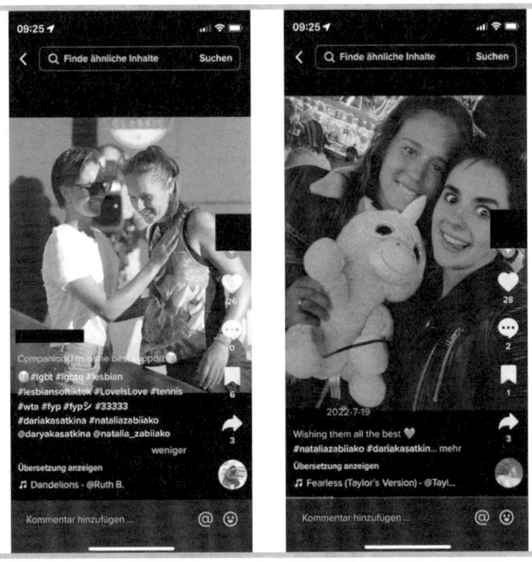

Abb. 9 und 10: TikTok-Videos, die Daria Kasatkina und ihrer Partnerin nur das Beste wünschen

Abb. 11: Daria Kasatkina und Natalia Zabiiako teilen seit dem Coming-out regelmäßig Inhalte aus ihrem Paaralltag auf TikTok

Fazit: Wellbeing in solidarischer Allianz

Die Ausführungen zeigen, dass queere Inhalte von prominenten Sportler*innen in sozialen Medien empathische Feedbackschleifen mit und für queere Jugendliche anzustoßen vermögen und damit ein Gefühl von Kopräsenz erzeugen. Kopräsenz zielt hier weniger auf die gleichzeitige Anwesenheit, sondern auf die Erfahrung einer leiblichen Präsenz, welche mit einem Profil verbunden wird und worin zwangsläufig Empathie-Bedarf aufgerufen wird. Erst vor diesem Hintergrund können solidarische Allianzen über Rivalitäten hinweg entstehen und wahrgenommen werden. Solidarisierung durch Elite-Personen bzw. -Institutionen kann in der Tradition queerer Verbündung gelesen werden, wobei anders als bei sich vereinenden marginalisierten Gruppen und im Ausgang nicht-marginalisierter Akteur*innen eher von Allyship zu sprechen ist. Nichtsdestotrotz sind beide Phänomene für queere Jugendliche zentral und haben stabilisierenden Effekt auf queere Aktivismen sowie ihre Fortführung, die weitere Reaktionswellen stimuliert, etwa in Form aufwendiger Antworten und Reaktionsvideos, die mit der Community geteilt werden. Eine entsprechende positiv verstärkende Feedbackschleife kann dabei auch in umgekehrter Perspektive und auf nicht intendierte Weise stattfinden, wie das Beispiel der Fitnessinfluencerin Pamela Reif zeigt, die sich in einem ihrer Videos transphob äußerte.[5] Nicht nur stieß sie damit in Kommentaren und Reaktionsvideos einen intensiven Diskurs zur Thematik an, welcher zu einem Entschuldigungsposting[6] führte, auch entstand ein gemeinsames TikTok-Live mit Trans*Frau Jolina Mennen, die zuvor in einer Reaktion einen möglichen Shitstorm verurteilte, um den Diskurs auf Fragen um Trans*-Feindlichkeit zu lenken.[7] Auf diese Weise involvierte sich Mennen in Feedbackschleifen-Dynamiken und erzeugte durch die Reif entgegen gebrachte Empathie ein Korrektiv, das zur Stabilisierung queerer Akzeptanz beitrug. Ein postdigitales Wohlbefinden, basierend auf der Möglichkeit zur Teilhabe an Diskursen zu queeren Inhalten, die entlang komplexer – teils parallel verlaufender, sich überschneidender – Reaktionswellen plattformübergreifend entfaltet werden, wird somit nicht nur durch öffentlichkeitswirksame Unterstützung stabilisiert, sondern kann mitunter auch über Ablehnung – mag sie auch ungewollt geschehen – verstärkt und gefestigt werden.

Wenn die zeitgenössische Bildung danach strebt, den Aufbau eines Orientierungswissens zu ermöglichen, Wissensbestände somit jederzeit kritisch hinterfragen zu können, bedeutet dies in praktischer Auslegung, einen Umgang mit Unwägbarkeiten, die Bereitschaft zur Umorientierung, Offenheit für Neues zu entwickeln und sich auf Fremdes einstellen und einlassen zu können (vgl. Jörissen/Marotzki 2014: 321f.). Vor dieser Schablone zeigen die Beispiele – unabhängig davon, ob von den Ursprungskommunikator*innen intendiert –, wie der Umgang mit digitalen Technologien und deren Inhalten Bildungsmomente initiiert, die für die Medienpädagogik produktiv gemacht werden können. Aus Perspektive der Medienpädagogik gilt es demzufolge, Bewusstsein für die entsprechenden Prozesse zu schaffen und sie gleichermaßen zu begleiten bzw. zu thematisieren. Denn die Beteiligung an Feedbackschleifen, ob rezipierend oder kommunizierend, ist stets durch Teilhabe und die Potenzialität zur Gestaltung zu denken und damit ein wichtiges Element an der Schnittstelle von handelnder und reflexiver Mediennutzung, welches entsprechend reflektiert und bearbeitet werden kann. Das Beispiel Reif/Mennen zeigt eindrücklich, wie die Beteiligung auf vielfache Weise Momente des Umdenkens, etwa zur Nachsicht und Fehlbarkeit, oder für queer- bzw. identitätssensible Sprache initiierte. Nicht nur erfolgten Momente der Selbstreflexion bezogen auf die eigenen Positionen zu queerem Leben, auch standen Fragen um Gefolgschaft und die damit verbundene Treue zu Vorbildern zur Diskussion sowie nicht zuletzt Auslöser, Dynamiken und die (destruktive) Wirksamkeit kollektiver Hasswellen. Es demonstriert somit, dass eine zeitgenössische Medienpädagogik nur dann zeitgemäß sein kann, wenn sie die Medienerlebnisse der Jugendlichen selbst als konstitutiv für ihre Bildung begreift.

*Autor*innen*

Prof. Dr. Judith Ackermann: Forschungsprofessorin für Digitale Medien und Performance in der Sozialen Arbeit an der FH Potsdam; befasst sich in ihrer Arbeit mit den Potenzialen der Digitalisierung für Gesellschaft und Kultur; leitet seit Oktober 2022 leitet sie das BMBF-Projekt „Wissenschaftlerinnen in die Medien" (2022-2025).

Benjamin Egger: Akademischer Mitarbeiter im Digital Participation and Inclusion Lab und Stipendiat der FH Potsdam, wo er zu Queer Theory und postdigitaler Kultureller Bildung lehrt; promoviert an der Leuphana Universität Lüneburg zu „Postdigitales Kuratieren in Queer-Perspektive. Herausforderungen und Chancen digitaler Technologien im Ausstellen".

Anmerkungen

1 Anstiftung zur Teilhabe sowie Teilhabe-Vielfalt beschreiben wesentliche Aspekte des Postdigitalen (vgl. Ackermann/Egger: 2021b, Ackermann et al. 2019).

2 Siehe www.youtube.com/watch?v=pFgchlhD7iA [Stand: 05.05.2023].

3 Siehe www.spiegel.de/sport/tennis/russlands-beste-tennisspielerin-darja-kassatkina-outet-sich-als-homosexuell-a-40f41756-b118-400b-bf2f-f96e49d47302 [Stand: 08.05.2023].

4 Weil Outings von Fußballern im Profi-Bereich, zumal vor Ende der Karriere, auch gegenwärtig noch eine Besonderheit bedeuten und häufig als riskant bewertet werden, kann angenommen werden, dass die Aufmerksamkeit für den Post vergleichsweise hoch ausfällt.

5 Siehe https://vm.tiktok.com/ZMYqVtaTF/ [nur als Stitch verfügbar mit unterschiedlichen Einordnungen, Stand: 08.05.2023].

6 Siehe https://vm.tiktok.com/ZMYqVo69j/ [Stand: 08.05.2023].

7 Siehe https://vm.tiktok.com/ZMYqVtybT/, https://vm.tiktok.com/ZMYqqQYwJ/ und https://vm.tiktok.com/ZMYqqfGnk/ [Stand: 08.05.2023].

Literatur

Ackermann, J. (2021): Fallbeispiel Herausforderungen und Chancen: Wie gehen Jugendliche mit Nachrichten im digitalen Kontext um? In: Digital Souverän 2021, S. 18. Abrufbar unter: www.bertelsmann-stiftung.de/fileadmin/files/Projekte/Smart_Country/AK_Digital_Souvera__n_7_2021_final.pdf [Stand: 08.05.2023].

Ackermann, J./Egger, B. (2021a): Empathische Feedbackschleifen. In: Zellner, J./Lobbes, M./Zipf, J. (Hrsg.): Transformers: Digitalität, Inklusion, Nachhaltigkeit. Berlin: Verlag Theater der Zeit, 120-123.

Ackermann, J./Egger, B. (2021b): Postdigitale Kulturelle Bildung: zur Einführung. In: Ackermann, J./Egger, B.: Transdisziplinäre Begegnungen zwischen postdigitaler Kunst und Kultureller Bildung. Wiesbaden: Springer VS, 1-14.

Ackermann, J./Egger, B./Scharlach, R. (2019): Programming the postdigital: Curation of appropriation resources in (collaborative) creative coding spaces. In: Postdigit Sci Educ, 2, 416-441.

Amadeu Antonio Stiftung (2023): Katzen, Krieg und Creators. TikTok als (Des-)Informationsraum für Jugendliche. Eine Handreichung für die politische Bildung. Abrufbar unter: www.amadeu-antonio-stiftung.de/publikationen/katzen-krieg-und-creators/ [Stand: 08.05.2023].

Bentley, M. (2016): In The Game: Female Athletes Battle With Sexism. 2016 NCUR.

Bhandari, A./Bimo, S. (2022): Why's Everyone on TikTok Now? The Algorithmized Self and the Future of Self-Making on Social Media. In: Social Media + Society, 8(1). DOI: https://doi.org/10.1177/20563051221086241.

Blessing, J. N./Habermeyer, T./Claus, V. (2021): Natürlich, motivierend, ohne Filter? Eine qualitative Befragung zu der Nutzung des Hashtags ‚Fitspiration' auf Instagram und der Körperwahrnehmung junger Männer. In: kommunikation.medien – Open-Access-Journal für den wissenschaftlichen Nachwuchs, 13/2021. DOI: 10.25598/JKM/2021-13.5.

Brandl-Bredenbeck, H. P. (2010): Bewegung, Bildung und Identitätsentwicklung im Kindes- und Jugendalter. In: Neuber, N. (Hrsg.): Informelles Lernen im Sport. VS Verlag für Sozialwissenschaften, 117-132. DOI: https://doi.org/10.1007/978-3-531-92439-7_6.

Carrasco, M./Kerne, A. (2018): Queer Visibility: Supporting LGBT+ Selective Visibility on Social Media. In: Association for Computing Machinery: Proceedings of the 2018 CHI Conference on Human Factors in Computing Systems (CHI '18). New York/NY, Paper 250, 1-12. DOI: https://doi.org/10.1145/3173574.3173824.

Chandra, S./Hanckel, B. (2022): 'I wouldn't want my family to cop anything': examining the family of origin and its place in LGBTQIA+young people's social media practices. In: Journal of Youth Studies. DOI: 10.1080/13676261.2022.2156781.

Dorn, E. F. (2022): Fitness-Gurus auf Instagram. Kultursoziologische Fundierung und empirische Analyse eines aktuellen Phänomens (Doctoral dissertation, Universitätsverlag Hildesheim). DOI: https://doi.org/10.18442/206.

Egger, B./Ackermann, J./Kovarik, M. (2021): Postdigitale Kunst ausstellen und erfahren. Gestaltung empathischer Feedbackschleifen als Ordnungsmoment für hybride Ausstellungskontexte. In: Ackermann, J./Egger, B. (Hrsg.): Transdisziplinäre Begegnungen zwischen postdigitaler Kunst und Kultureller Bildung. Perspektiven aus Wissenschaft, Kunst und Vermittlung. Wiesbaden: Springer VS, 113-138.

Geuer, N. (2022): Schöner, fitter und glücklicher? Eine Studie zum Einfluss körperorientierter Influencer-Kommunikation. In: Corporate Communications Journal, 7(2), 12-17. DOI: https://doi.org/10.48769/opus-3592.

Guddat, D./Hajok, D. (2021): Zwischen Selbstdarstellung und Influencer* innen. In: JMS-Report, 43(6), 2-6. DOI: https://doi.org/10.5771/0170-5067-2020-6-2.

Hall, D. E. (2003): Queer theories. Palgrave Macmillan.

Hark, S. (2005): Queer Studies. In: Braun, Christina von/Stephan, Inge (Hrsg.): Gender@Wissen. Ein Handbuch der Gender-Theorien. Köln/Weimar/Wien: Böhlau Verlag, 285-303. DOI: https://www.genderopen.de/handle/25595/335.

Hettmann, S. (2017): Gender: Theoretische Paradigmen und queer-feministische Perspektiven. In: Behrens, C./Zittlau, A. (Hrsg.): Queer-Feministische Perspektiven auf Wissen(schaft): Rostocker

Interdisziplinäre Gender und Queer Studien. Bd. 1. Universität Rostock, 1-34. DOI: https://www.genderopen.de/handle/25595/281.

Hutfless, E. (2019): Zur Kritik der Heteronormativität – Queere Perspektiven in der Psychotherapie. In: Psychotherapie Forum, 23(1-2), 44-50. DOI: https://doi.org/10.1007/s00729-019-0116-z.

Jörissen, B./Marotzki, W. (2014): Medienbildung in der digitalen Jugendkultur. In Hugger, K.-U. (Hrsg.): Digitale Jugendkulturen. Wiesbaden: Springer Fachmedien, 317-331. DOI: https://doi.org/10.1007/978-3-531-19070-9_18.

Kinder Medien Monitor (2022): Orientierung im kindlichen Medienuniversum. Berichtsband.

Klier, K./Rommerskirchen, T./Brixius, K. (2022): # fitspiration: a comparison of the sport-related social media usage and its impact on body image in young adults. In: BMC psychology, 10(1), 320.

Lambert, J./Barnstable, G./Minter, E./Cooper, J./McEwan, D. (2022): Taking a One-Week Break from Social Media Improves Well-Being, Depression, and Anxiety: A Randomized Controlled Trial. In: Cyberpsychology, Behavior, and Social Networking, 25(5), 287-293. DOI: https://doi.org/10.1089/cyber.2021.0324

McCann, H./Monaghan, W. (2020): Queer theory now. From foundations to futures. Red Globe Press.

Menzel, T./Braumüller, B./Hartmann-Tews, I. (2019): The relevance of sexual orientation and gender identity in sport in Europe. Findings from the Outsport survey. Köln: Deutsche Sporthochschule Köln, Institut für Soziologie und Gender Studies.

Phipps, C. (2020): 'They were constantly harassing us and a lot of it was to do with our sexuality': Masculinities, Heteronormativity and Homophobia in University-Based Sport. In Magrath, R./Cleland, J./Anderson, E. (Hrsg.): The Palgrave handbook of masculinity and sport. Palgrave Macmillan, 359-378.

Pirker, V. (2021): ‚Influencing' – ein Modell religionspädagogisch reflektierten Handelns? In: International Journal of Practical Theology, 25.1, 40-57.

Schach, A. (2018): Botschafter, Blogger, Influencer: Eine definitorische Einordnung aus der Perspektive der Public Relations. In: Schach, A./Lommatzsch, T. (Hrsg.): Influencer Relations. PR und Marketing mit digitalen Meinungsführern. Wiesbaden: Springer Gabler, 27-47.

Walser, J./Fletcher, T./Rory, M. (2022): Fan attitudes towards sexual minorities in German men's football. In: Leisure Studies, 41:3, 356-371. DOI: https://doi.org/10.1080/02614367.2021.1980088.

Juliane Ahlborn

KI-Kunst als kreativer Zugang zu Data Literacy

Der Beitrag nimmt die zunehmende Verbreitung datengetriebener algorithmischer Systeme zum Anlass, um über die Frage nachzudenken, inwiefern es neuer, kreativer Zugänge zu komplexen Daten(-infrastrukturen) bedarf, um Heranwachsende dazu zu befähigen, in einer datengetriebenen Welt teilhaben zu können. Dabei konzentriert sich der Artikel auf kreative und künstlerische Verwendungsweisen von KI, die in einem engen Zusammenhang mit Daten stehen.

Komplexe algorithmische, datengetriebene Systeme spielen eine zentrale infrastrukturelle Rolle, indem sie die Grundlage für gesellschaftliche, politische, wirtschaftliche und kulturelle Entscheidungsfindungen darstellen. Beispielsweise, wenn es um die Verteilung sozialstaatlicher, medizinischer Ressourcen oder um die Bestimmung von Strafmaß oder Bewährungsauflagen geht (vgl. Crawford 2021). Und obwohl sie dabei unter der wahrnehmbaren Oberfläche verborgen bleiben, prägen sie die Art und Weise, wie wir die Welt um uns herum, aber auch uns selbst wahrnehmen, wie wir denken und handeln (vgl. Stalder 2018). Auch die Kunst bleibt davon nicht unberührt. Der Einsatz vermeintlicher Künstlicher Intelligenz (KI) in kreativen, künstlerischen Prozessen erfreut sich immer größerer Popularität, was spätestens 2022 mit der Einführung von Text-zu-Image-Tools wie *DALL-E 2*, *midjourney* und *Stable Diffusion* sichtbar geworden ist. Durch den Einsatz dieser Tools werden Nutzer*innen ohne jegliche künstlerischen Kenntnisse und Vorerfahrungen dazu befähigt, gewaltige Bildwelten zu erschaffen, indem sie textuelle Beschreibungen, sogenannte *prompts*, formulieren, aus denen schließlich Bilder generiert werden. Insofern ist die Erstellung solcher Bilder nicht mehr direkt von künstlerischem Talent abhängig, vielmehr variiert ihre Qualität mit der Wortgewandtheit und der Imaginationsfähigkeit ihrer Nutzer*innen. Durch den Einsatz derartiger Tools zeichnen sich Bedeutungsverschiebungen ab: einerseits in Bezug auf Konzepte wie Autor*innenschaft oder die Stellung solcher Werke auf dem Kunstmarkt. Erst im September 2022 sorgte ein unter Zuhilfenahme von *midjourney* generiertes Bild mit dem Titel *Théâtre d'Opéra Spatial* für Aufsehen, weil der Entwickler des prompts, Jason Allen, das Bild einer Jury bei einem Kunstwettbewerb vorlegte und damit gewann. Allerdings lässt sich dahingehend festhalten, dass nicht jedes Bild notwendigerweise auch Teil der Kunstwelt sein muss vgl. (Bajohr 2022). Andererseits weisen die Ergebnisse dieser Tools oftmals vorurteilsbehaftete Darstellungen auf, so werden etwa heteronormativ aufgeladene Rollenverteilungen bildhaft reproduziert (z.B. werden „flight attendants" zumeist als weibliche und „pilots" als männliche Personen abgebildet). Diese Schieflage (*bias*) ist letztendlich auf die zugrunde liegenden Trainingsdaten zurückzuführen, mit denen das von OpenAI entwickelte Modell trainiert wurde. Das Material, mit dem derartige Systeme trainiert werden, ist von Menschen erstellt, sodass vorherrschende Werte und Normen reproduziert werden (vgl. Crawford/Paglen 2019). Denn das, was die KI leistet, ist Mustererkennung in unüberschaubar großen Datensätzen, die für die Rezipierenden dieser Bilder genauso unter der sichtbaren Oberfläche verborgen bleiben wie die menschlich geschriebenen Annotationen oder die zugrunde liegenden algorithmischen Modelle.

Insofern braucht es neue Ansätze und Methoden, um ein Bewusstsein bzw. Reflexionsräume für eben diese komplexen Verflechtungen von datengetriebenen algorithmischen

Systemen zu schaffen, die, wie eingangs skizziert, weit über das Feld der Kunst hinausragen. Neben bildungspolitischen Bemühungen, welche auf einen kritischen, selbstbestimmten Umgang mit digitalen Technologien im Allgemeinen und KI im Besonderen abzielen (vgl. Vuorikari et al. 2022), lassen sich bereits zahlreiche medienpädagogische Initiativen und Angebote identifizieren, wie z.B. die des jfc Medienzentrums NRW, die Heranwachsende an Themen wie Big Data und KI heranführen. Der vorliegende Beitrag reflektiert einen kreativ-künstlerischen Zugang zu eben diesen Themen. Dabei wird davon ausgegangen, dass die Kunst die komplexen Verflechtungen von Daten- und Algorithmenstrukturen sichtbar macht und derartige *biases* in den zugrunde liegenden Datensätzen zum Gegenstand macht. Vor diesem Hintergrund fragt der Beitrag danach, inwiefern die Auseinandersetzung mit KI-Kunst für die Ausbildung einer sogenannten Creative Data Literacy fruchtbar sein kann. Um diese Frage angemessen bearbeiten zu können, wird zunächst geklärt, was hier unter Daten verstanden werden kann und in welchem Zusammenhang Daten und Machine Learning (ML) bzw. KI stehen. Daran anschließend werden unterschiedliche Konzepte von Data Literacy – mit besonderem Fokus auf kreative Zugänge – diskutiert. Abschließend nimmt der Artikel medienpädagogische Anknüpfungspunkte für den kreativen Einsatz KI-gestützter Tools für die Förderung von Data Literacy in den Blick.

„Big" Data und KI

Geht es um KI, ist oftmals die Rede von „Big" Data. Der Begriff hat seinen Ursprung in den frühen 2000er-Jahren, als noch Disketten im Einsatz waren und die Speicherkapazität von USB-Sticks im einstelligen Megabytebereich lag.

> „Not too long ago storage and transmission media helped people grapple with kilobytes and megabytes, but today's databases and data backbones daily handle not just terabytes but petabytes of information." (Gitleman/Jackson 2013: 1)

Mehr noch, erst im November 2022 wurden mit *Ronna* und *Quetta* zwei neue Präfixe eingeführt, um neue Größenordnungen von Daten mit 27 bzw. 30 Nullen abbilden zu können. Der Begriff Big Data geht auf den Informatiker Douglas Laney zurück, der Big Data durch drei V charakterisierte: 1. Das *Volume* im Sinne der Menge der Daten, 2. die *Velocity* im Sinne der Verarbeitungsgeschwindigkeit, die heute oftmals in Echtzeit erfolgt, und 3. die *Variety* im Sinne der Vielfalt der Daten, die wir heute durch unterschiedliche Endgeräte, verschiedene Programme und Apps produzieren und damit einhergehend unterschiedliche Formate und Qualitäten besitzen (Audio-, Video-, Bewegungs-, Geodaten usw.). Daten sind also weder mit Informationen gleichzusetzen noch sind sie immer zwingend in Form von Zahlen in Exceltabellen vorzufinden: Daten (oder Datensätze) sind gemäß Manovich (vgl. 2019) Objekte, die so strukturiert sind, dass sie in einem Computermedium existieren können. Außerdem können Daten entgegen ihrer ursprünglichen Wortbedeutung (lat. *dare* = geben) nicht als gegeben begriffen werden, stattdessen müssen sie als produziert bzw. generiert betrachtet werden (vgl. Manovich 2001). In der Folge können sie auch nicht als wertneutral oder objektiv angesehen werden, vielmehr müssen sie als Repräsentationen verstanden werden, die stets eines interpretativen Fundaments bedürfen (vgl. Gitleman/Jackson 2013: 3). Insofern sind Daten stets abhängig von menschlicher Partizipation: „Data need us" (ebd.: 6) und wir brauchen KI bzw. maschinelle Lernverfahren, um diese unüberschaubar großen, unstrukturierten Datenmengen lesbar zu machen, denn kaum ein Mensch könnte diese großen Datenbestände überblicken, geschweige denn strukturieren oder sortieren. Mit Blick auf den rasanten technologischen Fortschritt in den vergangenen 20 Jahren kann der Begriff „Big" Data folglich nicht unmittelbar auf besonders große Datenmengen bezogen werden, sondern vielmehr auf die Art und Weise der Datenerfassung, -speicherung und -verarbeitung (vgl. Tractenberg/Sellers 2017). Bei der Analyse und Auswertung großer Datensätze bedarf es maschineller Lernverfahren, die in den Mengen unstrukturierter Daten Muster ausfindig machen. Gleichzeitig sind die algorithmischen Modelle, die diesen Verfahren zugrunde liegen, abhängig von eben diesen Datenmengen:

> „They are central to how AI systems recognize and interpret the world. These datasets shape the epistemic boundaries governing how AI systems operate, and thus are an essential part of understanding socially significant questions about AI." (Crawford/Paglen 2019)

Wenngleich es Unterschiede hinsichtlich Zwecks und Architektur verschiedener Trainingsdatensätze für bildgenerierende Systeme, wie z.B. *DALL-E 2*, *midjourney* oder *Stable Diffusion,* gibt, haben sie gemein, dass sie aus einer Sammlung von Bildern bestehen, die auf verschiedene Weise beschriftet und in Kategorien sortiert wurden. Diese Zuweisung ist notwendig, damit das System beispielsweise Äpfel als solche erkennt und sie von Birnen unterscheiden kann. Bei komplexeren Unterscheidungen geraten diese Systeme allerdings schnell an ihre Grenzen, nicht etwa wegen unzureichender Rechenleistung, sondern wegen vorurteilsbehafteter Beschreibungen und mangelnder Diversität der Bilder, wie KI-Forscherin Kate Crawford und Künstler Trevor Paglen (vgl. 2019) bei einer analytischen Auseinandersetzung mit der Kategorie *Person* der Bilddatenbank *ImageNet* herausgestellt haben. KI-Systeme, die z.B. für die Generierung von Personen genutzt werden und mit vergleichbaren Datensätzen trainiert wurden, reproduzieren schließlich nicht nur, sondern verstärken vorherrschende Werte und Normen auf bildhafte Weise.

Creative Data Literacy und KI-Kunst: Kritische und kreative Zugänge zu datengetriebenen algorithmischen Systemen abseits von „Magie"

Aus einer medienpädagogischen Perspektive stellt sich die Frage, wie Heranwachsende in einer datengetriebenen Welt eine aktive Rolle einnehmen können. Für die Förderung von Data Literacy bedarf es entsprechender Konzepte, die sich den kulturellen Verflechtungen widmen und Teilhabe und Empowerment ermöglichen und damit über die Ausbildung technischer Fertigkeiten (skills) hinausgehen (vgl. D'Ignazio 2017: 7). Vor diesem Hintergrund entwickelt Catherine D'Ignazio (vgl. ebd.) mit ihrem Konzept einer Creative Data Literacy kreative Zugänge für Lernende, die keinen expliziten technischen Hintergrund besitzen. Dabei fokussiert sie 1. auf die Auseinandersetzung mit Community-zentrierten Daten, 2. auf die Entwicklung von datenbasierten Narrativen, sogenannten Datenbiographien, 3. auf die Umstrukturierung im Sinne einer De- und Rekonstruktion von Daten(-sätzen), um die Beschaffenheit der Daten zu durchdringen. 4. erfolgt dabei die Auseinandersetzung mit Daten stets in geeigneten Umgebungen. Der 5. und letzte Punkt stellt darauf ab, dass Community-zentrierte Outputs bevorzugt werden, d.h. dass bei der Auseinandersetzung kein Anspruch auf Vollständigkeit oder Perfektion erhoben wird. Sandra Bae et al. (vgl. 2023) knüpfen an dieses Konzept an und entwickeln im Rahmen ihres Projekts *Data is Yours* ein Designinstrument, das auf den spielerischen Umgang mit physischen Datenvisualisierungen ausgerichtet ist. Im Gegensatz zu der alleinigen Auseinandersetzung mit digitalen Tools ermöglichen physische Darstellungen von Daten den Lernenden eine unmittelbare, körperliche Auseinandersetzung mit Daten, sie werden wortwörtlich greifbar:

> „By constructing an artifact, children have an ‚object-to-think-with' to externalize their mental model, observe when their designs succeed and fail, and discuss their insights with others." (ebd.: 258)

Das kreative und spielerische Eintauchen in neue Technologien, das Erforschen (meist impliziter) Handlungsmodelle und Mechanismen von Datenpraktiken sowie ein kritisches Hinterfragen der Produktionsbedingungen von Daten schafft Transparenz und eröffnet somit neue Zugänge zu komplexen Problemlösungsstrategien (vgl. Ahlborn/Verständig/Stricker 2021). D'Ignazio (vgl. 2017) zufolge ist die Auseinandersetzung mit Daten ein machtvolles Instrument, um Erkenntnisse über die Welt zu gewinnen. Dabei haben sich Datenvisualisierungen schnell zu einem geläufigen Ansatz entwickelt, um Zusammenhänge sichtbar zu machen und damit einhergehend die Welt um uns herum zu untersuchen und zu verstehen, die über den technischen und wissenschaftlichen Bereich hinausgehend auch die Bereiche der Kunst, Kommunikation und Dienstleistungen umfassen (vgl. D'Ignazio/Bhargava 2018).

Bereits einige Jahre vor der Einführung von Text-zu-Image-Tools haben komplexe datengetriebene KI-Systeme in der bildenden Kunst Einzug gehalten. Künstler*innen und Programmierer*innen setzen sich (oftmals in kooperativen Zusammenhängen) auf experimentelle, kreative Weise mit diesen komplexen Daten- und Algorithmenstrukturen auseinander. Pamela Scorzin charakterisiert diese Form der Kunst als eine generative und emulative, die „deutlich formale Bezüge zur populären Remix- und Mash-up-Kultur unserer Zeit" aufweist (Scorzin 2021: 59). Diese Bezüge ergeben sich nicht zuletzt aus den Daten, mit denen die zugrunde liegenden Modelle trainiert werden. Die Werke, die mithilfe von KI erstellt werden, überraschen oftmals sowohl die Kunstschaffenden sowie die Rezipierenden (vgl. Mazzone/Elgammal 2019). Den Grund, warum viele Menschen KI als *magisch* betrachten und die daraus hervorgehenden künstlerischen Arbeiten als *überraschend* wahrnehmen, sieht Inke Arns darin, dass „die Ausgangsdatensätze – die ‚Trainingssets' – nicht bekannt sind, und auch nicht deren durch Menschen gemachte Annotationen. Und unter anderem hier kommen die Vorurteile ins Spiel" (Arns 2021: 111). Künstler*innen wie Jake Elwes oder Ivonne Thein verhandeln in ihren Arbeiten Diversitätsfragen und Diskriminierungsproblematiken, die sich im Zusammenhang mit Big Data ergeben, und machen damit auf unvollständige und damit vorurteilsbeladene Datensätze aufmerksam. *The Zizi Project* (2019 bis laufend) ist eine webbasierte interaktive KI-Drag-Performance des britischen Künstlers Jake Elwes. Nutzer*innen werden dazu eingeladen, eine eigene (von *Glitches* durchzogene) Drag-Performance zu generieren. Für die Darstellung der Drags wurde ein KI-System mit Videodaten von Drag-Performances (Körperbewegungen, Gestik, Mimik) trainiert. Damit adressiert seine Arbeit den Mangel an Diversität in Bezug auf die Repräsentation von queeren, non-binary, aber auch dunkelhäutigen Menschen in Bilddatenbanken. Dieses Bias nimmt auch die Berliner Künstlerin Ivonne Thein zum Anlass, die Themen Körperlichkeit, Diversität von Körperformen und -farben im Kontext von Digitalität auf eine neue Art und Weise zu bearbeiten. Für ihre Arbeit *TECHNO BODIES* (2022) hat sie ein KI-System mit Bildern möglichst heterogener Körperformen und -farben trainiert. Die Ergebnisse sind Prints amorpher, Fragment-artiger Körper; Körper, die in Animationen ineinander aufgehen, miteinander verschwimmen, aber auch solche, die durch eine skulpturale, physische Präsenz gekennzeichnet sind.

Kunstwerke, die mithilfe von KI generiert wurden, können gewissermaßen als Formen von Datenvisualisierungen verstanden werden, die nicht nur bestimmte Dinge abbilden, sondern immer auch, wie gezeigt wurde, spezifische Werte transportieren – oder eben kritisch hinterfragen. Arbeiten wie die von Jake Elwes oder Ivonne Thein erzeugen neue Narrative bzw. rücken alte Narrative in ein neues Licht. Gleichzeitig machen sie das Zusammenspiel von Daten- und Algorithmenstruktur sichtbar und auf neuartige Weise zugänglich. Durch die Bezüge zu Körperlichkeit besitzen diese Arbeiten einen unmittelbaren Referenzpunkt, den jeder Mensch teilt. Der Körper wird zum „object-to-think-with" (Bae et al. 2023), einmal als interaktive Datenskulptur im digitalen Raum und einmal als Skulptur im physischen Raum, womit die digitale Datenskulptur ihre zweidimensionale, digitale Gestalt hinter sich lässt und von allen Seiten aus zu betrachten ist. Aus der Perspektive einer Creative Data Literacy geht es aber gerade nicht nur darum, sich rein rezeptiv mit derartigen Kunstwerken auseinanderzusetzen, sondern vielmehr darum, sie auch zu entwickeln und auszugestalten, z.B. mithilfe von webbasierten KI-Tools (vgl. Ahlborn/Verständig/Stricker 2021), wie die eingangs angeführten Text-to-Image-Tools.

Medienpädagogische Anknüpfungspunkte

Seit der Einführung dieser Tools tauchen immer mehr Beispiele für die kreativ-künstlerischen Möglichkeiten im Umgang mit Daten und KI auf, sie stellen Heranwachsenden neue Räume für einen explorativen Umgang mit Daten unterschiedlicher Qualitäten bereit (Bild, Sprache, Text usw.), die aus einer medienpädagogischen Perspektive fruchtbar erscheinen und nutzbar gemacht werden (können). Dahingehend sei auf die Arbeit von Frank Schlegel verwiesen, der sich auch im Rahmen der GMK-Fachtagung 2023 (siehe www.gmk-net.de/veranstaltungen/nrw-fachtag-2023/) der Frage widmete, wie der Einsatz derartiger Tools in der medienpädagogischen Praxis gestaltet werden kann. Eine besondere Aufmerksam wird in diesem Zusammenhang dem KI-Chatbot des Unternehmens OpenAI zuteil, der laut eigener Aussage dazu „entwickelt wurde, um Benutzern bei Fragen und Problemen zu helfen, indem er menschenähnliche Konversationen generiert" (OpenAI 2023, ChatGPT Feb 13, GPT 3.5). Der Bot ist also dazu in der Lage, mitunter komplexe Fragen zu beantworten und darüber hinaus Text in unterschiedlichen Formen zu erzeugen, wie Musikstücke, Gedichte, Witze sowie komplexe Narrative oder aber auch in Form eines programmierten und ausführbaren Codes. Die zunehmende Verbreitung dieses Tools hat insbesondere im Schul- und Hochschulbetrieb dazu geführt, dass Herausforderungen diskutiert werden, die bisher kaum abschätzbar sind.

Derartige Entwicklungen fordern auch darüber hinaus die Medienpädagogik heraus, indem mit dem rasanten Fortschritt im Bereich der KI potenziell ein „Moment der Unmündigkeit" einhergeht (Damberger 2021: 584). Insofern ist es eine zentrale Aufgabe der Medienpädagogik, geschützte Explorationsräume zu eröffnen und die kreativen Potenziale, die derartigen Tools innewohnen, produktiv zu wenden, um die Funktionsweisen und (impliziten) Wirkmechanismen spielerisch zu erkunden und Heranwachsende auf diese Art und Weise zu einem selbstbestimmten und mündigen Umgang mit diesen Technologien zu befähigen. Neben *ChatGPT* gibt es eine Vielzahl – z.T. bereits multimodaler – KI-basierter Tools, die textuelle Eingaben in Narrative, in Gedichte oder Songtexte überführen, und wieder andere, mit deren Hilfe Bilder oder sogar 3D-Objekte generiert und auch bearbeitet werden können. Damit bringen diese Tools neue „objects-to-think-with" hervor, die letztlich als Daten-Assemblagen in Form von Text, Bild oder was auch immer niedrigschwellige Zugänge zu Daten unterschiedlicher Qualitäten eröffnen und damit neue Anlässe schaffen, um über die Rolle und Funktion von Daten im Zusammenhang mit KI zu sprechen.

Autorin

Juliane Ahlborn: M.A.; forscht und lehrt im Bereich der Medienpädagogik; ihre Forschungsschwerpunkte liegen in der Betrachtung von Bildungs- und Subjektivierungsprozessen im Kontext von Digitalität im Allgemeinen und der kreativ-künstlerischen Auseinandersetzung mit komplexen Algorithmen- und Datenstrukturen im Besonderen; damit bewegt sich ihre Forschung im Schnittfeld von Bildungs- und Medientheorie sowie Algorithmenforschung.

Literatur

Ahlborn, Juliane/Verständig, Dan/Stricker, Janne (2021): Embracing Unfinishedness: Kreative Zugänge zu Data Literacy. In: Barberi, Alessandro/Grabensteiner, Caroline/Himpsl-Gutermann, Klaus (Hrsg.): Data Literacy – Datenkompetenz – Datenbildung. Medienimpulse (3/21). DOI: https://doi.org/10.21243/mi-03-21-18.

Arns, Inke (2021): Kann Künstliche Intelligenz Vorurteile haben? Zur Kritik algorithmischer Verzerrung von Realität. In: Kunstforum, 278 (Kann KI

Kunst? – AI ART: Neue Positionen und technisierte Ästhetik), 108-121.

Bajohr, Hannes (2022): Malen nach 0 und 1. REPUBLIK. Abrufbar unter: www.republik.ch/2022/05/07/malen-nach-0-und-1 [Stand: 14.02.2023].

Bae, Sandra, S./Vanukuru, Rishi/Yang, Ruhan/Gyory, Peter/Zhou, Ran/Do, Ellen Yi-Luen/Szafir, Danielle Albers (2023): Cultivating Visualization Literacy for Children Through Curiosity and Play. IEEE Transactions on Visualization and Computer Graphics, 29(1), 257-267. DOI: https://doi.org/10.1109/TVCG.2022.3209442.

Crawford, Kate/Paglen, Trevor (2019, 19. September): Excavating AI: The Politics of Training Sets for Machine Learning. Abrufbar unter: https://excavating.ai [Stand: 14.02.2023].

Crawford, Kate (2021): Atlas of AI: Power, politics, and the planetary costs of artificial intelligence. Yale University Press.

Damberger, Thomas (2021): Medienentwicklung und Medienpädagogik: Künstliche Intelligenz. In: Sander, Uwe/von Gross, Friederike/Hugger, Kai-Uwe (Hrsg.): Handbuch Medienpädagogik. Wiesbaden: Springer Fachmedien, 577-584. DOI: https://doi.org/10.1007/978-3-658-25090-4_70-1.

D'Ignazio, Catherine (2017): Creative data literacy: Bridging the gap between the data-haves and data-have nots. In: Information Design Journal, 23(1), 6-18. DOI: https://doi.org/10.1075/idj.23.1.03dig.

D'Ignazio, Catherine/Bhargava, Rahul (2018): Creative data literacy: A constructionist approach to teaching information visualization.

Gitelman, Lisa/Jackson, Virgina (Hrsg.) (2013): Introduction. „Raw data" is an Oxymoron. Cambridge, Massachusetts: MIT Press, 1-14.

Manovich, Lev (2001): The Language of New Media. MIT Press.

Manovich, Lev (2019): Data. In: Paul, Heike (Hrsg.): Critical Terms in Futures Studies. Springer International Publishing, 61-66. DOI: https://doi.org/10.1007/978-3-030-28987-4.

Mazzone, Marian/Elgammal, Ahmed (2019): Art, Creativity, and the Potential of Artificial Intelligence. In: Arts, 8(1), 26. DOI: https://doi.org/10.3390/arts8010026.

Laney, Douglas (2001): 3D Data Management: Controlling Data Volume, Velocity, and Variety. META Group.

Scorzin, Pamela (2021): ARTificiality. Künstliche Intelligenz, Kreativität und Kunst. In: Kunstforum, 278 (Kann KI Kunst? – AI ART: Neue Positionen und technisierte Ästhetik), 50-75.

Stalder, Felix (2018): The digital condition (V. Pakis, Trans.). Polity.

Tractenberg, Rochelle E./Sellers, Kimberly F. (2017): „Small" Data. In: Schintler, Laurie A./McNeely, Connie L. (Hrsg.): Encyclopedia of Big Data. Springer International Publishing, 1-4. DOI: https://doi.org/10.1007/978-3-319-32001-4_445-1.

Vuorikari, R./Kluzer, S./Punie, Y./European Commission & Joint Research Centre (2022): DigComp 2.2. The Digital Competence framework for citizens: With new examples of knowledge, skills and attitudes. DOI: https://doi.org/10.2760/490274.

Kunstwerke

Elwes, Jake: The Zizi Project, 2019-laufend, interaktive Web-Performance. Abrufbar unter: https://zizi.ai [Stand: 14.02.2023].

Thein, Ivonne: TECHNO BODIES, 2022, Mixed-Media-Installation, 8 Full-HD-Videoloops; 2 Prints auf Stoff, 266 x 200 cm; 3 Skulpturen, Silikon, Pigmente, verschiedene Größen; Kunstdruck, gerahmt, 50 x 40 cm. Abrufbar unter: www.ivonnethein.art/techno-bodies [Stand: 14.02.2023].

Philip Karsch/Dan Verständig

Raum und Entgrenzung

Digitale Jugendkulturen im Spannungsfeld von Singularisierung und kollektiven Aktionsformen

Der Beitrag widmet sich digitalen Jugendkulturen und algorithmischen Strukturen vor dem Hintergrund einer raumtheoretischen Betrachtung. Exemplarisch werden Phänomene wie die künstliche Verknappung, das Deplatforming und Algospeak in den Mittelpunkt gerückt, um zu konturieren, wie sich Widerständigkeiten und Momente der Medienkritik in den Aushandlungen diskutieren lassen.

Raum erleben

Vor einigen Jahren begegnete umtriebigen Internetnutzer*innen häufig ein Meme in verschiedenen Ausführungen. Verbindend war sinngemäß die Aussage „Früher hieß mein soziales Netzwerk draußen". Ansonsten ist auf den Bildern meist so etwas wie ein Lagerfeuer oder eine in der Natur spielende Gruppe von Kindern zu sehen. Manchmal scheinen die Fotos aus der Mitte des letzten Jahrhunderts zu stammen. Deutlich wird in jedem Fall die romantisierende Perspektive auf die *gute alte Zeit*. Es ist eine Gegenüberstellung eines *Damals*, einer Zeit der Unbeschwertheit, und einem *Heute*. Es ist die Idee von Gemeinschaft der Pfadfinder*innen in der Natur versus die digitale Vereinsamung (vgl. Turkle 2017), die frische Luft gegen das stickige Zimmer. Die wertende Haltung dieses Narrativs ist nicht zu übersehen; genauso wenig wie die Ironie, die sich im Distributionsweg des Memes abzeichnet. Um die eingeschriebene Kritik besser zu verstehen, ist ein Vergleich in ein *Heute* und ein *Damals* aber nur bedingt hilfreich. Neben dem Fokus auf die zeitlichen Dimensionen lohnt es sich, das Narrativ in seiner Gesamtheit aufzunehmen und somit den in das Meme eingeschriebenen Aspekts des Raums, seine Strukturen und Konstitutionsbedingungen in den Blick zu nehmen. Damit verschiebt sich der Gegenstand zwar nur minimal, aber die Irritation über das Wahrgenommene ließe sich möglicherweise besser beschreiben. So adressiert ja auch das vorliegende Handbuch Gestaltungs- und Identitätsräume Jugendlicher.

Memes, Challenges oder andere audiovisuelle Trends sind in den sozialen Medien heute ein fester Bestandteil von Jugendkulturen (vgl. Stemmann 2019, Flasche/Carnap 2021, Riesmeyer/Hagleitner/Sawatzki 2021) und können als wahre Fundgrube für medienpädagogische Betrachtungen auf digitale Jugendkulturen gelten. Digitale Jugendkulturen bringen schon länger eine Reihe von Anregungen für die praktische Medienarbeit, aber auch für eine theoretische Auseinandersetzung mit sich (vgl. Hugger 2014). Plattformen wie Instagram, Snapchat und TikTok haben dabei zur Transformation ästhetischer und kultureller Praktiken beigetragen. Individualität und Kollektivität sind dabei ebenso ineinander verwoben wie Originalität und Remix (vgl. Jörissen/Schröder/Carnap 2020: 61). Diese Transformationen verweisen sowohl auf flüchtige, kurzweilige und kreative Praktiken als auch auf komplexe, andauernde Auseinandersetzungen mit Welt, die sich im Spannungsfeld von Singularitäten (vgl. Reckwitz 2016) und kollektiven Aktionsformen abzeichnen und bildungstheoretisch als produktive Verwicklungen (vgl. Allert/Asmussen 2017) ausgelegt werden können. Es handelt sich dabei um künstlerisch-kreative Praktiken, die neue Formen der Vergemeinschaftung entstehen lassen und damit auch spezifische kulturelle Formationen produzieren.

Diese Kulturproduktion in Form von Remixing schließt an vorhergehende Jugendkulturen an. Nicht nur die Hip-Hop-Szene kann hier als Keimzelle gelten – auch wenn sie wohl einen zentralen Bezugspunkt einnimmt. Remixing ist „eine Meta-Methode, ein viele Genres und spezifische Arbeitsweisen kennzeichnendes Verfahren, in welchem unter Verwendung bestehender kultureller Werke oder Werkfragmente neue Werke geschaffen werden" (Stalder 2014: 29). Das Remixing birgt Kreativitätspotenziale und erlaubt es Jugendlichen, sich in öffentlichen Räumen auf ganz unterschiedliche Weise zu äußern und damit wiederum die unterschiedlichsten Lesarten medialer Produkte und ihrer Produktions- und Distributionsweisen zu ermöglichen (vgl. Hall 1999). Für eine medienpädagogische Perspektive auf digitale Jugendkulturen bedeutet dies vor allem, dass die Annahme einer passiven Nutzer*innenschaft, die Inhalte schlicht konsumiert, infrage gestellt wird und damit auch das Potenzial zum Empowerment und der Selbstermächtigung in den Mittelpunkt gerückt werden kann. Erfahrungsräume und ihre Verwobenheit in einer Kultur der Digitalität (vgl. Stalder 2016, 2021) sind einerseits strukturgebend, andererseits bieten sie Platz für Widerständigkeit. Dem vielleicht ironisierenden und lächelnden Blick auf die gute alte Zeit oder einen anderen vergleichenden Umstand ist ja auch eine Kritik an bestehenden medialen und sozialen Strukturen eingeschrieben. Das Vergleichen kann dabei auch häufig als Muster der medialen Artikulationen, beispielsweise bei Protestbewegungen (vgl. Dang-Anh 2019, Verständig 2023), gelesen werden. Damit haben einfache Aussagen das Potenzial dazu, ganze soziale Bewegungen zu werden. In der Art und Weise, wie Menschen Inhalte über die sozialen Medien teilen, liegt nicht nur biografisch-reflexives Potenzial, es ist vielmehr auch eine Form der Vergemeinschaftung, die sich über niederschwellige und bestätigende Kommunikation einerseits abzeichnet. Andererseits entsteht auch durch den Widerstreit der sozialen Aushandlungen ein Bild, welches Abgrenzungsbewegungen und Entgrenzungen in den Mittelpunkt rückt. Dazuzugehören heißt auch, sich von anderen Dingen abzugrenzen. Die Plattformen nehmen hierbei eine strukturgebende Rolle ein, da bestimmte Möglichkeiten des Austauschs bereits eingeschrieben sind und andere nicht. Dies ist beispielsweise dann der Fall, wenn durch Algorithmen individuelle Positionen verstärkt werden und sich daraus Kollektive entwickeln. Das genannte Meme steht exemplarisch für die heterogenen jugendkulturellen Formationen, die sich im Horizont der Digitalität vollziehen. Es steht auch beispielhaft für die Flüchtigkeit einer spätmodernen Gesellschaft, die sich über mobil gewordene Machtstrukturen auszeichnet (vgl. Bauman 2010), die sich in Form von dynamischen Netzwerken über Algorithmen und digitale Infrastrukturen abbilden.

Der Beitrag greift die Diskrepanz zwischen dem Offensichtlichen und den verborgenen Dynamiken auf und fragt danach, wie sich digitale Jugendkulturen im Verhältnis zu Algorithmen und Daten, also den strukturierten und strukturierenden Momenten des Digitalen vollziehen. Dabei werden kursorisch Phänomene der sozialen Aushandlung und des Spiels mit der Technologie adressiert, um so auf die Grenzen und Reichweiten der Wirkmacht von digitalen Technologien einzugehen. Der Raumbegriff ist für uns ein zentraler Referenzpunkt, da er einerseits metaphorisch und andererseits materiell von Bedeutung für die Konstruktion von jugendkulturellen Phänomenen in einer erziehungswissenschaftlichen Ausrichtung ist. Wie sich Algorithmen in die sozialen Aushandlungen einschreiben, soll im Beitrag diskutiert werden. Dabei geht es uns auch um eine Konturierung medienpädagogischer Handlungsfelder, die sich aus den jugendkulturellen Transformationsdynamiken ableiten lassen.

Der Raum im Denken

Das Denken in Räumen hat in der Erziehungswissenschaft eine lange Tradition (vgl. Kessl 2016, Nugel 2017, Glaser et al. 2018, Lohfeld 2019), auch die Anknüpfung an Konzepte von Identität im Zusammenhang zu digitalen Medien ist innerhalb der Medienpädagogik immer implizit (vgl. Theunert 2009, Unger 2014, Riesmeyer, Pohl/Ruf 2021). Während für die Identität in den Geistes- und Sozialwissenschaften ein durchaus stringenter Prozess der Begriffsbestimmung nachzuzeichnen ist, muss für den Raum gefragt werden: Weiß die

Erziehungswissenschaft eigentlich, was dies meint? Es lässt sich durchaus eine breite Diskussion um den Raum nachzeichnen, die aber nicht tiefergehend und vor allem sehr ambivalent geführt wird. Beispiele wie das vorgestellte Meme oder auch Themen auf größerer Ebene wie digitale Jugendkulturen verweisen auf die Notwendigkeit der Auseinandersetzung mit dem Raumbegriff aus erziehungswissenschaftlicher und medienpädagogischer Perspektive. Für den digitalen Raum müssen wir annehmen, dass er vor allem über Kommunikationspraktiken produziert und konstituiert wird. Es fehlt ihm ja weitgehend an Materialität (vgl. Karsch 2022: 71). Der Raum und die Medialität konstituieren sich – im wahrsten Sinne des Wortes – durch die medialen Artikulationen wie Ton, Bild und Sprache. Gleichwohl sind materielle Dimensionen wie die Verfügbarkeit von Smartphones ein Grundbestandteil eines erweiterten Raumverständnisses – vor allem als Sozialraum. Auch für den materiellen Raum und darauf bezogene Raumtheorien ist die kommunikative Konstruktion von Räumen zentral, wie Gabriela B. Christmann (2016) mit einem interdisziplinär ausgerichteten Blick herausstellt. Materialität schließt sich insofern an, als die Schaffung des Raums von den digitalen Technologien und Geräten abhängt und damit analoge und digitale Kontexte verbindet.

Die soziale Konstruktion des Raums – wie Menschen sich im Raum verorten und wie sie im Wechselspiel mit ihm agieren – spielt auch bei Lefebvre (1991) eine zentrale Rolle. In seiner Theorie zur Produktion des Raums macht er deutlich, dass Raum ein gesellschaftliches Produkt ist, welches durch Produktionsverhältnisse und die darin eingebundenen Subjekte hergestellt wird. Wichtig sind für Lefebvre drei unterschiedliche Raumdimensionen (vgl. ebd.: 33 bzw. 38f., vgl. auch Christmann 2016: 12f.): Es ist 1.) der Raum einer alltäglichen Raumpraxis, eines wahrgenommenen Raumes (espace perçu), der Handlungen vorgibt und damit den Raum (re)produziert. Dies geschieht „vergleichsweise nicht-reflexiv" (Christmann 2016: 12). 2.) ist es der Raum bzw. die Raumproduktion, wie sie von Wissenschaftler*innen, Raum- und Stadtplaner*innen, Technokrat*innen und Künstler*innen konzipiert wird. Diese Art der Raumproduktion ist für Lefebvre die dominierende. Und 3.) ist es Raum, wie er gelebt wird. Dies meint für Lefebvre die Art, wie die „Einwohner*innen" (Lefebvre 1991: 39) den Raum „in komplexen Symbolisierungen zum Ausdruck bringen, aber auch imaginieren, visionär denken, bestehende Strukturen unterlaufen und vermittels ihrer Visionen überformen" (Christmann 2016: 4). Bei der Betrachtung von Räumen und ihrer Produktion sollte also immer beachtet werden, wie der Raum erdacht und konzipiert ist, welche Regeln in ihn eingeschrieben sind, die dann wiederum durch (weitgehend) nicht-reflexives Handeln der Bewohner*innen reproduziert oder durch widerständiges, symbolträchtiges Handeln subversiv unterlaufen werden.

Kollektive Aktionsformen, die sich über Hashtags bündeln lassen, entlang von Challenges und Trends formieren, lassen sich auf die Produktion von Raum in doppelter Weise beziehen. Einerseits bilden die medialen Praktiken die Grundlage für die Konstitution des sich aufspannenden Raums und der digitalen Medialität. Andererseits sind die digitalen Technologien und Medien, wie sie über Plattformen repräsentiert sind, hier nicht nur strukturiert, sondern auch strukturierend, denn die Produktion von Inhalten ist nicht nur von sozialen Ansprüchen und Erwartungen abhängig, sondern auch von den medialen Rahmenbedingungen. Soziale Aushandlungen sind im Kontext von digitalen Jugendkulturen demnach immer auch Aushandlungen über das Medium. Den Medien sind dabei unterschiedliche Funktionen eingeschrieben, um sich selbst zum Ausdruck zu bringen. Indem spezifische Einschreibungen vorliegen, werden auch bestimmte Möglichkeiten gar nicht erst eröffnet. Festmachen lässt sich das beispielsweise an Zeichen- oder Zeitlimitierungen bei der Produktion von Inhalten. Es geht dann nicht nur darum, dass man sich durch die jeweiligen Formen des medialen Ausdrucks Gehör verschaffen kann, sondern auch darum, dass der Raum selbst über subversive Praktiken und nicht-intentionale Produktionsformen transformiert wird.

Raum und Entgrenzungen des Digitalen

Um das Ganze aus raumtheoretischer Perspektive zu betrachten, sollen folgend *algorithmische Implikationen* vorgestellt werden. Algorithmen sind konstitutiv für den digitalen Raum und die daraus hervorgehende Medialität. Sie sprechen gewissermaßen zu den Personen, die sich in ihm *bewegen* (vgl. Steets 2015: 113; vgl. auch Byung-Chul Han in Bezug auf Nietzsche 2005: 41) und konstruieren damit erst den Kommunikationsraum (vgl. Christmann 2016). Gleichsam gehen digitale Medien erst in ihrem Gebrauch auf (vgl. Münker 2013). Algorithmen sind somit bestimmte Machtlogiken eingeschrieben, die sich im Zusammenspiel mit sozialen Aushandlungen verorten und raumtheoretisch betrachten lassen. Den Bewohner*innen dieses Raumes gibt dies eine handlungsleitende Struktur vor, die sie jedoch auch unterwandern und gestalten können. Die weitgehende Immaterialität dieser Raumstrukturen führt zu einer Komplexitätssteigerung von Raumbildern und -vorstellungen. Mit Blick auf Lefebvre sind die Räume aber weder statisch noch in ihrer Produktion vollkommen festgelegt. Sie entstehen im Handlungsvollzug.

Indem sich digitale Jugendkulturen stets auch in einer produktiven Verwicklung zu den medialen Strukturen befinden, bilden Algorithmen eine wesentliche Grundlage für die Strukturierung und Repräsentation der kulturellen Ausprägungen. Algorithmen und Daten können zugleich der Sichtbarmachung einer Kulturtransformation der Spätmoderne dienen, denn hierüber lassen sich gleichermaßen die Errungenschaften (Vernetzung, Informationsverarbeitung), wie auch die Probleme (soziale Ungleichheit, Kulturkonflikte) herausheben (vgl. Reckwitz 2017: 23f.). Inwiefern algorithmische Strukturen die Formation von digitalen Jugendkulturen auf individueller, aber auch auf überindividueller Ebene beeinflussen, wollen wir beispielhaft entlang der *künstlichen Verknappung*, dem *Deplatforming* und *Algospeak* beschreiben. Damit werden jeweils Momente der sozialen Aushandlung und des Widerstreits thematisiert, die hinsichtlich – wenn auch nicht ausschließlich – für digitale Jugendkulturen und die medienpädagogische Praxis produktiv gewendet werden können.

Künstliche Verknappung

Die Algorithmisierung von Lebenswelten führt in mindestens zweierlei Hinsicht zu einer künstlichen Verknappung von Daten und Informationen. Einerseits findet eine Verknappung durch Selektion und Repräsentation statt, die in der Digitalität zu einer großen Unordnung führt und erst durch algorithmische Prozesse geordnet werden (vgl. Stalder 2016). Andererseits sind den digitalen Medien und Plattformen Strukturmerkmale der künstlichen Verknappung durch Zeitbegrenzungen eingeschrieben, die Affekte und Aufmerksamkeitsverdichtungen provozieren und damit auch digitale Öffentlichkeiten prägen (vgl. Papacharissi 2015).

Zwar werden bekanntermaßen tagtäglich schiere Unmengen an Daten gesammelt, als Output schafft es aber nur eine kleine Zahl an Informationen wieder nach außen. Stalder spricht in diesem Zusammenhang nicht nur von einer großen Unordnung, sondern auch von Daten-Behaviorismus (vgl. Stalder 2016: 114ff.). An anderer Stelle vergleicht er eine Suche bei Google mit der Suche nach einer Nadel im Heuhaufen – nur dass Google nicht *die* Nadel finden würde, sondern einfach *irgendeine* und dann behaupte, es sei eben diese Nadel. Entweder sind die Algorithmen also noch nicht ausgereift genug – oder es muss eine Filterung (und damit eine Verknappung) entstehen, weil es ja sonst die menschliche Vorstellungskraft übersteigen würde (vgl. ebd.: 200ff.). Ganz konkret zeigt sich eine künstliche Verknappung auf einer Plattform wie TikTok in einer Reduktion auf kurze Videos, die in einer einzigen Daumenbewegung durchgescrollt werden können. Creator*innen sind angehalten, in den ersten Sekunden Spannung und Interesse zu erzeugen. Kann das Video nicht überzeugen – egal ob seriöser Informationsgehalt oder schlichtes Clickbaiting –, dann wird es weggewischt und früher oder später vom Algorithmus irgendwo auf einem Abstellgleis abgelegt. Von der Software bzw. der Firma dahinter wird ein Raum konzipiert, der von den User*innen in einem ersten Schritt eben nur bedingt reflexiv wahrgenommen wird, da er hinter den sie anstrahlenden Displays konstruiert und mit jeder Interaktion auch ein Stück weit transformiert wird. Die zeitliche Flüchtigkeit lässt kaum *Raum* zu, um die dem Raum inhärenten Bildungsanlässe wahrzunehmen. Erst ein tatsächlich gelebter Raum würde dies möglich machen. Das Erleben des Raums erfolgt über die Produktion und die performative Auseinandersetzung mit den Inhalten, die nicht-affirmative Friktionen im Social Stream provozieren. Beispielsweise dann, wenn Irritationsmomente durch Kommentare oder das Gezeigte entstehen. Plattformen haben trotz des Anspruchs zur Abbildung von Vielfalt auch das legitime Interesse der Bindung von User*innenschaft. Diese Bindung entsteht nicht dadurch, dass unpassende Inhalte strukturiert und präsentiert werden, sondern durch die Bestätigung von gleichen Interessen und die Verstärkung bestehender Präferenzen.

Die offensichtlichen Optionen sind das Liken und Speichern von Videos bzw. das Folgen von Creator*innen. Wie sich allerdings die einzelne Verweildauer, die Tageszeit oder andere Faktoren auf die Programmierung des *eigenen* Algorithmus auswirken, kann der*die User*in nicht wissen. Zugleich werden nicht öffentliche oder teilöffentliche Kommunikationsformen nur dann analytisch explizierbar, wenn man die Grundbedingungen der Digitalität, also die Verbindung von analogen und digitalen Kontexten, auch empirisch in den Blick nimmt und digitale Jugendkulturen dahingehend befragt, inwiefern individuelle Aushandlungen, beispielsweise Kommunikationsverläufe über Direktnachrichten, im zunächst Verborgenen erfolgen. Die Sichtbarmachung dieser Aushandlungen und Brüche tragen zum tiefergehenden Verständnis der Dynamiken im Sinne von Zugehörigkeits- und Abgrenzungsbewegungen bei.

Ein medienpädagogisches Anliegen kann dann auch der Anspruch sein, dass man über die ökonomischen Zusammenhänge aufklärt, denn der Raum, der eröffnet und aufgespannt wird, ist durch die künstliche Verknappung algorithmisch verzerrt. Es werden nur die relevantesten Inhalte dargestellt. Das Streben danach, unter den Top 0.3 oder 0.2 Prozent der TikToker*innen zu sein, also an der Spitze der Rangliste zu stehen, ist eine Singularisierung, die durch die Raumverzerrung gleichzeitig zu einer kollektivierten und standardisierten Routine wird. Der gelebte Raum ist damit geprägt von Normen des Sozialen und Metriken des Digitalen. Wenngleich das Streben nach Einzigartigkeit und Reichweite bei vielen Plattformen zugrunde gelegt wird, spitzt TikTok diese Entwicklung durch die sehr dynamischen algorithmischen Strukturen und die erhöhte Flüchtigkeit abermals zu.

Deplatforming

Deplatforming meint die Regulierung der Inhalte durch die Plattformbetreibenden und zwar insofern, dass Individuen oder Gruppen gesperrt und deren Konten sowie Inhalte gelöscht, also von der Plattform heruntergenommen werden (vgl. Ali et al. 2021). In diesem Zusammenhang lässt sich eine Machtasymmetrie explizieren, die sich zwischen User*innen und Plattformbetreibenden konturieren lässt. Die Löschung von Inhalten und Konten ist besonders dann ein wichtiges Instrument, wenn es um die Durchsetzung der Allgemeinen Geschäftsbedingungen des jeweiligen Unternehmens, aber auch von geltendem Recht geht. Eine schnelle Reaktion auf gesetzeswidrige oder entgrenzende Dynamiken, wie beispielsweise Hatespeech, Gewaltandrohungen oder die Präsentation verfassungswidriger Inhalte und Symbole, kann weitergehende Entgrenzungen effektiv unterbinden. Deplatforming kann in der Umsetzung aber auch die Meinungsfreiheit einschränken und zu weiteren Eskalationsspiralen führen, indem extreme Gruppierungen dieses Momentum ausnutzen und die Informationsbedürfnisse der Menschen adressieren. Deplatforming muss nicht immer zur Unsichtbarmachung entgrenzter Inhalte führen, es ist vor dem Hintergrund des Involvements von Jugendlichen eben nicht gleichzusetzen mit einem Cleaning des Raums, denn es kann zu

Abwanderungen auf andere Plattformen führen und dann neue Orte der Entgrenzung erst entstehen lassen. Plattformbetreibende sind ihrer Pflicht nachgekommen, für die Heranwachsenden bleibt im Fall von Mobbing beispielsweise immer auch die Unsicherheit, dass andere Räume der sozialen Entgrenzung entstehen. Auch hinsichtlich kollektiver Aktionsformen werden Implikationen des Deplatformings zumindest in medienpädagogischer Lesart insofern relevant, als hier die Macht der Vielen missbraucht werden kann, um valide Argumente oder Positionen als missbräuchlich zu melden. Eine Prüfung gemeldeter Inhalte erfolgt dann aufseiten der Plattformbetreibenden. Diese Problematik spitzt sich nochmals zu, da die Muster und Logiken hinter den Entscheidungsprozessen oftmals verborgen bleiben und nur mit einigem Aufwand von abermals nur wenigen Menschen rekonstruiert und damit nachvollziehbar gemacht werden können. Dies betrifft sowohl manuelle Eingriffe in die Inhalte als auch automatisierte Entscheidungsprozesse. Beide sind insbesondere dann teilhaberelevant, wenn die Systeme die Menschen oder ihnen klar zugeordnete Eigenschaften und ihr Handeln bewerten. Die Architektur hinter der Fassade der *wahrgenommenen Räume* (Lefebvre) wird zu einem komplexen und diffusen Zusammenspiel von Algorithmen, Daten und menschlichen Interaktionen, wobei es zu einer Entkopplung von Design der Architekturen und sichtbaren Implikationen kommt. Dies hat weitreichende Konsequenzen. Diskriminierung aufgrund persönlicher Merkmale beispielsweise wird dann oft erst durch den Blick auf überindividueller Ebene sichtbar (vgl. Diakopoulos 2013, Criado-Perez 2020). Die Normalisierung von Körperbildern ist hier ein Aspekt, der sich auch durch Jugendkulturen zieht, dabei einzelne Personen betrifft, erst jedoch durch die Vielzahl der individuellen Auseinandersetzungen, abgebildet über Hashtags, sichtbar wird. Erst die Bündelung über Hashtags bringt Einzelschicksale zusammen und verdichtet damit ein strukturelles Problem.

Die Reflexion über das Deplatforming kann in medienpädagogischen Formaten adressiert und aufgearbeitet werden, um so ein Problembewusstsein bei den Jugendlichen zu wecken. Das Problembewusstsein umspannt dann nicht nur die Momente von Löschungen, sondern auch die Implikationen, die an diesen Prozess anschließen und der Löschung vorausgehen. Damit rücken Praktiken in den Mittelpunkt, bei denen es Menschen gelingt, wissentlich unter dem Radar der automatisierten Erfassung zu fliegen. Dies kann ein Spiel auf Zeit sein, beispielsweise dann, wenn die manuelle oder automatisierte Prüfung und Entfernung von Inhalten schneller erfolgt, als dass ein Trend an Momentum gewinnt. Es kann aber auch eine Grundlage für neue Trends darstellen. Inwiefern Trends dann auch von den Plattformbetreibenden toleriert werden und wann Eingriffe erfolgen, bleibt dabei häufig offen. Während die künstliche Verknappung auch im Sinne Lefebvres noch wahrgenommen werden kann, bleiben die Prozesse des Deplatformings weitestgehend unsichtbar. Sie werden nur für Betroffene spürbar und zwar dadurch, dass ihnen die Stimme und Existenz im Raum entzogen werden. Ein Bewusstsein für das Unsichtbare und Unbestimmte zu entwickeln, kann Aufgabe der Medienpädagogik sein. Erfolgen kann dies über die Adressierung der emergenten Dynamiken, die sich beispielsweise über die Thematisierung der Akteur*innen selbst erfassen lassen, wenn also Themen von den Menschen selbstreferenziell gewendet werden, neue Accounts angelegt werden und über Löschungen oder andere Eingriffe gesprochen wird. Dies wird jedoch meist Menschen ermöglicht, die ohnehin über eine hohe Reichweite verfügen und sich auch auf anderen Plattformen Gehör bzw. Sichtbarkeit verschaffen können.

Algospeak

Die eingangs beschriebenen Memes erinnern auch an Geheimsprachen, die man sich als Kinder ausdenkt. Gemeint ist nicht die Jugendsprache, sondern tatsächliche Geheimsprachen, die von Gruppen von Kindern und Jugendlichen entwickelt werden, damit sie von anderen Gruppen – oder eben von Erwachsenen – nicht verstanden werden. Diese Geheimsprachen sind selbstverständlich nicht so komplex und vor allem auch nicht so geheim, wie sie versprechen. Dennoch sind sie für jugendkulturelle Abgrenzungsdynamiken und Sozialisationserfahrungen hochgradig relevant, da sie ein fester Bestandteil der Lebenswelten von Heranwachsenden sind.

Auf TikTok, aber auch auf Instagram, haben sich Praktiken einer Geheimsprache entwickelt, die von Taylor Lorenz, Autorin der Washington Post, als „Algospeak" benannt wurden (Lorenz 2022). Insbesondere bei TikTok gelten strenge Regeln und Konventionen darüber, über was gesprochen werden darf und was nicht. Für eine internationale Plattform sind globale Richtlinien angesichts der Wertepluralität jedoch sehr unrealistisch und nur schwer durchzusetzen. Algospeak kann als subversive, widerständige Praktik verstanden werden, da es hierbei um das Spiel mit dem Algorithmus geht. Es handelt sich um eine Variation des Netzjargons, der sich im Ersetzen von Buchstaben äußert und *damals* schon als „Leetspeak" (Barasa 2004) zumindest im Kontext des Online-Gamings zirkulierte. Algospeak kommt *heute* in den sozialen Medien beispielsweise dann zum Einsatz, wenn man sich für die Normalisierung von Debatten einsetzen möchte und damit widerständig gegen bestehende hegemoniale Diskurse wird. So hat sich der Begriff „Seggs" auf TikTok als Synonym für Sex etabliert, weil der Algorithmus die Inhalte, die das Wort enthalten, *bestraft*, indem er sie entweder gar nicht anzeigt oder so schlechter bewertet, so dass sie nicht mehr im Feed der Menschen erscheinen. Ein weiteres Beispiel lässt sich abermals an der Normalisierung von Körperbildern und Entgrenzungsdynamiken festmachen, wenn das Körpergewicht adressiert wird und aus dem englischen Begriff „fat" dann „f@t" wird.

Dieses Phänomen nennt sich auch Shadow Banning und beschreibt dann den Umstand, dass Inhalte zwar noch für die Creator*innen sichtbar sind, jedoch keine Reichweite mehr bekommen. Das hat zur Folge, dass sich Menschen mit ihren Anliegen nicht zu gleichen Bedingungen Gehör verschaffen können, sondern dass Widerständigkeit und Subversion hier notwendige Mittel sind, um sich gegen die algorithmische Selektion zu wenden, damit ein Diskurs überhaupt erst möglich wird. Algospeak ist ein Ansatz, reproduzierte Routinen, alltägliche Raumpraxen und hegemoniale Raumkonzeptionen subversiv zu unterlaufen. Gleichwohl wird die Widerständigkeit im kreativen Umgang mit Sprache auch zur Bewertungsgrundlage für das Gezeigte. Algospeak ist ein Spiel auf Zeit, denn die Algorithmen sind heute weitestgehend datengetrieben. Dementsprechend ist es nur eine Frage der Zeit, bis subversive Praktiken so viel Aufmerksamkeit bekommen, dass sie auch statistisch signifikant sind und Plattformbetreibende dann entscheiden, ob ein Trend, der sich in der Grauzone bewegt, weitergeführt werden kann oder nicht.

Fazit

Gestartet sind wir mit einem Meme, welches *offensichtlich* an Zeit, Erinnerung und Ironie gekoppelt ist. Dieses Meme hat uns jedoch bei weitergehender Deutung auch einen analytischen Blick auf den Raum eröffnet. Die Diskussion um den Raumbegriff hat in der Erziehungswissenschaft, aber auch der Medienpädagogik, eine gewisse Tradition. Angesichts der Fokussierung auf algorithmische Strukturen und digitale Jugendkulturen konnten wir jedoch auch aufzeigen, dass die Diskussion im Zusammenhang zur Digitalität neue theoretische Anknüpfungspunkte liefern kann. Über die Dynamiken der sozialen Aushandlungen im Netz wissen wir bereits viel. Diese Dynamiken unterliegen jedoch der stetigen Veränderung. Die Medienpädagogik kann hier auch sehr gut an ihre traditionellen Forschungslinien aus der Erziehungswissenschaft und ihren anverwandten Disziplinen andocken. Wir haben im Beitrag einige Aspekte wie künstliche Verknappung, Deplatforming und Algospeak vorgestellt und deren Implikationen für die Medienpädagogik und erziehungswissenschaftlichen Auseinandersetzungen diskutiert. Dabei ist deutlich geworden, dass die Phänomene in sich eine hohe Komplexität aufweisen und daher sowohl in der Breite als auch in angemessener Tiefe empirisch bearbeitet werden müssen. Dazu fällt auf, dass in dieser Diskussion das Spiel zwischen *Damals* und *Heute* ausgetragen wird. Es ist allerdings ein Spiel, aus dem weder ein *Damals* als ein moralischer Sieger hervorgeht noch in irgendeiner Form Rückschlüsse auf die Spielweise von *Heute* herauszustellen sind. Digitale Jugendkulturen als affirmative und konsumorientierte Formationen zu verstehen, greift daher zu kurz. Es handelt sich um Bewegungen zur Herstellung von Freiräumen, die angesichts des Digitalen stets von algorithmischen Strukturlogiken durchzogen sind. Ob etwas und inwieweit etwas trendet, ist dabei nicht allein auf das Kreativitätspotenzial der Jugendlichen und Menschen insgesamt zurückzuführen, sondern als berechnetes Ergebnis von Kreativität zu verstehen. Damit verändern sich grundlegende Wahrnehmungsweisen im und über den digitalen Raum. Eine intensivierte Diskussion zur Reichweite des Raumbegriffs scheint daher sinnvoll, auch um andere medienpädagogisch relevante Phänomene und Herausforderungen, wie soziale Entgrenzungen, Hatespeech oder Verschwörungstheorien, weiter in den Blick zu nehmen.

Autoren

Dr. Philip Karsch: Forscht und lehrt im Bereich der Medienpädagogik an der Universität Bielefeld; seine Interessen liegen im Schnittfeld von Privatheit und Öffentlichkeit, der Konstruktion von Wirklichkeit im Digitalen und Kommunikationskultur im Internet; gerade beschäftigt ihn vor allem die Frage nach der Architektur eines digitalen Raumes.

Prof. Dr. Dan Verständig: Professor für Erziehungswissenschaft mit dem Schwerpunkt Allgemeine Medienpädagogik an der Universität Bielefeld; forscht und lehrt in der Medienpädagogik; im Mittelpunkt stehen dabei Lern- und Bildungsprozesse, die im Horizont der Digitalität verortet sind; Forschungsschwerpunkte liegen im Schnittfeld von Bildungs- und Medientheorie sowie Algorithmenforschung.

Literatur

Ali, S./Saeed, M. H./Aldreabi, E./Blackburn, J./De Cristofaro, E./Zannettou, S./Stringhini, G. (2021): Understanding the Effect of Deplatforming on Social Networks. 13th ACM Web Science Conference 2021, 187-195. DOI: https://doi.org/10.1145/3447535.3462637.

Barasa, S. N. (2004): Leetspeak in linguistic taboos. computer, 2007, 2011-2012.

Bauman, Z. (2010): Leben in der Flüchtigen Moderne (Originalausgabe). Suhrkamp Verlag.

Christmann, G. B. (Hrsg.) (2016): Zur kommunikativen Konstruktion von Räumen: Theoretische Konzepte und empirische Analysen. Wiesbaden: Springer Fachmedien. DOI: https://doi.org/10.1007/978-3-658-00867-3.

Criado-Perez, C. (2020): Invisible women: Exposing data bias in a world designed for men. Vintage.

Dang-Anh, M. (2019): Protest twittern: Eine medienlinguistische Untersuchung von Straßenprotesten. Bielefeld: transcript Verlag. DOI: https://doi.org/10.14361/9783839448366.

Diakopoulos, N. (2013): Algorithmic Accountability Reporting: On the Investigation of Black Boxes. DOI: https://doi.org/10.7916/D8ZK5TW2.

Flasche, V./Carnap, A. (2021): Zwischen Optimierung und ludischen Gegenstrategien: Ästhetische Praktiken von Jugendlichen an der Social Media Schnittstelle. In: MedienPädagogik: Zeitschrift für Theorie und Praxis der Medienbildung, 42, 259-280. DOI: https://doi.org/10.21240/mpaed/42/2021.06.22.X.

Glaser, E./Koller, H.-C./Thole, W./Krumme, S. (Hrsg.) (2018): Räume für Bildung – Räume der Bildung: Beiträge zum 25. Kongress der Deutschen Gesellschaft für Erziehungswissenschaft. Budrich.

Hugger, K.-U. (Hrsg.) (2014): Digitale Jugendkulturen. Wiesbaden: Springer Fachmedien. DOI: https://doi.org/10.1007/978-3-531-19070-9.

Jörissen, B./Schröder, K./Carnap, A. (2020): Postdigitale Jugendkultur. Kernergebnisse einer qualitativen Studie zu Transformationen ästhetischer und künstlerischer Praktiken. In: Timm, S./Costa, J./Kühn, C./Scheunpflug, A. (Hrsg.): Kulturelle Bildung. Theoretische Perspektiven, methodologische Herausforderungen und empirische Befunde. Münster/New York: Waxmann, 61-77.

Abrufbar unter: www.pedocs.de/volltexte/2020/21039/pdf/Timm_et_al_2020_Kulturelle_Bildung.pdf [Stand: 06.06.2023].

Karsch, Philip (2022): Schule und digitale Kommunikationskultur: Antinomien des Lehrer*innenhandelns zwischen Privatheit und Professionalität. 1. Auflage. Wiesbaden: Springer Fachmedien (Medienbildung und Gesellschaft).

Kessl, Fabian/Reh, Sabine/Glaser, Edith/Thole, Werner (2016): Raum und Räumlichkeiten in der erziehungswissenschaftlichen Forschung. Eine Einführung. DOI: https://doi.org/10.25656/01:16701.

Lefebvre, Henri (1991): The production of pace. Malden: Blackwell Publishing.

Lohfeld, W. (Hrsg.) (2019): Spannung – Raum – Bildung: Reflexionen in anthropologischer und phänomenologischer Perspektive. Beltz Juventa.

Lorenz, Taylor (2022): Internet 'algospeak' is changing our language in real time, from 'nip nops' to 'le dollar bean'. In: Washington Post. Abrufbar unter: www.washingtonpost.com/technology/2022/04/08/algospeak-tiktok-le-dollar-bean/ [Stand: 06.06.2023].

Münker, S. (2013): Media in use: How the practice shapes the mediality of media. In: Distinktion: Journal of Social Theory, 14(3), 246-253. DOI: https://doi.org/10.1080/1600910X.2013.838978.

Nugel, M. (2017): Die Erziehungswissenschaft als Raumwissenschaft. In Thompson, C./Casale, R./Ricken, N. (Hrsg.): Die Sache(n) der Bildung. Ferdinand Schöningh, 263-278. DOI: https://doi.org/10.30965/9783657785940.

Papacharissi, Z. (2015): Affective publics: Sentiment, technology, and politics. Oxford University Press.

Reckwitz, A. (2017): Die Gesellschaft der Singularitäten: Zum Strukturwandel der Moderne. Suhrkamp.

Riesmeyer, C./Hagleitner, A./Sawatzki, P. (2021a): The Visual Self: The Connection between Adolescents' Self-Presentation on Instagram and Their Ability to Recognize and Evaluate Advertising Content. In: MedienPädagogik: Zeitschrift für Theorie und Praxis der Medienbildung, 43, 41-66. DOI: https://doi.org/10.21240/mpaed/43/2021.07.24.X.

Riesmeyer, C./Pohl, E./Ruf, L. (2021): Stressed, but connected: Adolescents, their perceptions of and coping with peer pressure on Instagram. In: MedienPädagogik: Zeitschrift für Theorie und Praxis der Medienbildung, 17-41. DOI: https://doi.org/10.21240/mpaed/00/2021.02.10.X.

Schellinger, J./Tokarski, K. O./Kissling-Näf, I. (Hrsg.) (2020): Digitale Transformation und Unternehmensführung: Trends und Perspektiven für die Praxis. Wiesbaden: Springer Fachmedien. DOI: https://doi.org/10.1007/978-3-658-26960-9.

Stalder, F. (2014): Der Autor am Ende der Gutenberg Galaxis. Buch & Netz.

Stalder, F. (2016): Kultur der Digitalität (Originalausgabe, erste Auflage, Bd. 2679). Suhrkamp.

Stalder, F. (2021): Was ist Digitalität? In: Hauck-Thum, U./Noller, J. (Hrsg.): Was ist Digitalität? Springer Berlin Heidelberg, 3-7. DOI: https://doi.org/10.1007/978-3-662-62989-5_1.

Stemmann, A. (2019): Bild-Text-Dynamiken in digitalen Kulturen: Memes als Bausteine der Populärkultur. In Dettmar, U./Roeder, C./Tomkowiak, I. (Hrsg.): Schnittstellen der Kinder- und Jugendmedienforschung. Bd. 1. J.B. Metzler, 135-149. DOI: https://doi.org/10.1007/978-3-476-04850-9_9.

Turkle, S. (2017): Alone together: Why we expect more from technology and less from each other (Third edition. Revised and expanded edition. Revised trade paperback edition). Basic Books.

Unger, A. (2014): Identitätsbildung zwischen Kontrolle und Unverfügbarkeit. Die Rahmung von Interaktion, Selbstdarstellung und Identitätsbildung auf Social Network Sites am Beispiel Facebook. In: Kammerl, R./Unger, A./Grell, P./Hug, T. (Hrsg.): Jahrbuch Medienpädagogik 11. Wiesbaden: Springer Fachmedien, 35-56. DOI: https://doi.org/10.1007/978-3-658-06462-4_3.

Verständig, D. (2023): Zwischen Deliberation und Desintegration: Eine fallbasierte Untersuchung von Protestbewegungen in der Pandemie. In: MedienPädagogik: Zeitschrift für Theorie und Praxis der Medienbildung, 29-58. DOI: https://doi.org/10.21240/mpaed/jb19/2023.03.02.X.

Janne Stricker

Out of Orientierung

Über den Einfluss des Digitalen auf die Identitätsentwicklung Jugendlicher

Digitale Medien ermöglichen es jungen Menschen, ihre eigene Identität zu schaffen und sich auf eine Weise auszudrücken, die es zuvor so nicht gab. Neben der Möglichkeit, sich selbst zu artikulieren, bietet das Digitale ebenfalls Raum zur Vernetzung sowie ein riesiges Angebot an Identitäten, an Handlungs- und Biografisierungsoptionen. Diese Vielfalt an diversen Identitäten und Lebensoptionen ermöglicht Heranwachsenden einerseits ein vielfältiges Potenzial, sich selbst zu entwickeln und zu finden. Andererseits kann es zu Herausforderungen kommen, sich in den Identitätsangeboten zu orientieren. Der Beitrag fragt danach, inwieweit Medien auf die Identitätsentwicklung von Jugendlichen wirken und welche Herausforderungen sich dadurch für die Medienpädagogik ergeben. Der Beitrag zeichnet damit das Feld der erziehungswissenschaftlichen Jugendmedienforschung weiter.

Die Fähigkeit, sich zu orientieren, wird in unserer Kultur der Digitalität (vgl. Stalder 2016) immer wichtiger und gleichzeitig immer schwerer. Durch die sich immer weiterentwickelnde Kommunikationslandschaft schafft das Digitale neue Räume und somit auch vielfältige Angebote der Artikulation, des sozialen Miteinanders sowie des Austauschs. Diese Dynamik hat ebenfalls eine Wirkung auf die Identitätsentwicklung von Kindern und Jugendlichen und stellt die medienpädagogische Arbeit – sowohl schulisch als auch außerschulisch – vor neue Herausforderungen. Im Verlauf der Zeit gibt es bereits einige Arbeiten, die sich im Schnittfeld der Identitätsentwicklung von Jugendlichen und Medien befinden (z.B. Theunert 2006, Schorb 2006 und 2014, Hagedorn 2014). Viele dieser Überlegungen basieren allerdings immer noch auf einem Medienverständnis, das Medien als Unterhaltungs- und Freizeitangebot sieht und die dahinterliegenden algorithmischen Strukturen weitestgehend außer Acht lässt. Die Bedeutung der Medien und damit einhergehend der digitalen Welt hat sich in den letzten Jahren aber grundlegend gewandelt und damit auch die Bedeutung, die Medien für die Entwicklung von Jugendlichen spielen (vgl. Kerres 2018). Dass sich die Medienlandschaft innerhalb eines Jahrzehnts deutlich wandeln kann, zeigen beispielsweise die Studien des Medienpädagogischen Forschungsverbund Südwest (mpfs) mit ihren quantitativen Erhebungen zu Kindern bzw. Jugendlichen, Internet/Informationen, Medien (Kurz: KIM-/JIM-Studie), die sich mit der Mediennutzung und -ausstattung von Kindern (sechs bis 13 Jahren) und Jugendlichen (zwölf bis 19 Jahren) auseinandersetzen. Hatten 2010 noch ungefähr 50 Prozent der Kinder zwischen sechs und 13 Jahren ein Handy und nur circa 10 Prozent einen Internetzugang (vgl. mpfs 2010), waren es 2020 bereits 50 Prozent, die ein Handy bzw. Smartphone und etwas über 40 Prozent ein Smartphone besitzen, und es hatten bereits 99 Prozent der Haushalte einen Internetzugang. Zudem wird deutlich, dass sich die Befragung an sich deutlich wandelt: Die „klassische" Geräteausstattung erweitert sich eher zu einem Geräterepertoires (vgl. Hasebrink 2014) durch beispielsweise Streaming-Dienste und digitale Sprachassistenz. Auch die Befragungsthemen passen sich der sich wandelnden Kommunikationslandschaft an, sodass die Internet- und Smartphonenutzung durch soziale Medien in ihren Facetten deutlich gezielter befragt wird. 2022 hat der mpfs erstmalig die sogenannte JIMplus-Studie erhoben, die sich explizit mit Themen wie Fake News und Hatespeech beschäftigt, zudem gibt es inzwischen auch MiniKIM (Kinder im Alter von zwei und fünf Jahren) und Senior*innen-Befragungen

(SIM-Studie). Die Entwicklung der Studien spiegelt ebenfalls den medienpädagogischen Bedarf sowie die neuen Herausforderungen und Möglichkeiten für Jugendliche wider.

Sander (2014) formulierte bereits, dass sich Medien zu einer der mächtigsten Sozialisationsinstanzen entwickelt haben und dass die damit einhergehende Veränderung der Kommunikationslandschaft und Kommerzialisierung für das Leben der Jugendlichen ausschlaggebend sei (vgl. Sander 2014: 40). Jörissen und Marotzki (2009) gehen mit ihrem Konzept der Strukturalen Medienbildung sogar noch weiter, indem sie davon ausgehen, dass Sozialisation ausschließlich medial erfolgt. Auch wenn diese skizzierte Veränderung ein gesamtgesellschaftliches Phänomen ist und auch „der Prozess der Identitätsbildung heute als ein lebenslanger angesehen wird" (Schorb 2009: 82), ist die Zielgruppe der Jugendlichen von besonderem Interesse, da einerseits die Lebensphase der Jugend durch die Selbstsuche und den Aufbau eines Werte- und Normensystems geprägt ist (vgl. Keupp 2006: 82), sich aber andererseits die Lebensbedingungen von Jugendlichen und damit einhergehend die Sozialisationsinstanzen vollkommen geändert haben.

Medien bieten dabei einerseits ein vielfältiges Medienangebot an unterschiedlichen Zugängen und Möglichkeiten der eigenen Artikulation und des Ausprobierens. Dabei bezieht sich das Adjektiv *vielfältig* auf die Formen und Strukturen der Medien. Gleichzeitig bieten der digitale Raum und damit auch die Medien inhaltlich diversere Darstellungen von unterschiedlichen Menschen und somit auch diversere Identitätsangebote. Doch auch wenn das Angebot in doppelter Hinsicht vielfältig *und* divers ist, müssen Jugendliche es schaffen, sich in der Masse an Angeboten und der damit einhergehenden Unübersichtlichkeit der Medienwelten zurechtzufinden und zu orientieren.

Der Beitrag widmet sich der Frage, inwiefern Jugendliche heutzutage Orientierung bei der Identitätsentwicklung im digitalen Raum erlangen (können). Ziel ist es, einen Einblick zu geben, wie Medien selbst orientierungsstiftend sein können und wie die Medienpädagogik helfen kann, diese Orientierung in Medien zu finden. Der Beitrag gibt ein Update der aktuell noch herrschenden Perspektiven auf die Identitätsentwicklung von Jugendlichen im Hinblick auf die Nutzung von Medien und Orientierung im digitalen Raum. Dazu wird im Folgenden ein kurzer Einblick in das Verhältnis von Identität(en) und Medien gegeben, um daraufhin Vorschläge zu unterbreiten, wie Orientierung in der Medienlandschaft gewonnen werden kann. Abschließend werden die besonderen Herausforderungen für die Medienpädagogik in Theorie und Praxis reflektiert.

Identität(en) & Medien

Das Konzept von Identität hat in der Theorie viele Gesichter, in der Praxis stellt sich die Frage „Wer bin ich?" in Abgrenzung zu der Frage „Wer bist du?" Nelke definiert in Anlehnung an Abels (2006) Identität als „das Bewusstsein, ein unverwechselbares Individuum mit einer eigenen Lebensgeschichte zu sein" (2023: 263). Dazu gehöre ebenfalls „dass das Individuum in der Auseinandersetzung mit anderen eine Balance zwischen individuellen Ansprüchen und sozialen Erwartungen gefunden hat" (ebd.). Baacke definiert Identität als einen dynamischen Begriff, der „eine Vielfalt von Aspekten in sich zusammenfasst, deren Gemeinsamkeit darin besteht, dass jemand Ich sagen kann" (1985: 140). Es lässt sich festhalten, dass die eigene Identität eine Orientierung ist, sich in der Welt auf Grundlage seiner eigenen Wertvorstellungen und Interessen zurechtzufinden. Die Identität beschreibt also das reflexive Moment, dass ich mir meinem Selbst- und Weltbild bewusst bin, dieses Moment ist aber keinesfalls statisch, sondern dynamisch. Was Jörissen und Marotzki bereits 2009 mit dem Konzept der Strukturalen Medienbildung formuliert haben, sind die Dimensionen lebensweltlicher Orientierung und damit einhergehend die Bedeutung von Medien auf das In-der-Welt-sein von Menschen. In Anlehnung an die Kantischen vier Fragen können Medien dabei Orientierungs- und Reflexionsimpulse hinsichtlich der Wissens-, Grenz-, Handlungs-, oder Biografiedimension geben. Bildung wird dabei als Veränderung von Welt- und Selbstbild verstanden. Medien können uns Impulse geben, indem sie uns neue Optionen zeigen, unsere Identität, unser Handeln und somit unser Leben zu gestalten. Das wird in zweierlei Hinsicht deutlich: erstens durch die Darstellung von unterschiedlichen Identitätsformen in Medien selbst (wie beispielsweise in Filmen, Serien oder Blogs) oder entlang der Identitätsentwicklung durch Medien selbst, durch die eigene Gestaltung, die Vernetzung und die damit verbundene Interaktion. Dieser Zugang kann also sowohl dazu genutzt werden, um bereits bestehende Medien zu analysieren oder medienpädagogische Formate zu konzipieren, um Jugendlichen Orientierungen zu geben, wie sie sich selbst artikulieren und ausprobieren können, und auch bereits bestehende Identitäten zu erfahren. Dabei spielt ebenfalls Kreativität eine entscheidende Rolle, da nach Schorb „[d]er Prozess der Identitätsbildung [...] gekennzeichnet [ist] durch das kreative Handeln des Menschen, der in Auseinandersetzung mit den von außen gestellten Entwicklungsaufgaben sein je eigenes Ich gestaltet" (2014: 172). Auch wenn sich viele Faktoren der Identitätsentwicklung nicht geändert haben, so wandeln sich doch die Medienlandschaft und damit einhergehend auch der Gegenstand Medien. Im Folgenden soll kurz skizziert werden, wie Identität(en) in Medien auf die Entwicklung von Jugendlichen wirken können bzw. wie die Identitätsentwicklung mit und durch Medien beeinflusst werden kann.

Identität(en) in Medien

Bereits mit dem Konzept der Strukturalen Medienbildung ist ein Zugang gelegt worden, der beschreibt, weshalb die Betrachtung von Medien eine Rolle bei der Identitätsentwicklung von Jugendlichen spielt. Döring setzt sich mit der Wirkung von Medienpersonen und Mediennutzer*innen im Hinblick auf die eigenen Emotionen und das Selbstkonzept auseinander. Dazu legt sie einen besonderen Fokus auf Identifikation und soziale Vergleiche. Die Autorin stellt fest, dass „[d]ie Identifikation mit Vorbildern [...] besonders wichtig für Kinder und Jugendliche [ist], die ihre Fähigkeiten und Identitäten erst entfalten. Zudem wird bei sozialen und gesellschaftlichen Minderheiten die Möglichkeit zur Identifikation mit positiven Rollenmodellen als wichtiger Faktor der Stärkung der eigenen Identität verstanden (z.B. ethnische, sexuelle, politische Identität)" (2013: 306). Es wird deutlich, dass das Abbilden von Diversität in Medien unverzichtbar ist, um Jugendliche in Ihrer Identifikationsentwicklung zu unterstützen – dazu zählt neben den klassischen Medien wie Film und Serie ebenfalls die Repräsentation in Alltagsmedien wie im Fernsehen bei bspw. der Berichterstattung. Diversität wird in diesem Beitrag als sehr weiter Begriff gefasst und meint die Darstellung von jeglichen marginalisierten Gruppen – sowohl in Hinblick auf äußere/sichtbare (Hautfarbe, körperliche Behinderungen) als auch innere/nicht sichtbare Faktoren (Sexualität, geschlechtliche Identität, Religiosität, Lernbehinderungen, sozioökonomische). In der Darstellung unterschiedlicher diverser Merkmale in Medien können Jugendliche sowohl für sich selbst Orientierung für die eigene Identität erlangen als auch im Hinblick auf die lebensweltlichen Dimensionen, das heißt auch Orientierung im Umgang mit unterschiedlichen Menschen. Filme machen Situationen erfahrbar und helfen den Zuschauenden dabei, ihr Weltbild zu erweitern, indem beispielsweise Fremdheitserfahrungen gezeigt werden, was dazu führen kann, dass Situation und Handeln reflektiert werden können.

Weiter arbeitet Döring (2013) heraus, dass der Grad an Realität einer Medienperson und dessen Wirkungen einen Einfluss auf die Mediennutzer*innen haben und dass je realistischer der Zugang ist, desto größer ist der Einfluss auf die Jugendlichen und deren Identitätsentwicklung. Deutlich wird, dass neue mediale Formate daher eine noch größere Wirkung auf Jugendliche haben als beispielsweise Spielfilme oder Serien. Zu diesen Formaten zählen z.B. Social-Media-Profile von Menschen, die ihre Followerschaft mitunter täglich in ihrem (vermeintlichen) Alltag mitnehmen und ihnen regelmäßig unterschiedliche alltägliche Handlungsoptionen bieten. Sogenannte Influencer*innen beeinflussen die Jugendlichen deswegen nicht nur im Hinblick auf Produkte und den Konsum, sondern auch mit Blick auf Identitätsangebote, was eine besondere Herausforderung darstellt. Influencer*innen erwecken oft den Anschein, dass die auf Social Media geteilten Inhalte dem realistischen Alltag entsprechen, weshalb das Orientierungspotenzial besonders hoch ist (vgl. Löwe 2019). Allerdings ist in diesen Formaten der Grat zwischen Realität und Inszenierung sehr schmal: Den Mediennutzer*innen wird kein wirkliches Videotagebuch präsentiert, sondern Profile und Artikulationen mit einer bestimmten Intention. Das kann Jugendlichen durch die vermittelte Nähe eine Orientierung in der Alltagsroutine oder bei diversen Entscheidungen geben, es kann aber auch den umgekehrten Effekt haben, da die Profile inszenierte Lebensstile aufzeigen, beispielsweise im Hinblick auf Schulnoten, Alltagsbeschäftigungen und Schönheitsideale. Eine besondere medienpädagogische Herausforderung zeigt sich daher darin, Jugendliche zu unterstützen, sich in den vorgegebenen Angeboten zu orientieren, einerseits bei der Recherche und Auswahl und andererseits bei der Einordnung des Gesehenen. Döring (2013: 308) formuliert dabei die These, dass es wichtig sei, medienpädagogisch auf eine spezifische Förderung von Medienkompetenz hinzuarbeiten, um beispielsweise Jugendliche für vermeintliche Schönheitsideale zu sensibilisieren, und auch über den teilweise manipulativen Einsatz von Medien hinsichtlich politischer Propaganda aufzuklären. In der Argumentation von Döring wird deutlich, dass das Angebot gefiltert werden muss und auch solche Kreise durchbrochen werden müssen, die den nicht sichtbaren Teil von Social Media betreffen, sondern die algorithmischen Systeme, welche die Masse an Profilen und Inhalten filtern. Aus medienpädagogischer Perspektive stellt sich also die Frage, wie das Unsichtbare sichtbar gemacht werden kann.

Identitätsbildung durch und mit Medien

Ein großer Vorteil ist die hohe Vielfalt und die Zugänglichkeit, welche die heutige Medienlandschaft mit sich bringt. Dazu zählen unter anderem neue Angebote, die unterschiedliche Artikulationsformen fördern. Es gibt unterschiedlichste Plattformen mit audiovisuellen, auditiven, visuellen oder Interaktions- und Gesprächsangeboten durch z.B. Microblogging. Durch die verschiedenen Formate können Jugendliche sich selbst ausprobieren und artikulieren, sie können in Kontakt mit anderen Menschen treten, die ähnliche Interessen haben, und so wird die Identitätsbildung durch die Interaktion und das kreative Handeln unterstützt. In diesem Abschnitt wird das Verhältnis im aktiven Umgang mit und durch Medien zur Identitätsbildung skizziert. Dazu zählt 1.) die eigene Produktion von Inhalten, also die Identitätsbildung durch die eigene Medialität, und 2.) die Aushandlungen, die durch den Austausch und die Interaktion in der Community entstehen. Im Folgenden sollen beide Punkte kurz erläutert werden:

- Jede Artikulation ist nach Jörissen und Marotzki (2009) ein Ausdruck von dem, was wir reflektieren und aufarbeiten. Demnach haben die Gestaltung und Produktion von medialen Inhalten selbst bereits einen reflexiven Charakter. Das bedeutet, dass jede*r Produzent*in in jedem Medium selbst etwas über sich, sein*ihr Selbst- und Weltbild preisgibt. Durch die eigene Produktion von Inhalten kann also ebenfalls reflektiert werden, was, warum, wie gesagt wird, um daraufhin wieder eine Ebene weiter zu gehen und zu fragen, wer eigentlich die Inhalte von Serien und Filmen produziert und aufzeigt. Werden Religionen von Menschen dargestellt, die die Religion selbst praktizieren? Welchen Herausforderungen begegnen gehörlose Menschen im Alltag? Hinter diesen Fragen verbirgt sich ein Raum voller Vorurteile und Stereotypen, die durch und in Medien ständig reproduziert werden, wie beispielsweise durch die Studien der MaLisa-Stiftung (Prommer et. al 2021) deutlich werden.

- Im zweiten Moment geht es um die Aushandlungsprozesse im digitalen Raum, also um die Interaktionen, um den Austausch und die Community. Das Digitale eröffnet einen Möglichkeitsraum, um nicht nur über ähnliche Interessen, sondern auch vermeintliche Ausgrenzungsfaktoren (anonym) zu sprechen. In den Communitys geht es darum, durch gemeinsame Erfahrungen zu lernen, sich auszutauschen und selbstbewusst eine Identität zu entwickeln, um sich in dieser Gemeinschaftlichkeit (vgl. Stalder 2016) zurechtzufinden. Die Motivationen der Medienpersonen sind dabei oft unterschiedlich. Meist vernetzen sich eigene zentrale Themen der persönlichen Entwicklung mit denen der eigenen Weltanschauung und Werte sowie dem Wunsch, Vorbild zu sein (vgl. Löwe 2019, Götz 2019). Dadurch wird die Rolle von Jugendlichen als sehr authentisch und nahbar wahrgenommen (vgl. Löwe 2019). Um in diese Gemeinschaftlichkeit einzutauchen, ist ein gezielter beziehungsweise bewusster Umgang mit Hashtags notwendig – die Jugendlichen können dabei beobachtend und begleitend durch Folgen und Kommentieren oder aktiv agierend durch das Teilen von bereits produzierten Inhalten oder durch die Erstellung eigener Inhalte partizipieren. Ein Vorteil dieser Vernetzungsmöglichkeiten ist der Austausch nicht nur über sichtbare, sondern auch nicht-sichtbare Diversitätsmerkmale, die vor der Digitalität ohne ein vorheriges Outing nicht möglich waren. Schmit (2021) beschäftigt sich, vor dem Hintergrund von Influencer*innen und jungen Mädchen, intensiv mit der Frage, wie soziale Netzwerke als Raum der Identitätsarbeit gesehen werden können. Deutlich wird, dass Identitätsarbeit Jugendlicher mit und durch Medien gelingen kann, wobei Schorb formuliert, dass „[d]as propagierte Grundprinzip der modernen Gesellschaften, der Pluralismus, [...] vor allem im Bereich der Wertorientierung den Menschen keine verbindlichen Vorgaben [macht], sondern [...] über die Medien eine Vielzahl von Orientierungen an[bietet], die jedoch nicht hierarchisch geordnet sind, sondern in beliebiger Reihung nebeneinander stehen und wahrgenommen werden" (Schorb 2009: 83). Daraus folgt, dass Jugendliche Praktiken und Strategien entwickeln müssen, um sich in der Vielfalt der Medienlandschaft zurechtzufinden.

Orientierung in der Vielfalt der Medienlandschaft? - Ein Fazit

Aufbauend auf den Überlegungen zu Identität und Medien soll nun abschließend betrachtet werden, welche Orientierungen Medien Jugendlichen zur Identifikationsentwicklung geben können und wie die Medienpädagogik helfen kann, diese Orientierung in Medien zu finden. Medien konstruieren Realitäten, weshalb es umso wichtiger ist, die eigentliche Konstruktion von Medien zu betrachten: Dazu zählt einerseits das Hinterfragen von Kontexten und Hintergründen in der Produktion von journalistischen Informationsmedien als auch in der Produktion von Filmen und Serien. Werden Inhalte aufgrund von bestimmten Wertvorstellungen, Haltungen oder Weltanschauungen entwickelt und reproduziert oder wird aus einer eigenen Betroffenheit heraus konzipiert? Es geht also nicht nur um das Sichtbare und Gezeigte, sondern vor allem um die Sichtbarmachung des Nichtgezeigten. Für die Medienpädagogik bedeutet das einerseits, nicht nur den Blick auf die Inhalte und die eigene Gestaltung dieser zu werfen, sondern vielmehr auch die dahinterliegenden Strukturen zu betrachten und gemeinsam Praktiken zu entwickeln, wie Jugendliche diese besser verstehen und einordnen können. Mögliche Zielstellungen wären, dass die abstrakte Funktionsweise von Algorithmen greifbar und erfahrbar gemacht wird, um so zu einem besseren Verständnis und Bewusstsein zu führen. Dokumentarfilme wie *Das Dilemma mit den Sozialen Medien* (2020), *The Cleaners: Im Schatten der Netzwelt* (2018) oder auch *Coded Bias* (2020) zeigen eindrucksvoll, wie algorithmische Strukturen auf die Lebenswelt wirken, Filterblasen entstehen und Jugendliche in bestimmten Ansichten und Idealen bestätigt werden. Doch auch in der handlungsorientierten Medienpädagogik geben Projekte wie *Vorbilder.Lab* (Dieter Baacke Preis 2021), *„ganz schön anders" – Für Inklusion. Gegen Ausgrenzung* (Dieter Baacke Preis 2016) oder *How2Influence* (Dieter Baacke Preis 2019) Orientierungen für die Identitätsentwicklung Jugendlicher, in dem sie selbst Medien produzieren und damit einen Einblick hinter die Strukturen und Prozesse eröffnen. Gemeinsam haben die drei Projekte, dass gegen die Unsichtbarmachung und ein dargestelltes Normieren gehandelt wird, um Jugendlichen Orientierungsrahmen zu bieten, selbst aktiv zu werden.

Ferner bleibt der Fokus auf die Wirkweisen von Algorithmen zu setzen: Algorithmische Strukturen bestimmen das, was wir als schön, kreativ und ästhetisch empfinden, da es auf einer Reihe von berechenbaren Faktoren und großen Datenmengen basiert. Profile wie *insta_repeat* spielen mit einer Art Déjà-Vu-Vibes – also Wiedererkennungsmomenten und den damit ständig reproduzierten „schönen" Motiven und Menschenbildern. Deutlich werden eine entstehende Banalität des Besonderen (vgl. Reuter 2019) und weiter noch eine Besonderheit durch die Berechnung. Dazu zählt u.a. das gern genommene Beispiel der Schönheitsideale, was durch Algorithmen einerseits zu einer berechenbaren Schönheit und damit andererseits auch zu einer Art Normierung und weiter auch einer Normalisierung wird. Marginalisierte Gruppen – gerade im Hinblick auf äußere Merkmale – werden einfach herausgerechnet und im Newsfeed nicht gezeigt. Diese Ausgrenzung führt wiederum dazu, dass bestimmte Personengruppen ausgeschlossen und diskriminiert werden. Aus diesem Grund bietet es sich an, algorithmische Strukturen zu verstehen und zu hinterfragen. In dem Projekt *Roboter in der Schule* geht es darum, Kindern bereits im Grundschulalter die abstrakten digitalen Architekturen und deren Auswirkungen im Alltag bewusst und greifbar zu machen. Ausgehend davon können auch im Jugendalter komplexe Wirkungsweise verstanden und auf soziale Medien übertragen werden. Aufbauend darauf können Strategien entwickelt werden, um aus der Ausgrenzungsspirale auszubrechen, wie beispielsweise durch das bewusste Folgen und Liken von Profilen und Beiträgen marginalisierter Gruppen und die Aufklärung über diese Wirkmacht von algorithmischen Systemen. Durch den Blick hinter die Strukturen wird der Raum eröffnet, ebenfalls über die Produktion und den Umgang mit Daten zu sprechen. Dabei gibt die Netzwerkinitiative *Unblackthebox* unterschiedliche Einsichten und Impulse, um weiter auch über die Wirkungsweisen von algorithmischen Systemen hin zu Fragen der Künstlichen Intelligenz und der Menschwerdung ins Gespräch zu kommen. Gleichzeitig wird eine Herausforderung für die Medienpädagogik deutlich: Identitätsentwicklung ist so individuell, dass es nur Orientierungen und Angebote geben kann und kein klares Ziel oder Ergebnis, was in der Planung und Umsetzung eine sehr hohe Flexibilität der Medienpädago-g*innen verlangt. Während zunächst erstmal Zugang und Fähigkeiten gebraucht werden, um überhaupt im Digitalen agieren zu können, gibt es keine Checkliste an Kompetenzen, die Jugendlichen helfen, ihre eigene Identität zu entwickeln. Das Konzept der Strukturalen Medienbildung setzt genau dort an, da es in der Konzeption um die Alltagswelt und die Erfahrungen der Jugendlichen geht und darauf aufbauend Reflexionsmomente zur Orientierung geschaffen werden sollen.

Entwicklungen des digitalen Raums zeigen Tendenzen, in denen diverse Lebensentwürfe eine immer größere Rolle spielen. Durch Hashtagkommunikation können Vernetzungen und Austausch geschaffen werden, die auch Social-Media-übergreifend stattfinden kann. Gerade bei Instagram gibt es die Funktion, bestimmten Hashtags und somit auch Themen oder Netzwerken zu folgen. Diese Hashtags werden bei TikTok aktuell wieder nebensächlicher, was es umso wichtiger macht, über Möglichkeiten und Strategien zu sprechen, um sich wieder zurechtzufinden. *#beyourself* (Bamberger et. al. 2022) zeigt Einblicke in die Orientierungsangebote von Instagram, die für die Identitätsarbeit Jugendlicher hilfreich sein können. Dabei sind in der Studie selbst Kinder und Jugendliche befragt worden, um so Hashtag-geleitet Instagram-Inhalte und -profile zu analysieren. Es hat sich herausgestellt, dass Instagram auf inhaltlicher Ebene viele diverse Orientierungsangebote bietet, die vor allem auf gegenseitige Toleranz und Selbstakzeptanz setzen. Andererseits ist das Überangebot an unterschiedlich seriösen und authentischen Profilen deutlich geworden (vgl. ebd.), was wiederum bei den Jugendlichen einen besonders gezielten Umgang mit Hashtags und Quellenprüfung voraussetzt, um die bestehenden Angebote zu filtern. Die große Herausforderung für die Medienpädagogik ist es also, gemeinsam mit den Jugendlichen Orientierungsrahmen und Strategien zu entwickeln, um sich in dem medialen Überangebot ständig neu zurechtzufinden.

Festzuhalten ist, dass es generell schwierig wird, Jugendliche auf alle potenziellen sozialen Probleme vorzubereiten und Handlungsangebote für jeden Menschen und jede Identität zu geben, da die Besonderheit immer noch darin besteht, dass Sprache einerseits dynamisch ist (durch Artikulation sich verändert und mehr Möglichkeiten bietet) und andererseits jede Erfahrung individuell ist, weshalb von Orientierungen gesprochen wird, als Rahmen um selbstbestimmte Entscheidungen zu treffen und Identitäten zu bilden.

Autorin

Janne Stricker: Lehrt und forscht im Bereich der Medienpädagogik; beschäftigt sich im erweiterten Schnittfeld von Digitalität und Bildungstheorie mit der grundlegenden Frage, welchen Einfluss die digitale Welt auf den Alltag und die Biografien von Lehrkräften und pädagogisch Handelnden hat; hat neben dem Studium als freiberuflich Tätige im kreativ-erzieherischen Bereich gearbeitet, dazu zählte die Jugendarbeit in Workshops in internationalen Austauschprojekten sowie in kleineren Foto- und Filmprojekten und im Bereich des medienpädagogischen Makings.

Literatur

Baacke, Dieter (1985): Die 13- bis 18jährigen: Einführung in Probleme des Jugendalters. Vierte Auflage. Weinheim Basel: Beltz.

Bamberger, Anja/Stecher, Sina/Gebel, Christa/Brüggen, Niels (2022): #beyourself. Instagram-Inhalte als Orientierungsangebote für die Identitätsarbeit. Medienanalyse und Einschätzungen von Kindern und Jugendlichen. Ausgewählte Ergebnisse der Monitoring-Studie. DOI: https://doi.org/10.25656/01:24760.

Block, Hans/Riesewieck, Moritz (2018): The Cleaners: Im Schatten der Netzwelt (Film).

Döring, Nicola (2013): Wie Medienpersonen Emotionen und Selbstkonzept der Mediennutzer beeinflussen: Empathie, sozialer Vergleich, parasoziale Beziehung und Identifikation. In: Schweiger, Wolfgang/Fahr, Andreas (Hrsg.): Handbuch Medienwirkungsforschung. Wiesbaden: Springer Fachmedien, 295-310. DOI: https://doi.org/10.1007/978-3-531-18967-3_15.

Götz, Maya (2019): Die Selbstinszenierung von Influencerinnen auf Instagram und ihre Bedeutung für Mädchen. Zusammenfassung der Ergebnisse einer Studienreihe. In: Televizion, 32/1, 25-28.

Hagedorn, Jörg (Hrsg) (2014): Jugend, Schule und Identität: Selbstwerdung und Identitätskonstruktion im Kontext Schule. Wiesbaden: Springer Fachmedien Wiesbaden. DOI: https://doi.org/10.1007/978-3-658-03670-6.

Hasebrink, Uwe (2014): Medienrepertoires: Ein analytischer Rahmen zur Untersuchung des ‚Nebeneinander' verschiedener Medien. In: Kleinen-von Königslöw, Katharina/Förster, Kati (Hrsg.): Medienkonvergenz und Medienkomplementarität aus Rezeptions- und Wirkungsperspektive. Nomos, 13-36. DOI: https://doi.org/10.5771/9783845255613_13.

Jörissen, Benjamin/Marotzki, Winfried (2009): Medienbildung – Eine Einführung: Theorie – Methoden – Analysen. Bd. 3189: Erziehungswissenschaft, Medienbildung. UTB. Bad Heilbrunn: Klinkhardt.

Kantayya, Shalini (2020): Coded Bias (Film).

Kerres, Michael (2018): Bildung in der digitalen Welt – Wir haben die Wahl. In: denk-doch-mal.de, Online-Magazin für Arbeit-Bildung-Gesellschaft,

Ausgabe 02-18. DOI: https://doi.org/10.13140/RG.2.2.28438.04160.

Keupp, Heiner et al. (2006): Identitätskonstruktionen. Das Patchwork der Identitäten in der Spätmorderne. Reinbek bei Hamburg: Rowohlt.

Löwe, Sebastian (2019): Vom optimierten Selbst erzählen. Überlegungen zum transmedialen Phänomen der Instagram-Influencerin. In: DIEGESIS – Interdisziplinäres E-Journal für Erzählforschung, (8.2), 26-48.

mpfs – Medienpädagogischer Forschungsverbund Südwest (2010): Kinder und Medien, Computer und Internet. Basisuntersuchung zum Medienumgang 6- bis 13-Jähriger in Deutschland. Abrufbar unter: https://www.mpfs.de/studien/kim-studie/2010/ [Stand: 04.04.2023].

Nelke, Astrid. (2019): Der Einfluss von Medien auf die Förderung der geschlechtlichen und sexuellen Selbstbestimmung. Egalitäre Geschlechterdarstellungen in den Medien. In: Voß, Heinz-Jürgen/Katzer, Miachaela (Hrsg.): Geschlechtliche und sexuelle Selbstbestimmung durch Kunst und Medien. Psychosozial-Verlag, 263-76. DOI: https://doi.org/10.30820/9783837974560-263.

Orlowski, Jeff (2020): Das Dilemma mit den sozialen Medien (Film).

Prommer, Elizabeth/Stüwe, Julia/Wegner, Juliane (2021): Sichtbarkeit und Vielfalt. Fortschrittsstudie zur audiovisuellen Diversität. Rostock: Preprint. Abrufbar unter: https://malisastiftung.org/wp-content/uploads/SICHTBARKEIT_UND_VIELFALT_Promm er_Stuewe_Wegner_2021.pdf [Stand: 12.05.2023].

Reuter, Markus (2019): Die Banalität des Besonderen. In: Krone, J. (Hrsg.): Medienwandel kompakt 2017-2019. Wiesbaden: Springer VS. DOI: https://doi.org/10.1007/978-3-658-27319-4_16.

Sander, Uwe (2014): Jugend und Jugendlichkeit als Identitätskern moderner Gesellschaften. In: Hagedorn, Jörg (Hrsg): Jugend, Schule und Identität: Selbstwerdung und Identitätskonstruktion im Kontext Schule. Wiesbaden: Springer Fachmedien, 29-46. DOI: https://doi.org/10.1007/978-3-658-03670-6.

Schmit, Charlotte (2021): Soziale Netzwerke als Räume der Identitätsarbeit. In: Medienimpulse, 59(2), DOI: https://doi.org/10.21243/MI-02-21-19.

Schorb, Bernd (2014): Identität und Medien. In: Tillmann, Angela/Fleischer, Sandra/Hugger, Kai-Uwe (Hrsg.): Handbuch Kinder und Medien. Wiesbaden: Springer Fachmedien, 171-180. DOI: https://doi.org/10.1007/978-3-531-18997-0_13.

Schorb, Bernd (2009): Mediale Identitätsarbeit: Zwischen Realität, Experiment und Provokation. In: Theunert, Helga (Hrsg.): Jugend, Identität, Medien. Identitätsarbeit Jugendlicher mit und in Medien. München: kopaed, 81-94.

Stalder, Felix (2016): Kultur der Digitalität. Berlin: Suhrkamp.

Links zu den genannten Projekten

„ganz schön anders" – Für Inklusion. Gegen Ausgrenzung: Abrufbar unter: https://ganz-schoen-anders.org [Stand: 12.05.2023].

How2Influence: Abrufbar unter: http://how2influence.de/ueber-das-projekt/ [Stand: 12.05.2023].

Roboter in der Schule: Abrufbar unter: https://postdigital.io/project/mensch-maschine/ [Stand: 12.05.2023].

Unblackthebox: Abrufbar unter: https://unblackthebox.org [Stand: 12.05.2023].

Vorbilder.Lab: Abrufbar unter: https://fog-germany.de/vorbilder [Stand: 12.05.2023].

Teil 2

Prämierte Projekte des Dieter Baacke Preises

Beschreibungen & Interviews

Die Amsel und Kubus – Jugendkulturzentrum Hamm

Cubes – digitale Welten. Experimentieren & Gestalten

(Kategorie A „Projekte von und mit Kindern")

*Fünf Kinder laufen mit einer großen grünen Pappe durch Hamm, ein Mädchen schreibt einen Brief an die Flutopfer, zwei Kinder essen Äpfel und unterhalten sich, ein Kind zeichnet Phantasieländer auf einem Flipchart, ein Junge hat eigentlich so gar keine Lust hier zu sein, zwei Pädagog*innen gucken zu.*

Kann *so* ein praktisches, kreatives Medienprojekt aussehen? Ja, denn es kommt nicht nur darauf an, was augenscheinlich sichtbar ist, sondern was in den Köpfen und Herzen der teilnehmenden Kinder passiert. So verschieden wie die Kinder sind, so verschieden sind ihre Arbeitsansätze und Lösungswege, so unterschiedlich lang brauchen sie, um kreative Ideen zu entwickeln oder sich überhaupt auf ein Thema und eine neue Gruppe einzulassen.

Das Projekt *Cubes – digitale Welten. Experimentieren & Gestalten* hat den ca. 50 Teilnehmer*innen ein sehr offenes Arbeiten in unterschiedlichen Workshopformen (zunächst Pandemie-bedingt online und im Laufe des Projekts vor Ort im Kubus Jugendkulturzentrum Hamm, in Präsenz) ermöglicht. Es fanden drei mehrtägige, thematische Hauptworkshops statt: *Foto*, *Video* und *Making*. Diese wurden durch Aktionsnachmittage ergänzt. In den Hauptworkshops wurden den Kindern viele unterschiedliche Möglichkeiten der Medienarbeit vorgestellt (z.B. im Hauptworkshop *Video*: Interview, Moderation, Kurzfilme drehen, Animationen, Trickfilm, Greenscreen). Die Kinder bekamen die Gelegenheit, die Techniken, Methoden und Materialien selbst auszuprobieren und erste Erfahrungen damit zu machen.

Alle Teilnehmer*innen befassten sich inhaltlich dann mit den „17 Zielen für nachhaltige Entwicklung" (Global Goals) der Vereinten Nationen (UN). Dabei berichteten die Kinder, was sie zu den einzelnen Bereichen wissen, welche Themen sie beschäftigen und was die Ziele für sie persönlich bedeuten. Anschließend stellten sie einen direkten Zusammenhang des jeweiligen Ziels zur eigenen Lebenswelt (in Hamm) her. Dabei erkannten sie, dass das Erreichen einzelner Ziele, wie zum Beispiel „Infrastruktur & Städtebau", zumeist in der Verantwortung von Erwachsenen liegen (sollte). Die Kinder befanden aber, dass auch sie zum Erreichen der meisten Ziele durchaus schon einen Beitrag leisten können oder zumindest nachvollziehen können, warum dieses Ziel wichtig ist (z.B. „Gesundheit und Wohlergehen", „Weniger Ungleichheiten").

Mit dem Slogan: „Was stört dich an der Welt? Was willst du verändern? Zeig es kreativ!" waren die Kinder aufgefordert, ein oder mehrere der Global Goals auszuwählen, auf das bzw. die sie sich fokussieren wollten. Dazu wurde dann in Kleingruppen oder alleine gearbeitet (Diskussion, Recherche, Erstellung eines Medienprodukts). Die im Workshop kennengelernten medialen Möglichkeiten nutzten die Kinder zur Darstellung ihres Themas. Im Fokus lagen der eigenständige Umgang und das Experimentieren mit digitalen Medien. Zudem wählten die Kinder selbst aus, welches Medium und welche Darstellungsform für ihre Idee am besten geeignet ist.

Ein weiterer Kernaspekt der Hauptworkshops war, dass die Kinder nach der Realisation ihrer Projekte als Expert*innen für das jeweilige Medium agierten und dazu eine „Bedienungsanleitung" erstellten. Mithilfe der Anleitung sollten auch Personen, die nicht am Workshop teilgenommen haben, in die Lage versetzt werden, ein entsprechendes Medienprodukt zu kreieren. Die Kinder erkannten hier ihre Verantwortung und fühlten sich sichtbar in ihrer Kompetenz wertgeschätzt. In einer eigens organisierten Wanderausstellung wurden nach Projektabschluss die Medienprodukte und auch die von den Kindern erstellten Anleitungen präsentiert.

Das Projekt wurde durch die Initiative *Ich kann was!* der Deutschen Telekom Stiftung unterstützt.

Thema

- Global Goals – Ziele für nachhaltige Entwicklung
- „Was stört dich an der Welt? Was willst du verändern? Zeig es kreativ!"

Zielgruppe/n

Aktive Teilnehmer*innen der Workshops waren Kinder aus Hamm und Umgebung im Alter bis 13 Jahren. Zusätzlich alle Interessierten, die im Rahmen der Wanderausstellung die Produkte angesehen haben und anschließend selbst mit eigenen Geräten oder an Aktionsnachmittagen im Kubus aktiv werden konnten.

Methoden

Die Partizipation der Kinder war auf allen Ebenen ein zentraler Bestandteil des sehr offen gestalteten Projektes. Die Kinder entschieden eigenständig, zu welchen Themen und (bei den Präsenz-Veranstaltungen) wo sie arbeiten wollten, welche Materialien sie benötigten und wie und ob sie die Ergebnisse präsentieren möchten.

Das bedeutete im Vorfeld viel Planungsarbeit, um ein möglichst breites Medien- und Methoden-Spektrum anbieten zu können. Während des Projektes machten die Pädagog*innen keine Vorgaben und standen unterstützend und beratend zur Seite. Teilergebnisse von Kleingruppen wurden im Projektzeitraum immer wieder in der gesamten Gruppe gesichtet und besprochen. Die Gruppengrößen waren nicht festgelegt und wurden von den Kindern bei Bedarf immer wieder verändert. Einzelne Kinder arbeiteten je nach Interesse in verschiedenen Gruppen mit und unterstützten die unterschiedlichen Prozesse, während andere durchgehend fest bei ihrer Anfangsgruppe blieben.

Projektlaufzeit

Januar bis Oktober 2021

Ergebnisse

Insgesamt verdeutlichen die unterschiedlichen Ergebnisse die Auseinandersetzung mit vielen verschiedenen Themen, wie z.B. die schlechten Gesundheitssysteme in manchen Ländern, die Verschmutzung der Meere, aber auch die Hochwasserkatastrophe im Ahrtal. Durch die offene Projektform, die kaum Vorgaben machte und keine Endprodukte definierte, war im Vorfeld nicht planbar, wie die Ergebnisse aussehen würden. Beispielsweise entstand in einem Workshop die Idee, Kipplichter für die Flutopfer zu bauen und ihnen so Licht zu spenden. (Ursprünglich wäre in diesem Workshop das Erstellen von eigenen digitalen Spielen möglich gewesen.) Es entstanden außerdem Fotos, Plakate, Grafiken, Interviews, Animations- und Trickfilme, eine Pixilation, Making-Produkte, ein Song und natürlich die Anleitungen mit Produktionstipps, wie all die Medienprodukte erstellt werden.

Kontakt

Medienpädagogin: Selma Brand
Web: www.die-amsel.de
Kubus – Jugendkulturzentrum Hamm: Benjamin Broer
E-Mail: kubus@jugendkultur-hamm.net
Web: www.kubus-hamm.de

Im Interview

Cubes – digitale Welten. Experimentieren & Gestalten

Die Amsel und Kubus – Jugendkulturzentrum Hamm

Selma Brand und Benjamin Broer

Herausragendes und Spezielles

Welches sind die Besonderheiten Ihres Projekts?
Selma Brand: Anders als in klassischen Workshops, bei denen man sich für ein spezielles Thema anmeldet (z.B. Miniaturfotografie), stand zu Beginn lediglich der Oberbereich (Foto, Video oder Making) fest. Dieses Konzept ermöglichte ein sehr offenes, partizipatives Arbeiten ohne Vorgaben an die Teilnehmer*innen und ohne „Produktdruck" auf unserer Seite.

Ziele und Methoden

Welche medienpädagogischen Ziele wurden mit welchen Methoden verfolgt?
Selma Brand: Im Fokus stand die Befähigung der Kinder, eigene Lösungen dazu zu entwickeln, wie die unterschiedlichen Medientechniken bestmöglich die eigene Sichtweise zu einem Thema darstellen können. Nach dem Input in dem jeweiligen Bereich entschieden sich die Kinder allein oder in Kleingruppen für die Arbeit an einem oder mehreren Global Goals und wählten die ihrer Meinung nach passendste Darstellungsform. Sie produzierten dann, bei Bedarf unterstützt, ihre Produkte. Dabei wurden Teilergebnisse immer wieder der gesamten Gruppe präsentiert und die Wirkung mit dieser besprochen.

Welche Kinder sich in welches Medium vertieften, zeigte sich erst während der Umsetzung, also im Verlauf des Projekts, und variierte stark. Einzelne Kinder wollten viele verschiedene Medien testen, andere sich auf ein Medium konzentrieren und damit intensiv arbeiten. Durch die unterschiedlichen Inhalte, an denen die Kinder zeitgleich arbeiteten, entstanden immer wieder unterschiedlich lange Wartezeiten, wenn sie Unterstützung benötigten, was für sie aber kein Problem darstellte. Sie beobachteten in der Zeit das Tun der anderen oder dachten nach und warteten ab.

Medienkompetenz und Medienbildung durch Praxisprojekte

a) Welche Vorkenntnisse hatten die Teilnehmer*innen?
Selma Brand: Alle Teilnehmer*innen konnten gut mit den Tablets umgehen. Die grundlegenden Arbeitsschritte der Medienproduktion (Fotografieren, Filmen) waren ebenso bekannt, wie das richtige Speichern oder Hochladen von Dateien per QR-Code. Auch das Verhalten in Videokonferenzen war den Kindern durch den Online-Unterricht bekannt.

b) Welche Bereiche der Medienkompetenz fördert das Projekt?
Selma Brand: Neben der Bedienung der Technik und dem Einsatz verschiedener Geräte, standen während der Projektlaufzeit besonders die kreativen Aspekte der Mediengestaltung im Vordergrund. Ideen der Kinder (z.B. ein Fisch, der im Weltmeer eine Plastiktüte verschluckt), wurden in der Gruppe aufgegriffen und – unter Wahrung der Bildrechte für die Unterwasseraufnahme – realisiert. Die Schärfung des Medialitätsbewusstseins und damit die Stärkung eines medienkritischen Blicks, eigneten sich die Kinder mithilfe der Greenscreen-Technik an, wobei sie sich z.B. an einem Strand voller Müll wiederfanden und von dort moderierten.

c) Welche Kenntnisse haben die Teilnehmenden erworben?
Selma Brand: Die Kinder lernten die unterschiedlichen Facetten der einzelnen Oberbereiche (Foto, Video, Making) kennen. Neben bildgestalterischen Grundlagen lernten sie zum Beispiel auch, auf welche Weise mit unterschiedlichen Programmen und Filmstilen ein individueller Look erzeugt werden kann. Durch den Einsatz des Greenscreens konnten sie feststellen, dass es einfach ist, Bilder zu manipulieren oder wie der Greenscreen als verbindendes künstlerisches Element zum Einsatz kommen kann. Zusätzlich befassten sich die Kinder mit dem Thema Bildrechte und der Recherche nach Fotos, die sie in ihren Filmen verwenden wollten.

Außerdem haben die Kinder erfahren, wie sie mit anderen, anfangs fremden Menschen, kreativ an einem gemeinsamen Gegenstand arbeiten können, z.B. Teamarbeit beim Videodreh, oder wie sie sich in den Ferien mit vereinten Kräften für eine Sache engagieren, die sie nicht direkt betrifft (Kipplichter löten für die Flutopfer). Gerade im Online-Foto-Workshop gaben sich die Kinder sehr wertschätzendes Feedback und sahen und hörten interessiert und geduldig den Erklärungen der anderen Kinder zu ihren Produkten zu.

Probleme und Grenzen

Gab es strukturelle oder pädagogische Grenzen und Stolpersteine bei der Vorbereitung oder Durchführung des Projekts? Wie wurden diese Probleme bewältigt?
Selma Brand: Ein Stolperstein war es, dass der erste Workshop trotz Planung für eine Präsenz-Realisation online stattfinden musste. Das war allerdings nur für uns frustrierend, weil wir uns darauf gefreut hatten, den Kindern nach all dem Online-Unterricht eine tolle Zeit fernab der Monitore zu gönnen. Die Kinder haben bemerkenswert gut mitgemacht und fanden es überhaupt nicht schlimm. Dadurch, dass wir auch in diesen Workshop Bewegungseinheiten und Foto-Aktionen im Freien eingebaut hatten, wurde der Workshop sehr gut angenommen.

Technik

Welche technischen Voraussetzungen müssen für Projekte wie Ihres gegeben sein?
Selma Brand: Tablets, Lötkolben für Kipplichter, Greenscreen und grüne Pappe, ein Fernseher oder Beamer für die Direktübertragung während Erklärungen und zum Sichten der Teilergebnisse. Wir haben letztendlich für das Projekt wirklich nicht viel Technik benötigt, hatten aber – da wir nicht wussten, in welche Richtungen die Kinder arbeiten würden – das Medienzentrum Hamm mit ins Boot geholt.

Dort hätten wir uns bei Bedarf auch speziellere Technik (Kameraequipment, Scheinwerfer) ausleihen können. Das war für uns in der Planungsphase beruhigend, wurde aber letztendlich nicht gebraucht. Für den Videoworkshop haben wir verschiedene Greenscreen-Modelle zum Testen besorgt, diese wurden kaum genutzt, die Kinder haben während der Produktion die grüne Pappe bevorzugt. Neben der guten technischen Ausstattung stellten wir weiteres (Bastel- und Kreativ-)Material zur Verfügung, aus dem sich die Kinder bei Bedarf bedienen konnten und von dem zu Beginn des Projektes noch gar nicht klar war, wofür die Kinder es einsetzen würden.

Tipps für die Praxis

Welche Ratschläge oder Empfehlungen können Sie Interessierten geben, die ähnliche medienpädagogische Projekte durchführen möchten?

Selma Brand: Macht einen präzisen Plan und habt viele gute und kreative Ideen für dessen Umsetzung. Seid dann in der Lage, euch komplett zurückzunehmen und alles, was ihr euch ausgemalt habt und was an Einheiten so wunderbar logisch aufeinander aufbauen würde, fallen zu lassen. Hört wirklich zu, was die Kinder sagen. Und hört, was sie nicht sagen. Je länger die Kinder schon im herkömmlichen Schulsystem frontal unterrichtet werden und kleinschrittig gesagt bekommen, was als nächstes zu tun ist, desto länger dauert es, dass sie ein offenes kreatives Arbeiten ohne festgesetzte Ziele und Regeln annehmen und sich darin entfalten können. Ehrlich, ich denke regelmäßig in Projekten, dass da jetzt wohl nichts mehr kommt und es mit der Gruppe irgendwie nicht klappt oder ich das Oberthema zu komplex gewählt habe. Ich versuche dann immer, mich noch zu gedulden oder starte dann nochmal ein Gespräch darüber, was jedes Kind gut kann, oder sortiere Technik, während die Kinder überlegen. Und dann platzt der Knoten. Jedes Mal.

Motivation

a) War es notwendig, die Zielgruppe für das Projekt zu motivieren? Wenn ja, warum und wie?

Selma Brand: Fast alle Kinder waren begeistert und schnell bei der Sache. Manchmal dauerte es ein bisschen, bis sie mit einer Idee so zufrieden waren, dass sie diese auch umsetzen wollten.

Ein Junge hatte Schwierigkeiten, sich in die Thematik des Workshops einzufinden und ließ uns deutlich spüren, dass ihn weder die Themen der Global Goals interessierten noch das Medium Video. Er saß meist im Raum und schaute den anderen zu. Wir kommunizierten klar, dass es völlig in Ordnung ist, wenn er nur zusehen möchte und er einfach Bescheid sagen kann, wenn er doch Lust hat, etwas aktiv auszuprobieren. Wir versuchten, ihn nicht zu drängen, aber dennoch ins aktive Tun zu bewegen. Als er über sein Handy Musik anmachte, boten wir ihm an, eine Musik-App zu testen. Wir sagten aber direkt, dass dies gar nicht geplant war und ich mich mit dem Komponieren von Songs in der Musik-App absolut nicht auskenne. Ich sei gern bereit, sie ihm zu zeigen und bei Fragen gemeinsam mit ihm nach einer Lösung zu suchen. Das packte seinen Ehrgeiz, er saß begeistert vor der App und erklärte sie auch anderen. Letztendlich hat der Junge die Filmmusik für den ganzen Film mit der App erstellt.

b) Was hat den Teilnehmenden besonders viel Spaß gemacht?

Selma Brand: Dass sie selbst entscheiden konnten, womit sie sich intensiver befassen, wie die Produkte aussehen und welche Materialien und Technik sie dafür verwenden können. In dem Videoworkshop waren die Kinder stolz darauf, sich im Stadtteil auszukennen. So konnten sie in der Gruppe entscheiden, dass die kurzen Szenen zu den Global Goals immer vor einem passenden Hintergrund (Krankenhaus, Imbiss, Polizei) gedreht wurden. Im Online-Workshop kamen zwei Teilnehmer*innen schnaufend etwas zu spät zurück in die Konferenz und erzählten, dass sie spontan mit den Fahrrädern zu einem Bauernhof in der Nähe gefahren seien, um da das – aus ihrer Sicht passendste – Foto zu machen.

c) Und was fanden Sie selbst besonders motivierend?
Selma Brand: Mir hat besonders gut gefallen, wie eigenständig die Kinder gearbeitet haben und dass sie – nachdem sie verstanden hatten, dass das Projekt einen offenen Charakter hat und die Arbeitsweise sowie die Form der Ergebnisse in ihrer Hand lagen – auch mit eigenen Ideen, die über unsere Vorschläge hinaus gingen, zu uns gekommen sind. Ein Junge wollte ein Video mit simpel gezeichneten Elementen machen und das später (ähnlich wie in Video-Scribe) filmen. Nachdem wir verstanden hatten, was er meint, bekam er Flipchart-Papier und einen Filzstift und zeichnete fiktive Länder und führte anschließend Regie bei „seinem" Film.

Nachhaltigkeit und Wirkung des Projekts

a) Welche Veränderungen haben sich durch die Medienprojekte in der Zielgruppe, in Ihrer Einrichtung oder den beteiligten Einrichtungen, im Stadtteil etc. ergeben?
Benjamin Broer: Das *Cubes*-Projekt hat in besonderem Maße die Vermittlung von Medienkompetenz mit den Lebenswelten und Interessen von Jugendlichen verbunden. So konnten sie zum einen lernen, wie sie Apps kreativ nutzen, um beispielsweise ihre Fotos auf Social Media besser zur Geltung zu bringen, zum anderen wurde aber auch über Gefahren der Plattformen gesprochen und ihnen Tipps an die Hand gegeben, um diese zu umgehen. Darüber hinaus machten die Teilnehmer*innen positive Selbstwirksamkeitserfahrungen, da die verschiedenen Techniken dauerhaft im Kubus zur Verfügung standen und mithilfe der von ihnen geschriebenen Kurzanleitungen auch von anderen verwendet werden konnten.

b) Läuft das Projekt noch und wenn ja, wie lange? Oder gibt es Anschlussprojekte?
Benjamin Broer: Die medienpädagogische Arbeit wurde durch das Projekt im Kubus weiter vorangetrieben. Die Kolleg*innen setzten sich intensiver mit den Möglichkeiten auseinander und erkannten, wie einfach es ist, Medienbildung auch in den pädagogischen Alltag und die offene Jugendarbeit zu integrieren. Das *Cubes*-Projekt als solches ist damit abgeschlossen, konnte aber an vielen Stellen neue Impulse setzen, Medien in sämtlichen Bereichen „mitzudenken".

Themen

Welche Themen (Inhalte) waren im Projekt für Ihre Zielgruppe besonders spannend?
Selma Brand: Themen, die die Kinder direkt mit ihrer Lebenswelt (Hamm, Deutschland) in Zusammenhang bringen konnten, waren für sie besonders interessant. Im Gespräch zu erkennen, dass auch in „ihrer" Stadt manche Menschen nicht genug zu essen haben, beschäftigte sie ebenso sehr wie die plötzliche Armut der Menschen im Hochwassergebiet. Andere Themen erforderten unsere Hinwei-

se, zum Beispiel beim Thema „Leben unter Wasser". Die Kinder verstanden, dass die Verschmutzung der Weltmeere ein Problem ist, erkannten aber erst durch einige Nachfragen, die wir zum Thema stellten, dass Plastikmüll, der in Hamm nicht richtig entsorgt wird, durch die Kanäle und Flüsse bis in die Weltmeere gelangen und so zur Meeresverschmutzung beitragen kann.

Trends und Interessen der Zielgruppe

a) Welche neuen Medientrends, medialen Interessen oder Aspekte der Medienkultur sind in Ihrer Zielgruppe in jüngster Zeit besonders aktuell?

Benjamin Broer: Die eigene Darstellung in sozialen Medien steht weiterhin hoch im Kurs. Interesse an Medienangeboten ist häufig sehr pragmatisch, nach dem Motto: „Kann ich das für Instagram/TikTok etc. gebrauchen?"

b) Wie geht man in Ihrer Einrichtung/wie gehen Sie evtl. darauf ein?

Benjamin Broer: Wie auch im *Cubes*-Projekt geschehen, scheint die sinnvollste Herangehensweise, sich den Lebenswelten der Jugendlichen anzunähern und diese Interessen aufzugreifen. Dies bietet die Möglichkeit, neben der Vermittlung von technischem Wissen im Umgang mit Apps und technischen Geräten, auch auf Gefahren hinzuweisen und ihnen Tipps und Tricks an die Hand zu geben, diese zu vermeiden oder mit ihnen umzugehen. Wir versuchen, mit attraktiven Angeboten Kinder und Jugendliche für kreative Gestaltungsangebote zu begeistern und ihnen neue Methoden für den Umgang mit Medien zu geben.

Perspektiven

Welche Chancen sehen Sie vor dem Hintergrund Ihres Erfolgs
a) für die medienpädagogische Projektarbeit an Ihrer Einrichtung?

Benjamin Broer: Das Projekt hat durch den Dieter Baacke Preis und die damit verbundenen Veröffentlichungen eine noch höhere Aufmerksamkeit bekommen. Dies bietet die Möglichkeit, präventive Arbeit und Partizipation stärker in den Fokus zu rücken. So konnten neben den Teilnehmer*innen auch Fachkräfte und Eltern etwas aus dem Projekt mitnehmen.

b) für medienpädagogische Projektarbeit generell?

Selma Brand: Ich finde es wichtig, dass wir Medienpädagog*innen Kindern in den Projekten ein Lernumfeld (zeitlich, räumlich, didaktisch) bieten, dass sie darin bestärkt, Ideen und Wünsche zu äußern. Ich sehe, dass es richtig ist, den Kindern das offene, selbstbestimmte Arbeiten zu ermöglichen und sich vom Zeit- und Ergebnisdruck (der manchmal in geförderten Projekten entsteht) zu befreien. Wenn eine Gruppe vertieft ein Thema diskutiert, kann sich der*die Pädagog*in zurücknehmen, Abstriche bei der Produktionszeit machen und das Gespräch selbst als wichtiges (Teil-) Ergebnis sehen. Wir sollten Kinder als Wegbegleiter*innen unterstützen und ihnen die medialen Fertigkeiten vermitteln, die das individuelle Kind in der Lebenssituation benötigt. Wenn wir spontane Impulse geben, annehmen und möglich machen, trägt das dazu bei, dass die Kinder Selbstwirksamkeitserfahrungen machen und damit verbunden auch einen Lernerfolg erzielen.

Struktur und Rahmen

Welche Rahmenbedingungen für Projektarbeit sind wünschenswert? Wie kann man diese schaffen?

Selma Brand: Mir ist es – speziell seit der Pandemie – wirklich wichtig, mit der Gruppe viele Lernortwechsel zu machen und sich zu bewegen. Es ist also wünschenswert, dass die Gruppen auf mehrere Räume und vor allem auch nach draußen ausweichen können. Wenn es irgendwie möglich ist, baue ich immer einen Spaziergang (den ich nie so nenne!) in die Workshops ein.

Bei der Arbeit mit jüngeren Kindern sollte die Route so geplant werden, dass ein Spielplatz am Weg liegt. Dieser hat meist einen hohen Aufforderungscharakter, so dass die Kinder direkt an die Geräte stürmen. Wenn einzelne Teilnehmende lieber weiter mit Medien arbeiten möchte, können sie (mit mobiler und robuster Technik, wie z.B. einem Tablet in einer guten Schutzhülle) Slow-Motion-Videos vom Schaukelsprung machen oder ein kleines Making-off produzieren.

Feedback

Gab es abschließend seitens der Zielgruppe Verbesserungsvorschläge, weiterführende Ideen bezüglich Ihres Projektes? Welche Ideen habt ihr bezüglich einer Weiterführung?

Im Projekt gab es nur kleinere Anmerkungen der Kinder, die wir aufgrund des offenen Formats schnell umsetzen konnten (wie z.B. den Wunsch eines Jungen, für die Bearbeitung eine professionellere Foto-Software zu nutzen, weil er sich mit dieser bereits auskannte). Viele Teilnehmer*innen sagten, dass sie gern weitere Projektwochen gemacht hätten. Ein Mädchen war speziell am Fotografieren interessiert und bat uns, immer Bescheid zu sagen, wenn es neue Fotokurse gibt. Ausgehend davon haben wir vor, einen Lightpainting-Workshop anzubieten. Hier wollen wir einerseits klassische Lightpainting-Aktionen machen, aber auch mithilfe von Grafikprogrammen und LED-Leuchtleisten zusammenhängende Bilder/Licht-Graffitis in der Stadt verteilen. Das birgt die interessante Kombination vom Auseinandersetzen mit dem Lebensraum, den Gebäuden und Straßen, welche die Kinder mehr oder weniger gern mögen, und der Möglichkeit, eine riesige „öffentliche" Projektionsfläche für ihre Gedanken, Ideen oder Forderungen zu schaffen. Durch die beim Workshop entstehenden Fotos und die Möglichkeit, diese z.B. im Rahmen einer Ausstellung und auf Social Media zu veröffentlichen, rücken die Themen der Gruppe in den Fokus einer breiteren Öffentlichkeit.

Interviewpartner*innen

Selma Brand: Die Amsel – Medien & Pädagogik; freiberufliche Medienpädagogin (Mediengestalterin Bild & Ton, Erzieherin); seit 2006 als Medienpädagogin aktiv und gibt deutschlandweit Fortbildungen und Workshops im Bereich der Medienbildung; ihre Schwerpunkte liegen in der kreativen und aktiven Medienarbeit, die Kindern, Jugendlichen und Erwachsenen Raum für das eigenständige Ausprobieren geben und Selbstwirksamkeitserfahrungen ermöglichen. Selma Brand steht für die Konzeption und Durchführung von Projekten, Fortbildungen und Workshops mit vielen praktischen Einheiten, die dazu einladen, direkt selbst aktiv zu werden.

Benjamin Broer: Kubus – Jugendkulturzentrum Hamm; Diplom-Sozialarbeiter seit 2011; war nach verschiedenen Jobs in mehreren Jugendzentren während des Studiums von Oktober 2011 bis März 2022 als Sozialarbeiter im Kubus Jugendkulturzentrum tätig; Schwerpunkte: die Offene Jugendarbeit sowie der Musikbereich und Medienprojekte; ist seit März 2022 für den präventiven Jugendschutz in Hamm verantwortlich.

Büro Berlin des JFF – Institut für Medienpädagogik in Forschung und Praxis

TruthTellers... trust me, if you can?

Ein skeptisches Projekt über die Kraft des Erzählens

(Kategorie B „Projekte von und mit Jugendlichen")

Woher wissen wir eigentlich, was die Wahrheit ist? In fünftägigen Modellworkshops haben sich drei Berliner Schulklassen der 8. und 9. Jahrgangsstufe in aufeinander abgestimmten Moduleinheiten mit den Themen Wahrheit, Erzählungen und Ideologien auseinandergesetzt. Die Teilnehmenden entwickelten im Projektverlauf selbst Verschwörungsgeschichten und bedienten sich dabei, unterstützt durch den Einsatz digitaler Tools, verschiedener Formen des Storytellings und medialer Stilmittel der Emotionalisierung. Darüber haben sie die Bedeutung von Narrativen und die Kraft des Erzählens selbstwirksam erfahren. Was steckt hinter den Geschichten? Wie erfinde ich eine Verschwörungserzählung? Welche Bausteine brauche ich dafür? Wie kann ich meine Geschichte besonders überzeugend und emotional erzählen? Wie kann ich mit medialen Stilmitteln Emotionen erzeugen und somit Menschen in ihrer Meinungsbildung beeinflussen? Was hat Geschichtenerzählen mit Verantwortung zu tun? Und welche Auswirkungen haben solche Geschichten auf unsere Gesellschaft? Diese und weitere zentrale Fragestellungen standen im Mittelpunkt der pädagogischen Arbeit mit den Jugendlichen. Sie reflektierten gemeinsam darüber, welche bedeutende Rolle Erzählungen, Glaube und Gefühle spielen, um Menschen für das eigene Weltbild, „die eigene Wahrheit", zu überzeugen.

Thema

Verschwörungserzählungen mit Jugendlichen zum Thema machen

Zielgruppe/n

Jugendliche ab 14 Jahren

Methoden

Storytelling, Aktive und Themenzentrierte Medienarbeit, Verknüpfung mit der Lebenswirklichkeit der Zielgruppe (siehe Projektablauf: www.truthtellers.de/projektwoche)

Projektlaufzeit

Januar bis Dezember 2021, Erweiterung um zehn Workshops in 2022, gefördert von der Medienanstalt Berlin-Brandenburg (mabb)

Ergebnisse

Alle Ergebnisse sowie einen ausführlichen Projektbericht gibt es auf www.truthtellers.de.

Kontakt

Büro Berlin des JFF | JFF - Institut für Medienpädagogik in Forschung und Praxis
Ansprechpartner*innen: Raphaela Müller, Guido Bröckling
E-Mail: raphaela.mueller@jff.de, guido.broeckling@jff.de
Web: www.jff.berlin | www.truthtellers.de

Im Interview

TruthTellers... trust me, if you can?

Büro Berlin des JFF – Institut für Medienpädagogik in Forschung und Praxis

Raphaela Müller und Guido Bröckling

Herausragendes und Spezielles

Welches sind die Besonderheiten Ihres Projekts?

Im Projekt *TruthTellers* werden Verschwörungserzählungen gemeinsam mit Jugendlichen aus einer erzählerischen Perspektive betrachtet. Denn um Mechanismen und Charakteristika von Verschwörungserzählungen zu verstehen und erkennen zu können, reicht das Wissen zu Quellenkritik und Faktenchecks nicht aus. Vielmehr bedarf es einer ganzheitlichen Auseinandersetzung mit den dahinterstehenden Weltbildern und Narrativen, um Jugendliche für die Strategien der Verbreitung zu sensibilisieren. Hier setzt das Projekt *TruthTellers* an: Woher wissen wir eigentlich, was die Wahrheit ist? Was steckt hinter den Geschichten? Wie kann ich mit medialen Stilmitteln Emotionen erzeugen und somit Menschen in ihrer Meinungsbildung beeinflussen? Dabei werden keine realen Verschwörungserzählungen thematisiert, sondern es wird mit Geschichten gearbeitet, die die Jugendlichen selbst erfunden und medial aufbereitet haben. Anhand dieser Erzählungen bringen wir dann Mechanismen und die damit einhergehenden Emotionen zur Sprache und diskutieren darüber, welche Verantwortung das Erzählen und Verbreiten von Geschichten mit sich bringt.

Ziele und Methoden

Welche medienpädagogischen Ziele wurden mit welchen Methoden verfolgt?

Im Projekt wurden lebensweltnahe Methoden mit dem Fokus auf themenzentrierter, Aktiver Medienarbeit und (digitalem) Storytelling entwickelt. Ziel war es, durch Perspektivenwechsel und die kreative Umsetzung eigener Erzählungen Jugendliche dazu zu befähigen,

- verschwörungsideologische Narrative und Falschnachrichten zu verstehen.
- verschwörungsideologische und andere antidemokratische Inhalte zu erkennen.
- sich selbst für den manipulativen Charakter solcher Inhalte zu sensibilisieren.
- emotionalisierte, manipulative Inhalte zu hinterfragen.
- mediale Stilmittel (u.a. in Bild/Bewegtbild/Sprache/Musik) zur Emotionalisierung und Manipulation anzuwenden und zu reflektieren.

Medienkompetenz und Medienbildung durch Praxisprojekte

a) Welche Vorkenntnisse hatten die Teilnehmer*innen?

Die Schüler*innen hatten zum Thema Verschwörungserzählungen wenig bis keine Vorkenntnisse. Methoden zur Emotionalisierung sowie Stilmittel von Meinungsbeeinflussung kennen sie allerdings sehr gut aus ihrem Online-Medienhandeln auf Social Media (Clickbaiting, Framing, Werbung, Influencing etc.).

b) Welche Bereiche der Medienkompetenz fördert das Projekt?

Im Projekt geht es im weitesten Sinne um Informationskompetenz. Wir möchten also die Kritik- und Urteilsfähigkeit der Schüler*innen ebenso stärken, wie die Fähigkeit, sich in der Fülle an Informationen und Meinungen im Netz zu orientieren. Daneben geht es uns aber im Sinne einer ganzheitlichen Medienkompetenz darum, dass die Jugendlichen die Bedeutung von gut erzählten Narrativen selbst erfahren und reflektieren. Antidemokratische und verschwörungsideolgogische Inhalte sollen mit all ihren medialen Strategien erkannt und dekonstruiert werden. Die Schüler*innen lernen darüber hinaus, dass sie auch selbst Geschichten erzählen und sich somit in den Diskurs einbringen können. Durch das Anwenden digitaler Tools, wie Bildbearbeitungssoftware oder Generatoren, werden ebenso technische Kompetenzen und Manipulationsmöglichkeiten erlernt und reflektiert.

c) Welche Kenntnisse haben die Teilnehmenden erworben?

Welche Kenntnisse die Teilnehmenden tatsächlich erworben haben, ist für uns nicht messbar. Aber es gab einige sichtbare „Aha-Erlebnisse" und Gespräche in den Workshops, bei denen wir davon ausgehen können, dass die Schüler*innen nun besser verstehen, wie Meinungsbildungsprozesse ablaufen und sich selbst hinterfragen als auch reflektieren, warum sie welche Inhalte spannend finden. Darüber hinaus haben sie die Mechanismen von Verschwörungserzählungen selbstwirksam erfahren, indem sie diese eigenständig in ihren Medienproduktionen angewendet haben. In der Selbstreflexion und dem Feedbackgespräch am Ende des Workshops berichteten die Schüler*innen u.a. von der Erfahrung, wie beeindruckt sie von diversen Mechanismen oder psychologischen Phänomenen sind. Sie hätten im Workshop erstmalig intensiv darüber nachgedacht und finden es teilweise erschreckend, wie einfach man Dinge in falsche Zusammenhänge setzen kann – sogar ohne dabei zu lügen.

Probleme und Grenzen

Gab es strukturelle oder pädagogische Grenzen und Stolpersteine bei der Vorbereitung oder Durchführung des Projekts? Wie wurden diese Probleme bewältigt?

In der Modell-Projektwoche haben wir eine fiktive Verschwörungserzählung zum Einstieg genutzt. Eine Herausforderung dabei war es, diese im Workshop wieder aufzulösen. Das Gleiche gilt für einige Erzählungen, die von den Jugendlichen selbst erfunden wurden. Darüber hinaus war die Internetverbindung in den Schulen sehr schlecht. Eine gute Vorbereitung auf diese Stolpersteine und der intensive Austausch in den Praxis-Teams hat es ermöglicht, im Workshopsetting angemessen darauf zu reagieren (siehe Tipps für die Praxis).

Technik

Welche technischen Voraussetzungen müssen für Projekte wie Ihres gegeben sein?

Für die Durchführung von *TruthTellers* benötigen die Fachkräfte eine stabile Internetverbindung, eine Präsentationsfläche (Beamer, Leinwand oder Smartboard mit Internet und Ton) und Geräte, mit denen die Jugendlichen ihre Geschichten zum Leben erwecken bzw. Beweise produzieren können. Wir haben mit iPads (u.a. mit den Apps Canva, Adobe Spark Video, Safari und Foto-/Videofunktion) gearbeitet. Es funktioniert aber auch mit Laptops (mit Bildbearbeitungs- und Schnittprogramm) oder mit BYOD.

Tipps für die Praxis

Welche Ratschläge oder Empfehlungen können Sie Interessierten geben, die ähnliche medienpädagogische Projekte durchführen möchten?

Um das Projekt *TruthTellers* durchzuführen, braucht man mindestens einen Schultag. Idealerweise aber mehrere Projekttage oder eine Projektwoche. Wenn man selbst mit ei-

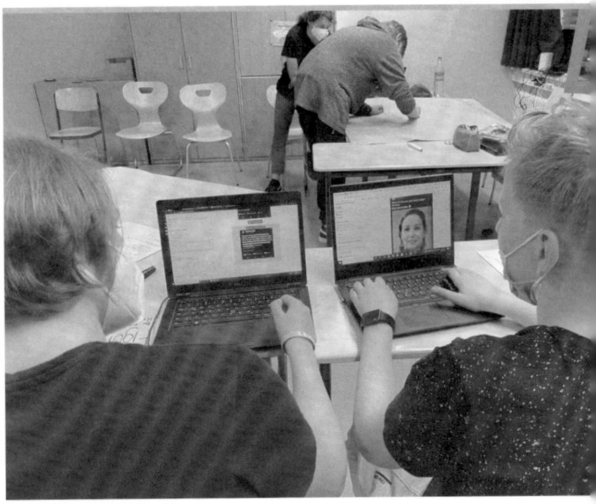

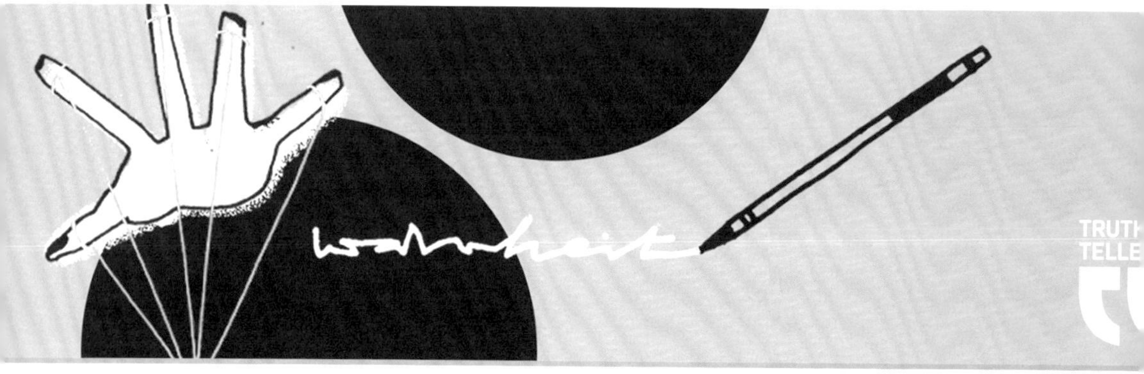

ner fiktiven Geschichte einsteigen möchte, dann ist die Auflösung dieser essenziell und sollte klar und transparent besprochen werden. Dies ist wichtig, um eine Verbreitung der fiktiven Geschichte zu vermeiden. Dafür sollte man sich Zeit nehmen. Der Hinweis darauf, dass sich in der Geschichte reale Nachrichten mit gefälschten Postings und fiktiven Personen vermischen, sollte mehrfach wiederholt werden. Wir empfehlen, es zu vermeiden, auf bestehende Verschwörungserzählungen hinzuweisen und sie nicht als Beispiele zu benutzen. Wenn die Teilnehmenden im Verlauf des Workshops von selbst einzelne Verschwörungserzählungen erwähnen, können sie kurz thematisiert werden, ohne aber den Fokus auf die Widerlegung einzelner Aspekte zu legen. Es ist sinnvoll, sich vor der Durchführung allgemein in das Thema einzuarbeiten. Bei der eigenen Verschwörungsgeschichte suchen sich die Teilnehmenden entweder Inhalte aus dem Internet und bearbeiten diese oder erstellen selbst mediale Inhalte (Fotos, Videos, Audios etc.). Dabei muss unbedingt beachtet werden, dass die Verschwörungsgeschichte am Ende nicht veröffentlicht wird, vor allem, wenn die Inhalte Urheberrechte verletzen oder Personen/Gruppen diskriminiert werden.

In den Geschichten werden häufig klare Feindbilder aufgebaut. Das ist Absicht. Die Geschichten müssen deshalb unbedingt am Ende des Workshops durchgesprochen und reflektiert werden. Sollte die Workshopleitung weniger Zeit zur Verfügung haben, ist es sinnvoll, nicht am Punkt „Reflexion und Verantwortung", sondern an anderer Stelle zu kürzen. In allen Schulen war die Internetverbindung schlecht. Da im Konzept mit vielen Materialien gearbeitet wird, die nur online funktionieren, muss bei der Durchführung auf eine stabile Internetverbindung geachtet werden. Es empfiehlt sich, einen externen Hotspot für das Projekt mitzubringen.

Motivation

a) War es notwendig, die Zielgruppe für das Projekt zu motivieren? Wenn ja, warum und wie?

Da wir die Workshops in einem schulischen Setting durchgeführt haben, war erstmal keine Motivation von außen notwendig. Trotz des Zwangssettings waren die Schüler*innen gleich zu Beginn sichtlich positiv gestimmt und neugierig auf die Projektwoche. Es gab viele Wortmeldungen zum Thema Verschwörungserzählungen und die meisten Schüler*innen in der Klasse haben von Anfang an Interesse am Thema gezeigt.

b) Was hat den Teilnehmenden besonders viel Spaß gemacht?

Die Jugendlichen hatten viel Spaß daran, ihre eigenen Geschichten zu erfinden und dafür Beweise zu produzieren. Auch das Präsentieren vor der Klasse war für einige Schüler*innen (u.a. mit schauspielerischem Talent) sichtbar ein Vergnügen.

c) Und was fanden Sie selbst besonders motivierend?

Es ist sehr motivierend, zu beobachten, wie die Jugendlichen in die Rolle der Verbreiter*innen von Verschwörungserzählungen schlüpfen. Je länger sie an ihren Geschichten sitzen, umso tiefer steigen sie in die Erzählungen ein und merken dabei meistens gar nicht, wie gut sie die Mechanismen und Stilmittel bereits verinnerlicht haben. Viele Geschichten sind sehr kreativ und spannend, manchmal auch lustig. Durch diese Methoden einen Zugang zu ihnen zu finden, um über ein so komplexes Thema wie Verschwörungserzählungen zu sprechen, macht große Freude.

Nachhaltigkeit und Wirkung des Projekts

a) Welche Veränderungen haben sich durch die Medienprojekte in der Zielgruppe, in Ihrer Einrichtung oder den beteiligten Einrichtungen, im Stadtteil etc. ergeben?

Ein „Erfolg" des Projekts oder des Projektansatzes im Sinne einer Veränderung ist so nicht messbar. Wir gehen aber davon aus, dass Projekte wie *TruthTellers*, die letztlich Jugendliche empowern und in ihrer Artikulationsfähigkeit stärken, auch langfristig einen positiven Effekt auf unsere Zielgruppen haben. Zudem hoffen wir, dass die Schulen bzw. deren Lehrkräfte die methodische Herangehensweise für sich annehmen und idealerweise auch in die weitere thematische Beschäftigung mit Fake News und Verschwörungserzählungen übernehmen.

b) Läuft das Projekt noch und wenn ja, wie lange? Oder gibt es Anschlussprojekte?

Das Projekt ist abgeschlossen. Aktuell führen wir für die mabb – Medienanstalt Berlin Brandenburg Tagesworkshops mit den Materialien von *TruthTellers* in Berliner und Brandenburger Schulen durch. Darüber hinaus werden in Kooperation mit der mabb eine Handreichung sowie Weiterbildungsmodule zum Projektansatz entwickelt, Fortbildungen und weitere Workshops durchgeführt.

Themen

Welche Themen (Inhalte) waren im Projekt für Ihre Zielgruppe besonders spannend?

Die Jugendlichen haben im Projektverlauf häufiger gesagt, dass sie die psychologischen Aspekte (wie kognitive Verzerrung und Bestätigungsfehler – im Workshop in eigenen Worten umschrieben) sehr spannend finden. Auch zu Phänomenen wie Clickbaiting und Framing hatten sie viel Rede- und Diskussionsbedarf. Die Methode „Cui Bono" wird auch immer gut angenommen, in der man anhand von Alltagsproblemen Feindbilder bzw. Feindbildketten generiert. Insgesamt ist aber wohl am spannendsten, die eigene Geschichte zu erfinden und den anderen Schüler*innen zu präsentieren.

Trends und Interessen der Zielgruppe

a) Welche neuen Medientrends, medialen Interessen oder Aspekte der Medienkultur sind in Ihrer Zielgruppe in jüngster Zeit besonders aktuell?
Da die Jugendlichen bei der Entwicklung der eigenen Geschichte komplett frei zu ihren Themen mit ihnen vertrauten Apps und Tools arbeiten dürfen, bekommen wir immer einen guten Einblick in aktuelle Interessen oder mediale Trends. Diese können von Gruppe zu Gruppe sehr unterschiedlich sein. Darüber hinaus befinden sie sich in einem Alter, wo sich die Dinge auch schnell verändern. Daher fragen wir in jedem Workshop nach, wenn für uns neue Phänomene auftauchen. Was sie gerade vereint: Aktuell werden bei *TruthTellers* fast immer WhatsApp-Chats und TikTok-Posts produziert. In jeder Klasse kommt in mindestens einer Geschichte Elon Musk vor.

b) Wie geht man in Ihrer Einrichtung/wie gehen Sie evtl. darauf ein?
Mit all unseren Projekten im JFF.

Perspektiven

Welche Chancen sehen Sie vor dem Hintergrund Ihres Erfolgs
a) für die medienpädagogische Projektarbeit an Ihrer Einrichtung?
Wir freuen uns sehr über den Dieter Baacke Preis. Damit haben wir für unsere Herangehensweise an das Thema mehr Aufmerksamkeit bekommen und hoffen natürlich, dass sich viele Einrichtungen und Akteur*innen an uns wenden, um das Material zu verwenden oder mit uns Workshops durchzuführen.

b) für medienpädagogische Projektarbeit generell?
Wir erhoffen uns durch die Aufmerksamkeit für das Projekt auch eine Stärkung einer anderen, zusätzlichen Perspektive und Herangehensweise an das Thema Fake News und Verschwörungserzählungen.

Struktur und Rahmen

Welche Rahmenbedingungen für Projektarbeit sind wünschenswert? Wie kann man diese schaffen?
Wir wünschen uns mehr Zeit und Ressourcen für Beziehungsarbeit. In Förderanträgen gibt es dafür zu wenig bis keinen Spielraum.

Interviewpartner*innen

Raphaela Müller: Medienpädagogische Referentin in der Abteilung Praxis am JFF – Institut für Medienpädagogik; an der Schnittstelle von Medienpädagogik und politischer Bildung sind ihre Schwerpunkte Desinformation, Ideologien und Rechtsextremismus.

Dr. Guido Bröckling: Medienkulturwissenschaftler und Medienpädagoge; leitet seit 2017 das Büro Berlin des JFF und beschäftigt sich in Theorie und Praxis mit medienpädagogischen Fragestellungen auf der Schnittstelle zwischen Politischer Bildung, Kultureller Bildung und Medienbildung.

medialepfade.org – Verein für Medienbildung e.V.

„AntiAnti: Prävention von Online-Radikalisierung"

(Kategorie B „Projekte von und mit Jugendlichen")

Online kursieren neben Verschwörungsmythen auch weitere Formen von Rechtsextremismus, Antisemitismus und radikalem Islamismus. Jugendliche begegnen solchen Inhalten vielfach bei ihren Social-Media-Aktivitäten. Das Projekt *AntiAnti* kombiniert kognitiv-analytische sowie kreative Methoden, lässt Jugendliche und junge Erwachsene Verschwörungsmythen entwerfen, Memes erstellen, Hatespeech-Szenarien oder „GetBadNews" durchspielen. Stets ergänzt durch pädagogische Einordnung und Gruppengespräche, kombiniert das nachhaltig wirkende Projekt Politische Bildung und Medienkompetenz.

Thema

Prävention von Rechtsextremismus, Antisemitismus, Islamismus; Schwerpunkt digitale Medien

Zielgruppe/n:

Berliner Jugendliche im Alter von 14 bis 21 Jahren; pädagogische Fachkräfte in Berlin

Methoden

Workshops für Jugendliche, Fortbildungen für Erwachsene; interaktive Methoden aus politischer und Medienbildung; Übungen zum Verstehen von Diskriminierung und Privilegien; aktive Medienarbeit auf sozialen Medien

Projektlaufzeit

Seit August 2018 mit jährlicher Antragsstellung

Ergebnisse

In den Workshops werden keine Ergebnisse zur Präsentation produziert. Stattdessen legen die Projektverantwortlichen Wert darauf, dass die Workshops geschlossene Schutzräume für die Teilnehmenden sind.

Erreichte Teilnehmer*innen 2022: ca. 270 Jugendliche an 27 Workshoptagen und ca. 150 pädagogische Fachkräfte in 12 Fortbildungstagen.

Kontakt

medialepfade.org – Verein für Medienbildung e.V. | AntiAnti
E-Mail: kontakt@wirsindantianti.org
Web: www.medialepfade.org | www.wirsindantianti.org
Instagram: @wirsindantianti

Im Interview

AntiAnti: Prävention von Online-Radikalisierung

medialepfade.org – Verein für Medienbildung e.V.

Claudio Caffo und Fidel Bartholdy

Herausragendes und Spezielles

Welches sind die Besonderheiten Ihres Projekts?
Das Besondere am Projekt ist die Verbindung von medienpädagogischen und politisch bildnerischen Ansätzen in der Bildungsarbeit zu Ausgrenzung und Ideologien der Ungleichwertigkeit in digitalen Räumen mit dem Schwerpunkt auf der aktiven Medienarbeit mit Jugendlichen. Außerdem ist es Praxis, einzelne Methoden aufzubereiten und für alle nutzbar als offene Bildungsmaterialien zu veröffentlichen.

Ziele und Methoden

Welche medienpädagogischen Ziele werden mit welchen Methoden verfolgt?
Das Ziel ist die Förderung von Kompetenzen zur Analyse, Einordnung und eigenverantwortlichen Nutzung von Medien. Das geschieht mithilfe reflektierter Medienkritik: Recherchen in den sozialen Medien, Diskussion über Hatespeech online, Auseinandersetzung mit den Auftritten und Inhalten politischer Akteur*innen und Erwerb von gestalterischer Medienkompetenz.

Medienkompetenz und Medienbildung durch Praxisprojekte

a) Welche Vorkenntnisse haben die Teilnehmer*innen?
Das ist gruppenabhängig – wenn wir aber generalisieren sollen: Meist gibt es ein grobes Verständnis von Falschmeldungen und Verschwörungsmythen online; dem gegenüber steht ein oft eingeschränktes Verständnis für die emotionale Aufladung von Meldungen oder geringe Kenntnisse über gezielte Strategien und Nutzbarmachung von Mechanismen.

b) Welche Bereiche der Medienkompetenz fördert das Projekt?
Wir fördern die kritische Betrachtung und Einordnung von politischen Inhalten und Quellen, Kontextualisierung und Erkennen von Falschmeldungen und Verschwörungsmythen in den sozialen Medien sowie den Zugang zu eigenen Handlungsoptionen, beispielsweise im Umgang mit Hatespeech. Wichtig ist dabei die selbstständige Erstellung von medialen Inhalten mit dem Ziel der erlebten Selbstwirksamkeit.

c) Welche Kenntnisse erwerben die Teilnehmenden?
Die Teilnehmenden erwerben ein vertieftes Verständnis von Mechanismen der sozialen Medien, insbesondere bei der Betrachtung von Falschmeldungen und Verschwörungsmythen, der Einordnung politischer Inhalte auf sozialen Medien bzw. der Intentionalität von Meldungen und sie bekommen einen Überblick über mögliche Handlungsoptionen.

Probleme und Grenzen

Gab es strukturelle oder pädagogische Grenzen und Stolpersteine bei der Vorbereitung oder Durchführung des Projekts? Wie wurden diese Probleme bewältigt?
Jüngere Gruppen waren teilweise noch nicht mit Konzepten wie Rechtsextremismus und Verschwörungsmythen vertraut. Es wurden dann eher niedrigschwellige Formen von Abwertung auf sozialen Medien thematisiert. Besonders hilfreich war in der Annäherung eine Auseinandersetzung mit Diskriminierungen im Allgemeinen.

In außerschulischen Kontexten konnten die Teilnehmenden teilweise schwerer für die

Angebote gewonnen werden, feste Strukturen und Räume waren oft nicht herstellbar. Den richtigen Raum für die voraussetzungsvollen Themen des Projekts zu kreieren und die Jugendlichen in ihrer Freizeit dafür zu motivieren, ist herausfordernd. Die Angebote in Jugendeinrichtungen fanden eher im Rahmen von bestehenden Veranstaltungen und modular in Form von Ständen statt.

Technik

Welche technischen Voraussetzungen müssen für Projekte wie Ihres gegeben sein?

Wir können selbst die technischen Geräte wie Tablets, Smartboards, Beamer, mobile Router stellen. Es braucht lediglich WLAN oder Zugang zu mobilem Internet. Viele Tools und Methoden, die wir übernehmen, sind kostenfrei verfügbar. Für unsere eigenen Bildungsmaterialien versuchen wir die Hürden in der Technik so gering wie möglich zu halten. Oft sind dafür nur Internet und ein internetfähiges Gerät notwendig.

Tipps für die Praxis

Welche Ratschläge oder Empfehlungen können Sie Interessierten geben, die ähnliche medienpädagogische Projekte durchführen möchten?

Viele Jugendliche bringen schon eine Menge an Fragen, Themen und auch Expertise mit oder sind bereit, eigene Erfahrungen zu teilen. Wir können daher viel auf klassische Inputs verzichten. Gerade bei den Themen unseres Projekts ist es aber wichtig, gemeinsame Absprachen für einen respektvollen Umgang miteinander zu treffen und Beispiele immer gut einzuordnen – und nicht auf die Geräte der Jugendlichen zu bringen.

Motivation

a) War es notwendig, die Zielgruppe für das Projekt zu motivieren? Wenn ja, warum und wie?

Stellenweise war es nötig, die Teilnehmenden zu motivieren, sich mit ernsthaften Inhalten wie rechtsextremer Radikalisierung und Diskriminierung zu befassen. Dies wurde durch den anschließenden Bezug auf die eigenen Lebenswelten und eigenen Erfahrungen in sozialen Medien erreicht.

b) Was hat den Teilnehmenden besonders viel Spaß gemacht?

Insbesondere Verschwörungsmythen selbst zu kreieren und die eigene „Theorie" vor der Gruppe zu präsentieren und zu verteidigen, hat den Teilnehmer*innen viel Spaß gemacht. Im Rahmen verschiedener Übungen kam auch die Erstellung von persönlichen Inhalten in den sozialen Medien gut an.

c) Und was fanden Sie selbst besonders motivierend?

Sehr motivierend waren die Diskussionen und Einblicke in jugendliche Perspektiven auf gesellschaftspolitische Themen. Die große Mehrheit der Jugendlichen bringt ein intuitives Verständnis dafür mit, dass Abwertung und Ausgrenzung falsch sind. Es besteht der Eindruck, dass der Zugang zu diversen Medien mehr Sichtbarkeit und Anerkennung diverser Perspektiven mit sich bringt.

Nachhaltigkeit und Wirkung des Projekts

a) Welche Veränderungen haben sich durch die Medienprojekte in der Zielgruppe, in Ihrer Einrichtung oder den beteiligten Einrichtungen, im Stadtteil etc. ergeben?

Das lässt sich leider schwer beurteilen, wir erfassen nur ein anonymes Feedback nach dem Ende unserer Workshops. Daran gemessen nehmen ein Großteil der Jugendlichen neue Impulse mit. Wir würden uns natürlich freuen, wenn sie diese auch weitertragen oder es ihnen gelingt, ein paar der Kompetenzen darüber hinaus anzuwenden.

b) Läuft das Projekt noch und wenn ja, wie lange? Oder gibt es Anschlussprojekte?

Das Projekt läuft auch in 2023 mit der Förderung der Berliner Senatsverwaltung für Bildung, Jugend und Familie weiter. Eine Förderung darüber hinaus wird erwartet.

Themen

Welche Themen (Inhalte) waren im Projekt für Ihre Zielgruppe besonders spannend?

Verschwörungsmythen, Falschmeldungen, rechtsextreme Strategien in den sozialen Medien sowie die Sicht auf verschiedene Perspektiven gesellschaftlicher Themen, die wir entweder eingebracht haben oder die in den Gruppen selbst zur Sprache kamen.

Trends und Interessen der Zielgruppe

a) Welche neuen Medientrends, medialen Interessen oder Aspekte der Medienkultur sind in Ihrer Zielgruppe in jüngster Zeit besonders aktuell?

Relativ „neu", zumindest für die Arbeit in der politischen Bildung, ist die Verwendung von TikTok als Nachrichtenquelle, Inspiration und Unterhaltung.

b) Wie geht man in Ihrer Einrichtung/wie gehen Sie evtl. darauf ein?
Im Rahmen eines extrageförderten Projektes – *Viral.Video.Voices.* – bauen wir gerade mit Jugendlichen einen TikTok-Kanal auf, in dem sie rückblickend die Coronapandemie und die damit einhergehenden Erfahrungen, Einschränkungen und Entwicklungen verarbeiten können.

Perspektiven

Welche Chancen sehen Sie vor dem Hintergrund Ihres Erfolgs
a) für die medienpädagogische Projektarbeit an Ihrer Einrichtung?
Die Verknüpfung von politischer und Medienbildung kann auch in anderen Projekten und Zugängen genutzt werden und eine etablierte Perspektive auf Bildungsarbeit im Träger werden.

b) für medienpädagogische Projektarbeit generell?
Eine Öffnung der medienpädagogischen Kontexte deutschlandweit für gesellschaftspolitische Fragestellungen und damit die Möglichkeit, einen wichtigen Beitrag zur erfolgreichen demokratischen Digitalisierung unserer Gesellschaft zu leisten.

Struktur und Rahmen

Welche Rahmenbedingungen für Projektarbeit sind wünschenswert? Wie kann man diese schaffen?
Projekte wie unseres sind sehr personalintensiv und leben von der Möglichkeit, Dinge ausprobieren zu können. Dabei wird idealerweise auch Zeit mit der Zielgruppe über die Dauer einzelner Workshoptage hinaus benötigt und damit einhergehend eine gewisse Planbarkeit über längerfristige Förderungen. Was die Inhalte betrifft, ist besonders die politische Unterstützung für Projektarbeit erforderlich, in der Mechanismen von Abwertung und Ausgrenzung durch die Mehrheitsgesellschaft thematisiert werden, und eine Förderung von Projekten mit klarer emanzipatorischer Haltung.

Feedback

Gab es abschließend seitens der Zielgruppe Verbesserungsvorschläge, weiterführende Ideen bezüglich Ihres Projektes?
Es gab in den Feedbacks nach Workshops immer wieder Anmerkungen und Vorschläge der jugendlichen Zielgruppe, die die Konzeption der Workshops beeinflusst haben. Oft wurde uns etwa zurückgemeldet, dass lange Methoden ohne interaktive Elemente und Abwechslung dem Lernerfolg nicht zuträglich sind. Eine weitere Rückmeldung war, dass Methoden zu eigenen persönlichen Erfahrungen und Perspektiven besonders viel Spaß gemacht haben.

Interviewpartner

Claudio Caffo: Studium Politikwissenschaft (M.A.) mit den Schwerpunkten Rechtsextremismus und -populismus, Soziale Bewegungen und Ideengeschichte an der Freien Universität Berlin; Abschlussarbeit zum Auftreten Rechtsextremer im Internet; befasst sich seitdem hauptsächlich mit rechtsextremen Erscheinungsformen, Strategien und Akteur*innen sowie Antisemitismus; betreut seit 2019 bei mediale pfade das Projekt *AntiAnti* mit dem Schwerpunkt Rechtsextremismus.

Fidel Bartholdy: Hat Nah- und Mittelost-studien mit Schwerpunkt Politikwissenschaften (B.A.) an der Philipps-Universität in Marburg und soziokulturelle Studien (M.A.) an der Europa-Universität Viadrina in Frankfurt (Oder) studiert; befasst sich mit Migration, dem Islam in Europa, Zivilgesellschaft und politischer Bildung; seine Erfahrungen mit Argumentationstrainings gegen Rechts in Schulen brachten ihn zu mediale pfade; betreut dort seit August 2018 als Projektmanager das Projekt *AntiAnti* mit dem Schwerpunkt Islamismus.

Filmprojekt „don't stop motion"

don't stop motion

(Kategorie C „Interkulturelle und internationale Projekte")

Filme schaffen es, Menschen über Zeit, Raum und Grenzen hinweg zu verbinden und somit Vorurteile und Mauern einzureißen.

Viel zu oft wird über Menschen mit Fluchtgeschichte gesprochen – selten *mit* ihnen. Zur Folge werden häufig die immergleichen (häufig negativen) Narrative bemüht, um über die Themen Flucht und Migration zu berichten. Das interkulturelle Dokumentarfilmprojekt *don't stop motion* dreht den Spieß um. Menschen mit Fluchtgeschichte kommen nicht nur selbst zu Wort, sondern werden aktive Medienschaffende. Sie bestimmen das gesamte Bild, das von ihnen gezeigt wird.

Ahmad (24), Zahra (18) und Muntazar (16) bauten selbst Stop-Motion-Puppen und Kulissen und wandelten ihre Erinnerungen in kreative Szenen um. Ein Jahr lang arbeiteten sie mit medienpädagogischer Leitung und fünf weiteren Jugendlichen aus Erfurt zusammen. Zunächst reflektierten sie in Biografiearbeit die eigene Vergangenheit und bewerteten diese teilweise neu. Im nächsten Schritt folgten lange und intensive Interviews, aus denen anschließend zahlreiche Szenen entwickelt wurden. Entstanden ist ein 68-minütiger Dokumentarfilm, der geflüchtete Menschen als Individuen präsentiert anstatt als anonymer Teil von Menschenmassen oder -strömen.

Mithilfe dieser ungewohnten Einblicke möchte das Projekt zur Diskussion und Reflexion der eigenen Haltung anregen: in Filmgesprächen bei einer deutschlandweiten Kinotour und bei Projekttagen an Schulen. Dort nutzt die Filmcrew Methoden der ästhetischen FilmBildung (sic!) und nimmt die Schüler*innen mit auf Forschungsreise in die eigenen Empfindungen.

Das Projekt wurde in der Produktionsphase durch die Thüringer Staatskanzlei, den MitMedien e.V. (ehemals Landesfilmdienst Thüringen e.V.) sowie den Lokalen Aktionsplan gegen Rechtsextremismus unterstützt. Die Workshops und die Filmtour werden durch das Thüringer Landesprogramm „denkbunt" sowie die Stadt Erfurt finanziert. Seit 2022 ist das Projekt zudem beim Erfurter Verein nochson e.V. angegliedert.

Thema

Flucht, Migration, Rassismus

Zielgruppe/n

- Während der Produktionsphase und bei den FilmBildungs-Workshops: junge Menschen mit und ohne Fluchterfahrung
- Bei öffentlichen Filmvorstellungen: die breite Bürger*innenschaft

Methoden

Biografiearbeit; Methoden der ästhetischen FilmBildung, wie Collagieren oder FreeWriting; aktive Medienarbeit mithilfe der Stop-Motion-Technik

Projektlaufzeit

- Produktion: Mai 2020 bis Juni 2021
- FilmBildungs-Workshops: Juli 2021 bis heute

Ergebnisse

Der entstandene Film wurde bereits mehrfach auf Filmfestivals ausgezeichnet. Unter anderem mit dem *Öngören-Preis für Demokratie und Menschenrechte* des *Filmfestivals Türkei Deutschland 2022* sowie dem Preis für den besten fremdsprachigen Dokumentarfilm beim *Filmfest International Madrid 2022*. Zudem gibt es deutschlandweit Filmvorführungen mit anschließender Diskussion mit der Filmcrew. Das bedeutendste Ergebnis sind die FilmBildungs-Workshops, die die Filmcrew an Thüringer Schulen durchführen kann. Hier nutzen sie den eigenen Film, um über die Themen Flucht, Migration und Rassismus mit den Schüler*innen in Austausch zu kommen und die Themen neu zu denken.

Kontakt

Filmprojekt „don't stop motion"
Niels Bauder und Franziska Bausch-Moser
E-Mail: dontstopmotion@posteo.de
Web: www.dontstopmotion.de

Im Interview

don't stop motion

Filmprojekt „don't stop motion"

Niels Bauder und Franziska Bausch-Moser

Herausragendes und Spezielles

Welches sind die Besonderheiten Ihres Projekts?

In *don't stop motion* bestimmen Menschen mit Fluchterfahrung selbst, wie sie öffentlich dargestellt werden. Leider geschieht das in der aktuellen Berichterstattung nur selten. Geflüchtete werden dort häufig als anonyme, gesichtslose Gruppe gezeigt. Zudem werden die immergleichen Geschichten erzählt, welche häufig einen Fokus auf negative Aspekte legen. Bei *don't stop motion* können sich drei junge Menschen mit Fluchterfahrung so präsentieren, wie sie es wollen, und finden dafür mithilfe von Stop-Motion und sebst gestalteten Puppen, die sie repräsentieren, Bilder für das Erlebte. Dadurch entsteht etwas Ungewohntes, Irritierendes, Fremdes. Dieser Einblick in fremde Welten kann helfen, Vorurteile abzubauen.

Ziele und Methoden

Welche medienpädagogischen Ziele wurden mit welchen Methoden verfolgt?

Die Teilnehmenden waren an allen Schritten der Filmproduktion beteiligt. Sie beschäftigten sich auf kreative Art mit der (eigenen) Biografie. Dabei nutzen wir Methoden der FilmBildung (sic!) nach Lena Eckert und Silke Martin[1], wie Collagen und FreeWriting. Während der Produktionsphase lernten die Teilnehmenden das Medium Film und die Stop-Motion-Technik als Mittel zum Selbstausdruck kennen. Dabei eigneten sie sich Grundlagen der Bildsprache, Dramaturgie sowie den Umgang mit Technik an. Während der kreativen Arbeitsphasen stand zudem der interkulturelle Austausch im Fokus, da die Teilnehmenden in unterschiedlichen Kulturen sozialisiert wurden und für ein gemeinsames Werk viele Diskussionen nötig sind.

Medienkompetenz und Medienbildung durch Praxisprojekte

a) Welche Vorkenntnisse hatten die Teilnehmer*innen?

Die Teilnehmenden, die ihre Geschichten im Film erzählen, hatten keine Vorkenntnisse im Bereich (professioneller) Film. Die restlichen Teilnehmer*innen zeichnete ein Grundinteresse an Film aus. Teilweise hatten Teilnehmende bereits in der Schule Kurzfilme erstellt oder sind begeisterte Cineast*innen.

b) Welche Bereiche der Medienkompetenz fördert das Projekt?

Orientieren wir uns an den vier Dimensionen Baackes:

- *Medienkunde:* Die Teilnehmenden beschäftigten sich intensiv mit unterschiedlichen Filmtechniken (Stop-Motion, Animation, Realfilm). Dabei lernten sie den Umgang mit den digitalen Geräten sehr gut kennen.
- *Mediennutzung:* Um die eigene Geschichte adäquat erzählen zu können, diskutierten die Teilnehmer*innen unterschiedliche Medienwirkungen. Ein Fokus lag dabei auf Bild- und Tonsprache im Film, aber auch in Social Media auf dem Projekt-Kanal.
- *Mediengestaltung:* Die gesamte Filmcrew erarbeitete kreative Szenen anhand der Biografien. Im Team wurden ständig unterschiedliche Gestaltungsmöglichkeiten diskutiert und miteinander verglichen. Ein Fokus des Projektes lag auf dem hohen Qualitätsanspruch an das Endprodukt, weshalb diese Dimension besonders intensiv bearbeitet wurde.
- *Medienkritik:* Die Rolle der aktuellen Berichterstattung zu den Themen Flucht und Migration wurde im Projekt häufig diskutiert und kritisiert. Die Teilnehmenden er-

lernten als aktive Medienmacher*innen die Wirkungsweisen von Medien kennen und erwarben dadurch ein kritisches Medienbewusstsein.

c) Welche Kenntnisse haben die Teilnehmenden erworben?
Die Teilnehmenden sammelten viele Erfahrungen im Umgang mit Filmtechnik und Szenenentwicklung, Requisiten- und Kulissenbau, Ton, Schnitt, Animation, Musik, Teamarbeit. Zudem wurde innerhalb des Projektes interkultureller Austausch ermöglicht und Kontakt zwischen Jugendlichen unterschiedlicher Herkunft hergestellt. Politische und gesellschaftliche Diskussionen waren an der Tagesordnung und so konnten gerade die Teilnehmenden ohne Fluchterfahrung neue Kenntnisse zu den Themen Flucht, Migration und Rassismus erwerben. Die kreative Arbeit im Team zeigte allen Teilnehmenden auf, was als Gruppe gemeinsam erreichbar ist und welche Vorteile es bringt, sich über eigene Erfahrungen und Emotionen auszutauschen.

Probleme und Grenzen

Gab es strukturelle oder pädagogische Grenzen und Stolpersteine bei der Vorbereitung oder Durchführung des Projekts? Wie wurden diese Probleme bewältigt?
Von der chronisch knappen Finanzierung und pandemiebedingten Problemen brauche ich wohl gar nicht erst anzufangen. Die Auswirkungen kann sich wohl jede*r selbst gut vorstellen. Einen Aspekt möchte ich stattdessen erwähnen: Die Beschäftigung mit der eigenen Biografie ist vermutlich für alle Menschen aufwühlend und teilweise schwierig. Für Menschen mit Fluchterfahrung gilt dies in besonderem Maße, gerade wenn traumatisierende Erlebnisse in der Vergangenheit noch nicht aufgearbeitet wurden. Mit großem Respekt vor den Risiken einer Retraumatisierung hatten wir zu Beginn des Projektes psychosoziale Unterstützung durch Refugio e.V., einem Verein, der psychotherapeutische Dienste speziell für Menschen mit Fluchterfahrung anbietet. Leider konnten wir aus Kostengründen die Kooperation nicht für die gesamte Dauer des Projektes aufrechterhalten. Dies wäre sehr wünschenswert gewesen.

Technik

Welche technischen Voraussetzungen müssen für Projekte wie Ihres gegeben sein?
Die Stop-Motion-Technik ist sehr niedrigschwellig und kostenarm. Mit Smartphone oder Tablet lassen sich schon sehr gute Ergebnisse erzielen. Wir verwenden zudem Altpapier und -kartons als Materialien, welche ebenfalls kaum Kosten verursachen.

Für die Postproduktion wird dann, je nach Qualitätsanspruch, noch ein Schnittcomputer benötigt. Für die Realfilmaufnahmen nutzen wir eine Systemkamera aus dem mittleren Preissegment.

Tipps für die Praxis

Welche Ratschläge oder Empfehlungen können Sie Interessierten geben, die ähnliche medienpädagogische Projekte durchführen möchten?
Machen, unbedingt machen. Wir müssen uns gegenseitig neue Geschichten erzählen. Fernab der üblichen Held*innen-Geschichten, die wir ständig hören. Diese krassen, extremen Geschichten besitzen vielleicht viele der sogenannten „Nachrichtenfaktoren". Sie ermüden uns jedoch – wir stumpfen ab. Und gleichzeitig schüchtern sie uns ein, weil sie uns extreme Ausnahmen präsentieren und wir anfangen, in Extremen zu denken. Geschichten, die darauf verzichten, und Medienprodukte, die sich nicht an die üblichen Konventionen halten, irritieren uns. Und das ist gut so. Denn wir verlieren an vielen wichtigen Themen aktuell das Interesse, dabei brauchen sie unsere Aufmerksamkeit und Beachtung mehr denn je.

Motivation

a) War es notwendig, die Zielgruppe für das Projekt zu motivieren? Wenn ja, warum und wie?
Eine Herausforderung war es, Kontakt zu Menschen mit Fluchterfahrung aufzubauen, um sie zur Teilnahme am Projekt einzuladen. Menschen mit Fluchterfahrung, gerade Menschen, die erst seit kurzer Zeit in der Stadt leben, sind weniger stark vernetzt und somit über konventionelle Kanäle und Multiplikator*innen schwerer zu erreichen. Sobald der Kontakt aufgebaut wurde, war eine weitere Motivation nicht mehr nötig. Alle Teilnehmenden hatten großes Interesse daran, ihre Geschichte zu erzählen bzw. die Geschichte der anderen zu erzählen. Dies zeigt auch, dass die Filmcrew bis heute gemeinsam Projekte umsetzt.

b) Was hat den Teilnehmenden besonders viel Spaß gemacht?
Viele Teilnehmende spiegelten, dass sie es sehr genossen haben, mit Menschen aus unterschiedlichen Kulturen gemeinsam kreativ zu arbeiten. Der Requisitenbau und die Szenenentwicklung sowie die angeregten Diskussionen dabei haben meiner Einschätzung nach die meisten Teilnehmenden begeistert.

Vor allem auch die Auswertung des Films, der Austausch über die eigene Lebensrealität und die Hoffnung auf Veränderung gibt Zahra, Muntazar und Ahmad, laut eigener Einschätzung, viel Energie.

c) Und was fanden Sie selbst besonders motivierend?
Mich persönlich motivierte die Entwicklung der Teilnehmenden mit Fluchterfahrung im Laufe des Projektes. Alle drei waren anfänglich noch teilweise zögerlich, die eigene Geschichte offen zu erzählen. Mit jeder Szene legten sie ihre Bedenken weiter ab und sind nun stolz auf das entstandene Werk. Sie sehen, dass es gut ist, anderen Menschen von sich und den Erfahrungen zu erzählen, und dass andere Menschen sich für sie interessieren.

Nachhaltigkeit und Wirkung des Projekts

a) Welche Veränderungen haben sich durch die Medienprojekte in der Zielgruppe, in Ihrer Einrichtung oder den beteiligten Einrichtungen, im Stadtteil etc. ergeben?
Wow, eine große Frage. Beginnend bei den Teilnehmenden, würde ich antworten, dass sie durch das Projekt Momente des Empowerments erfahren haben. Sie sind mit und an dem Projekt gewachsen. Sie konnten die eigene Biografie neu reflektieren, Schönes im Schrecklichen finden und insgesamt das eigene Bild mitbestimmen. Sie sind sehr stolz auf den Film und die Erfolge, die wir damit schon feiern konnten.

Ziel unserer FilmBildungs-Workshops ist es, Menschen für die Themen zu sensibilisieren. Die Schüler*innen spiegeln uns wider, dass sie

durch den Film und unsere Arbeit neue Einblicke gewinnen, was sie teilweise zu Meinungsänderungen oder sogar zum eigenen Aktivismus motiviert. Schüler*innen mit ähnlichen Erfahrungen werden im Rahmen der Workshops häufig motiviert, von ihren Erlebnissen zu berichten. Für viele ist dies im Klassenkontext das erste Mal, dass sie sich in dieser Richtung öffnen.

Das positive Feedback bei den Filmvorführungen stimmt uns optimistisch, dass wir einen wichtigen Impuls geben konnten. Ob unsere Arbeit zukünftig Früchte trägt, ist nur schwer ernsthaft zu beantworten.

b) Läuft das Projekt noch und wenn ja, wie lange? Oder gibt es Anschlussprojekte?

Aktuell sind wir an Thüringer Schulen und führen dort mit unserem Film Projekttage zu den Themen Flucht und Migration durch. Dabei sind die Teilnehmenden des Projektes mit dabei, um mit den Schüler*innen und Schülern in Kontakt zu treten. Diese FilmBildungs-Workshops wollen wir zukünftig beibehalten und, wenn möglich, auch außerhalb Thüringens durchführen.

Gleichzeitig sind wir mit dem Film bundesweit im Rahmen einer Kinotour unterwegs. Dabei erreichen wir interessiertes Publikum und laden es beim anschließenden Filmgespräch zum Austausch ein.

Die Filmcrew möchte zudem auch zukünftig weitere Projekte umsetzen. Dafür suchen wir aktuell nach Fördermöglichkeiten. Denn es gibt noch viele weitere Geschichten zu erzählen.

Themen

Welche Themen (Inhalte) waren im Projekt für Ihre Zielgruppe besonders spannend?

Zu Beginn war vor allem die Beschäftigung mit der eigenen Biografie sehr spannend. Mit dem Bau der ersten Kulissen stieg dann das Interesse an Film und Trickfilmtechniken allgemein. Die Teilnehmenden diskutierten untereinander viele gesellschaftliche und politische Themen. Somit würde ich letztlich sagen, der interkulturelle Austausch war das wichtigste Thema während des Projektes und auch in den daraus folgenden Schul-Workshops.

Trends und Interessen der Zielgruppe

a) Welche neuen Medientrends, medialen Interessen oder Aspekte der Medienkultur sind in Ihrer Zielgruppe in jüngster Zeit besonders aktuell?

Der Auftritt des Projektes auf Social Media war ein großes Anliegen. Vor allem auf Instagram und TikTok wollten die Teilnehmenden ihr Schaffen dokumentieren und präsentieren. Gleichzeitig zogen wir Inspiration für die Szenenentwicklung aus Videos oder Bildern der Plattformen.

b) Wie geht man in Ihrer Einrichtung/wie gehen Sie evtl. darauf ein?

Der Instagram-Kanal des Projektes ist lokal zu einer Vernetzungs- und Informationsplattform für Menschen mit Fluchterfahrung und

Themen rund um Migration, Rassismus und Menschenrechte geworden. Neben Einblicken in unsere Arbeit versuchen wir so, für unsere Themen zu sensibilisieren.

Perspektiven

Welche Chancen sehen Sie vor dem Hintergrund Ihres Erfolgs
a) für die medienpädagogische Projektarbeit an Ihrer Einrichtung?

Das Projekt ist aktuell kein Teil einer Einrichtung. Vorhaben wie unseres zu institutionalisieren und somit zukünftig leichter durchführbar zu machen, ist eine Hoffnung von uns. Die Aufmerksamkeit, die unser Erfolg mit sich bringt, wird dabei bestimmt helfen. Geschichten von marginalisierten Gruppen gibt es genug.

b) für medienpädagogische Projektarbeit generell?

Wir hoffen, zeigen zu können, dass es nicht viel braucht, um gute medienpädagogische Projekte auf die Beine zu stellen. Wir waren ein minimal kleines Team (zwei Personen) mit minimal kleinem Budget. Dank maximaler Motivation und auch (künstlerischer) Freiheit vonseiten der Fördermittelgeber*innen konnten wir ein Produkt entwickeln, dessen Qualität für Filmfestivals genügt und dessen pädagogischer Anspruch ebenfalls prämiert wurde. Dies soll alle motivieren, eigene Herzensprojekte umzusetzen.

Struktur und Rahmen

Welche Rahmenbedingungen für Projektarbeit sind wünschenswert? Wie kann man diese schaffen?

Leider steht und fällt vieles mit den Fördermöglichkeiten. Dabei ist ein hohes Maß an Flexibilität bezüglich der Verwendungszwecke sehr wünschenswert. Kreative Projekte, wie das unsere, sind immer ein Prozess. Dieser Prozess lässt sich im Vorfeld kaum in Gänze überblicken und alle Kostenpunkte bereits im Förderantrag genau zu benennen, ist schwierig. Ebenfalls möchten wir erwähnen, dass es bei Förderungen hinsichtlich der Organisation und Administration (Buchhaltung, Planung, Vor- und Nachbereitung) sehr wichtig ist, ausreichend Mittel einzufordern, was leider manchmal nicht einfach ist. Hier wäre wünschenswert, dass Fördermittelprogramme auch diese Posten als förderfähig sehen.

Für prozesshafte Projekte ist zudem die Verfügbarkeit eines gut zugänglichen Raumes essentiell, in dem das Projekt über einen längeren Zeitraum stattfinden kann. Hier waren wir sehr glücklich über die Unterstützung durch die Stadt Erfurt. Die Wirtschaftsförderung Erfurt hat hier einen Raum, der von Initiativen kostenlos angemietet werden kann. Es wäre wünschenswert, dass Kommunen noch mehr solche Räume schaffen, um Akteur*innen erste Hürden für kreative Projektarbeit zu nehmen.

Feedback

Gab es abschließend seitens der Zielgruppe Verbesserungsvorschläge, weiterführende Ideen bezüglich Ihres Projektes?

Alle Teilnehmenden haben großes Interesse signalisiert, weiter als Filmcrew zu arbeiten. Gewünscht wurde, neben Kurzfilmprojekten, vor allem auch die weitere Begleitung der Protagonist*innen, um zukünftig einen weiteren Dokumentarfilm mit neuen Einblicken in das Leben junger Menschen mit Fluchterfahrung in Deutschland präsentieren zu können.

*Interviewpartner*innen*

Niels Bauder und **Franziska Bausch-Moser**: Freie Medienpädagog*innen und Filmemacher*innen aus Erfurt; studierten beide Medienwissenschaft und Erziehungswissenschaft in Tübingen – anschließend den Master „Kinder- und Jugendmedien" in Erfurt; arbeiten in eigenen Projekten und für verschiedene Träger in Thüringen und Umgebung.

Anmerkung

1 Eckert, Lena/Martin, Silke (Hrsg.) (2014): FilmBildung. Bremer Schriften zur Filmvermittlung. Marburg: Schüren Verlag.

Kinder- und Jugendhilfeträger OstkreuzCity gGmbH

Dreh's Um – vietdeutsche Perspektiven

(Kategorie C „Interkulturelle und internationale Projekte")

Das Filmprojekt *Dreh's Um – vietdeutsche Perspektiven* soll Jugendliche mit deutsch-vietnamesischer Migrationsbiografie im Alter von 14 bis 24 Jahren motivieren, ihre persönlichen Geschichten in einem dokumentarischen Kurzfilm zu erzählen. Im Rahmen von gemeinsamen Workshops in Berlin erhalten die Teilnehmer*innen Einblicke in die kreativen Prozesse des Filmemachens (Produktion, Regie, Kamera, Ton, Schnitt) und sie werden durch praktische Übungen dazu angeleitet, ihre eigenen Kurzfilme zu drehen.

Der Fokus der Workshopgestaltung liegt hierbei bewusst auf Dokumentarfilm, um einen intensiven Dialog mit der eigenen Community und zwischen Generationen vor und hinter der Kamera anzustoßen. In dieser Auseinandersetzung mit der eigenen (Familien-)Geschichte wird das interkulturelle Verständnis und Selbstbewusstsein der Teilnehmer*innen gestärkt. Gleichzeitig werden durch den Prozess des dokumentarischen Arbeitens die eigenen, wertvollen Perspektiven und Erfahrungen sichtbar – für die Filmemacher*innen, die Community selbst und im weiteren Schritt auf der Leinwand für ein breites Publikum. Ziel dieser Herangehensweise ist es, dass Mitglieder der vietdeutschen Community ihre eigenen Geschichten filmisch erzählen und sich somit stereotypischen und eindimensionalen Darstellungen in der Film- und Fernsehbranche aktiv widersetzen. Gleichzeitig will *Dreh's Um* den vietdeutschen Filmnachwuchs in Deutschland nachhaltig fördern, um so eine diverse Teilhabe an Filmhochschulen und in der Branche langfristig zu stärken.

Thema

Dreh's Um beschäftigt sich als Jugendfilmprojekt mit den (Familien-)Geschichten der vietdeutschen Teilnehmer*innen und nutzt für diese Auseinandersetzung mit sich selbst und vietdeutschen Lebensrealitäten den Dokumentarfilm als filmisches und sozialpädagogisches Medium.

Zielgruppe/n

Die Teilnehmer*innen von *Dreh's Um* sind allesamt Vietdeutsche im Alter zwischen 14 bis 24 Jahren. Diese doch recht große Altersspanne ermöglicht es einerseits, Jugendliche und junge Erwachsene zu unterschiedlichen Lebenszeitpunkten für den Dokumentarfilm und das Filmemachen zu begeistern. Andererseits unterstützt der Altersunterschied einen intensiven Austausch über Altersgruppen hinweg und die Teilnehmer*innen lernen so, die individuellen Perspektiven aufgrund des Alters und unabhängig davon wertzuschätzen. Außerdem adressiert der Workshop indirekt auch die Familien der Teilnehmer*innen, denn das dokumentarische Arbeiten integriert die eigene Familie und Community in den Prozess und stößt somit einen verbalen Austausch untereinander an.

Methoden

Ziel des Workshops ist eine Art Doppeleffekt: Auf der einen Seite entsteht durch das dokumentarische Arbeiten eine Verbundenheit zur eigenen Familie und Identität. Auf der anderen Seite motiviert der Workshop dazu, sich selbst als Teil der Filmbranche zu sehen und nach Möglichkeiten zu suchen, den Film im eigenen

Leben weiter präsent sein lassen. Um diesen Effekt zu erzeugen, nutzt *Dreh's Um* gezielt wirksame Bausteine. Diese sind kurz zusammengefasst:

- Einjähriges kostenloses Workshopprogramm zum Einstieg und ersten Kontakt mit Film und mit der eigenen Geschichte
- Darauffolgender einjähriger kostenloser Aufbauworkshop zur Vertiefung des filmischen Wissens und der eigenen künstlerischen Vision/Haltung
- Vermittlung von Praktika und Jobs in der Filmbranche
- Sozialpädagogische Begleitung des gesamten Workshopprogramms, um zum einen Jugendliche mit Beeinträchtigung/Behinderung und aus der Familienhilfe in den Workshop zu integrieren, und um zum anderen die Aufarbeitung von Familienkonflikten, Diskriminierungserfahrungen und Identitätsfindung sensibel zu begleiten
- Workshopleiter*innen mit eigenem Bezug zur vietdeutschen Community und aktiver filmischen bzw. künstlerischen Laufbahn in Deutschland
- Kleine Workshopgruppen, maximal zehn Teilnehmer*innen im Alter von 14 bis 24 Jahren und ausgeglichene Geschlechterquote der Teilnehmenden
- Kontinuierliche Filmsichtungen und Analysen von vietdeutschen und vietnamesischen Filmen und Filmemacher*innen, um der fehlenden und/der stereotypischen Darstellung der Community im deutschen Film und Fernsehen etwas Handfestes entgegenzusetzen
- Austausch mit vietdeutschen Gäst*innen/Vorbildern aus der Kreativbranche zur Motivation und Netzwerkbildung
- Niedrigschwelliges Bewerbungsverfahren mit direkter Kontaktaufnahme zur Community
- Drei bis vier fest reservierte Plätze für besonders benachteiligte Jugendliche (z.B. mit Beeinträchtigung/Behinderung oder aus der Familienhilfe)
- Kostenloser, kontinuierlicher Zugang zu professionellem Filmequipment (auch nach Abschluss des Projekts) und filmischer Wissensvermittlung (mit Einbezug von Recherche, Interviewübungen, Dreh, Schnitt, Grading und Mischung)
- Dokumentarisches Arbeiten, um sowohl die eigene Familie als auch Community in den Workshop zu integrieren und somit einen verbalen Austausch untereinander anzustoßen und um der fehlenden Wertschätzung für künstlerische Berufswege entgegenzuwirken
- Feierliche Teampremiere der entstandenen Kurzfilme in Anwesenheit der Filmemacher*innen, Protagonist*innen und Community sowie von Publikum aus der *weißen* Mehrheitsgesellschaft, um den Wert der eigenen Perspektive auf der großen Leinwand zu untermauern

Projektlaufzeit

1 Jahr

Ergebnisse

Seit dem Startschuss von *Dreh's Um* sind bereits sechs dokumentarische Projekte mit und über die vietdeutsche Community entstanden. Zwei dieser Projekte befinden sich aktuell noch in der Postproduktion. Die Filme spiegeln unterschiedlichste Facetten der vielseitigen Community wider. Der erste Jahrgang 2020/21 legte einen Schwerpunkt auf die erste Generation der vietnamesischen Vertragsarbeiter*innen in der DDR, zu denen die meisten Eltern der Teilnehmer*innen gehören. Der zweite Jahrgang blickte auf die sogenannte zweite Generation, zu der die Teilnehmer*innen sich selbst zählen, und beschäftigte sich mit Fragen der eigenen Identität. Und der dritte Jahrgang reiste zurück zur Generation Null, also den Großeltern, die noch heute in Vietnam leben, und betrachtete die Verbundenheit und Zerrissenheit, die über Kontinente hinweg besteht – bei sich selbst und den Familienmitgliedern.

Der vom Dieter Baacke Preis ausgezeichnete Jahrgang 2021/2022 hat die Kurzfilme *Dunkelblau, wie ich mich fühle* und *Alles gehört zu dir* produziert:

Dunkelblau, wie ich mich fühle (22 min, Dokumentarfilm, 2022)

Allein zwischen Plattenbauten stellt sich die Halbvietnamesin Gerda Müller (15) mithilfe der Regisseurin Lan Mi Lê ihrer Einsamkeit. Dabei trifft sie auf ein Chaos an Gefühlen, die sie selbst nicht versteht, und erkundet Fragen zu ihrer Identität, ihrer Familie und Freundschaft. Durch künstlerische Mittel wie Singen und Schauspiel tritt Gerda dem Dunkelblau in ihrem Leben entgegen.

Alles gehört zu dir (13 min, Dokumentarfilm, 2022)

Sich nicht zugehörig zu fühlen, ist für viele Vietdeutsche und insbesondere für Yen Nguyen kein fremdes Gefühl. Instinktiv versucht sie, sich in der deutschen Kleinstadt der Masse anzupassen. Mehr *weiß* sein, mehr deutsche Freund*innen haben. Aus ihrem neuen Leben in Oslo – 900 km entfernt von der Familie – begibt sie sich auf die Reise zurück zu ihren Wurzeln.

Kontakt

Kinder- und Jugendhilfeträger Ostkreuz City gGmbH
E-Mail: filmprojekt@ostxcity.de
Web: www.drehs-um.de
Instagram: @drehs_um_filmworkshop

Im Interview

Dreh's Um – vietdeutsche Perspektiven

Kinder- und Jugendhilfeträger OstkreuzCity gGmbH

Sarah Noa Bozenhardt, Ngoc Anh Nguyen und Đức Ngô Ngọc

Herausragendes und Spezielles

Welches sind die Besonderheiten Ihres Projekts? Seit *#MeToo* und spätestens seit den Black-Lives-Matter-Protesten 2020, die nach dem Mord von George Floyd die Straßen weltweit mit Menschen fluteten, kann auch Deutschland nicht länger verleugnen, dass strukturelle Diskriminierung in unserer Gesellschaft tief verankert ist. Was Betroffenen schon lange klar war, ist nun auch endlich im Diskurs der Filmbranche angekommen. Forschungen wie die 2021 veröffentlichte Studie „Vielfalt im Film" (https://vielfaltimfilm.de) schaffen Fakten, denn sie belegen in Zahlen, dass die Filmbranche im Bereich Diversität enormen Aufholbedarf hat und Diskriminierungserfahrungen im Arbeitsalltag von Filmschaffenden auf der Tagesordnung stehen. Doch blickt man auf das Thema Diversität in der deutschen Filmbranche, ist es essenziell und unabdingbar, dass die Förderung von jungen und vielfältigen Perspektiven schon in jungen Jahren ansetzt und gezielt Menschen erreicht, die sich nicht auf die Privilegien der *weißen*, deutschen Mehrheitsgesellschaft stützen können, um in der Filmbranche fußzufassen.

Genau hier knüpft *Dreh's Um* an und obwohl der Workshop sich spezifisch der vietdeutschen Community in Berlin widmet (die wiederum stark geprägt ist durch die ehemaligen vietnamesischen Vertragsarbeiter*innen der DDR), sind Vielfaltsmerkmale wie Geschlecht, sexuelle Orientierung, Beeinträchtigung/Behinderung, Alter und sozialer Status wichtige, zusätzliche Säulen des Projekts und werden intersektional betrachtet. Denn die Geschichten, die wir als Gesellschaft auf der Leinwand und dem Bildschirm konsumieren, formen und beeinflussen uns enorm. Dominieren Menschen, die sich nicht oder nur gering mit den eben aufgeführten Diversitätsmerkmalen identifizieren können, die Bilder, denen wir in unserem Alltag begegnen, so unterstreicht dies immer wieder bestehende Machtverhältnisse.

Da sich die frühe Filmnachwuchsförderung in Deutschland jedoch (noch) nicht spezifisch Menschen mit intersektionalen Diversitätsmerkmalen widmet, ist es unabdingbar, dass dies *jetzt* geschieht. Hier kommt der besondere Ansatz von *Dreh's Um* ins Spiel, denn der Dokumentarfilmworkshop schlägt durch seine spezifische Förderung von jungem, vietdeutschem Filmnachwuchs in seinem Format und seiner Herangehensweise Lösungsansätze vor, die für die Förderung von Diversität, speziell im Nachwuchsbereich der deutschen Filmbranche, wegweisend sein können. Workshopelemente, wie die sozialpädagogische Begleitung des Projekts, der Kontakt zu Repräsentationsbeispielen im Film und der Austausch mit Vorbildern der eigenen Community, niedrigschwellige Bewerbungsverfahren und kostenloser Zugang zu filmischem Wissen und Technik sowie der gezielte Einsatz vom Dokumentarfilm für den Austausch mit der eigenen Familie ermöglichen Teilnehmer*innen tiefe Einblicke in ihre wertvolle Perspektive als potenzielle Filmemacher*innen. Diese Berührungspunkte mit sich selbst und dem Medium Film können junge und diverse Gesellschaftsmitglieder dazu motivieren, den Schritt in den Nachwuchsbereich der Filmbranche zu wagen und sich somit an der Umgestaltung der deutschen Filmindustrie zu beteiligen.

Ziele und Methoden

Welche medienpädagogischen Ziele werden mit welchen Methoden verfolgt?

Es ist ein essentielles medienpädagogisches Ziel von *Dreh's Um*, dass die vietdeutschen Teilnehmer*innen die dokumentarischen Kurzfilme, die im Workshop entstehen, selbst produzieren und gestalten. Um dies zu erreichen, nutzt der Workshop die altersübergreifende Gruppenarbeit und den Austausch mit Mentor*innen und vietdeutschen Gäst*innen, denn es geht uns auch darum, professionelle Filme zu machen. *Dreh's Um* möchte den Prozess in den Mittelpunkt stellen, aber zugleich Erfolgserlebnisse für die Jugendlichen schaffen, die auf der hohen Qualität ihrer eigenen Arbeit beruhen. Die fertiggestellten Filme sollen in ihrer Erzählweise und Qualität also ein breites Publikum erreichen, während der Prozess des Filmemachens ein stützendes Netzwerk innerhalb der vietdeutschen Community aufbaut.

Um dies umzusetzen, wird filmisches Wissen in Kombination mit sozialpädagogischer Betreuung vermittelt und *Dreh's Um* ist als ein ca. einjähriges, kostenfreies schul-, studien- oder berufsbegleitendes Programm per Teilnehmer*innen-Zyklus angelegt. Die Workshoptage liegen somit stets am Wochenende und die Drehzeiträume in den Berliner Schulferien. Dieser einjährige Zeitraum ermöglicht eine intensive Betreuung der entstehenden dokumentarischen Kurzfilme von der Ideenfindung bis zur Premiere.

Per Jahrgang werden ca. zehn Teilnehmende nach einer Bewerbungsphase ausgewählt. Hierbei (wie auch bei den Lehrenden) berücksichtigen wir stets eine ausgeglichene Geschlechterquote und Jugendliche mit Beeinträchtigung und/oder aus besonders schwierigen Lebenssituationen werden über den Jugendhilfeträger Ostkreuz City ins Projekt eingeladen. Diese zehn Teilnehmer*innen teilen sich nach einem einführenden Workshop in zwei Teams auf, die dann als Vertreter*innen der Departments Regie, Produktion, Kamera, Ton und Schnitt gemeinsam in die Stoffentwicklung starten. Im weiteren Verlauf des Workshops wird beständig darauf geachtet, dass die zwei Teams ihre jeweiligen Projekte immer wieder miteinander teilen, lernen konstruktiv Feedback zu geben und gemeinsam durch den Austausch mit Gäst*innen und Mentor*innen auch als große Gruppe weiter agieren. Somit entsteht eine Art „Mini-Netzwerk", auf das die Teilnehmenden auch langfristig bauen können.

Nach dem Ablauf von zwei Projektzyklen, also der Teilnahme von insgesamt ca. zwanzig Teilnehmer*innen im Zeitraum von zwei Jahren, bieten wir im darauffolgenden dritten Jahr einen Aufbauworkshop an. Alle, die das Programm bereits durchlaufen haben, haben nun die Möglichkeit, sich erneut zu bewerben. Aus den eingehenden Bewerbungen werden fünf Teilnehmende ausgewählt, die ein besonderes und tiefgehendes Interesse und Talent für das filmische Erzählen aufzeigen.

Ziel dieses Jahrgangs ist es, auf die bereits erworbenen Erfahrungen und Kenntnisse während der ersten Teilnahme aufzubauen und das jeweilige Können in den unterschiedlichen Filmdepartments zu vertiefen. Im Rahmen dieses Jahrgangs werden über die Lehrenden Praktika in der Filmbranche und/oder Jobs vermittelt, die es den Teilnehmer*innen ermöglichen, einen Einblick in die Branche zu erlangen und gleichzeitig mögliche Pflichtpraktika/Berufserfahrung für Bewerbungen an Filmhochschulen abdecken. Zusätzlich zu dieser Initiative werden die Teilnehmenden erneut bei der Umsetzung eigener dokumentarischer Projekte begleitet, die sie dann in ihr Portfolio aufnehmen und für Bewerbungen nutzen können.

Medienkompetenz und Medienbildung durch Praxisprojekte

a) Welche Vorkenntnisse hatten die Teilnehmer*innen?

Die meisten Teilnehmer*innen hatten zu Beginn des Workshops keine bis wenig Vorkenntnisse.

b) Welche Bereiche der Medienkompetenz fördert das Projekt?

Die Jugendlichen lernen auf der einen Seite den technischen Umgang mit Filmequipment und durchlaufen sämtliche Produktionsschritte

selbst. Somit erlernen sie Medienkompetenzen in den Bereichen Stoffentwicklung und Recherche, Dreh, Schnitt, Farbkorrektur und Tonmischung. Andererseits können sie erfahren, wie man über Monate hinweg sowohl zuverlässig als auch zielführend in Gruppen zusammenarbeitet, schwierige Themen in der Familie anspricht und Konflikte Zuhause oder im Team gemeinsam löst.

c) Welche Kenntnisse haben die Teilnehmenden erworben?

Neben den erlernten filmischen Skills des dokumentarischen Arbeitens (z.B. Interviewführung, Umgang mit Kamera-, Ton-, Schnittequipment, Durchführung eines Drehs und der Postproduktion), schaffen es die unterschiedlichen filmischen sowie sozialpädagogischen Bausteine des Workshops in ihrer Koexistenz, den Teilnehmer*innen sowohl persönliche Entwicklungsschübe und ein Gefühl von Community Empowerment als auch ein tief verankertes Interesse für Film mit auf den Weg zu geben.

Probleme und Grenzen

Gab es strukturelle oder pädagogische Grenzen und Stolpersteine bei der Vorbereitung oder Durchführung des Projekts? Wie wurden diese Probleme bewältigt?

Das Projekt basiert auf einer Grundförderung, die leider nicht den gesamten Arbeitsaufwand von einem Jahr finanziell tragen kann. Es zeigte sich, dass die Jugendlichen während der Postproduktionsphase deutlich mehr Betreuung benötigten, als anfänglich eingeschätzt. Da das Filmprojekt nur über eine Basisfinanzierung verfügt und die Betreuer*innen weiteren Beschäftigungen in der Filmbranche nachgehen, gerieten diese an ihre zeitlichen Kapazitäten. Des Weiteren gab es nicht genügend Budget, um zusätzliche Betreuung zu finanzieren. Wir erkannten, dass die Jugendlichen in der Zukunft davon profitieren können, wenn eine weitere externe Tutor*in eingesetzt und explizit die Postproduktionsphase begleiten wird.

Technik

Welche technischen Voraussetzungen müssen für Projekte wie Ihres gegeben sein?

Für die Umsetzung des Projekts bedarf es branchenüblicher und professioneller Filmtechnik und natürlich einer entsprechenden Einweisung in deren Nutzung.

Tipps für die Praxis

Welche Ratschläge oder Empfehlungen können Sie Interessierten geben, die ähnliche medienpädagogische Projekte durchführen möchten?

Es ist extrem wichtig, dass die Projekte niedrigschwellig aufgebaut sind und der Kontakt zu Menschen mit Diversitätsmerkmalen aktiv und direkt gesucht und gepflegt wird. Außerdem gehört es dazu, Fehler zu machen. Allerdings ist es dann genauso wichtig, diese zu erkennen und daraus neue Schritte in der Umsetzung des Projekts einzuleiten: sich also auch immer selbst zu evaluieren. Für uns war es sehr hilfreich, an bereits existierende Strukturen anzudocken (zum Beispiel Zusammenarbeit mit einem Träger oder weiteren Kooperationspartner*innen).

Motivation

a) War es notwendig, die Zielgruppe für das Projekt zu motivieren? Wenn ja, warum und wie?

Die Jugendlichen zeigten von Anfang an große Motivation. Es war zunächst lediglich notwendig, die Gruppen einander näherzubringen, um mehr Vertrauen zu schaffen. Dies wurde durch Warm-Ups zu Beginn der Workshops erreicht, bevor es in die Auseinandersetzung mit dem filmischen Wissen ging.

Auch in der Postproduktionsphase war es mehrfach erforderlich, die Jugendlichen zu motivieren, da es sich um eine langfristige Arbeit handelte, die sie eigenständig durchführen mussten.

b) Was hat den Teilnehmenden besonders viel Spaß gemacht?

Das Anschauen von Filmbeispielen anderer vietdeutscher Filmschaffenden hat den Jugendlichen besonders viel Spaß gemacht. Auch der Austausch mit den Gäst*innen und mit der eigenen Familie durch die anfänglichen Interviewübungen und die feierliche Kinopremiere waren Highlights für die Teilnehmer*innen.

c) Und was fanden Sie selbst besonders motivierend?

Es war toll, unser Wissen weiterzugeben und zu sehen, wie die Jugendlichen nach und nach zusammenwachsen und ihren Weg in die Medienbranche gehen. Die positive Resonanz und die persönlichen emotionalen Beziehungen zu den Teilnehmer*innen auch außerhalb der Filmworkshops waren besonders schön und motivierend. Da die Qualität der Filme außerordentlich gut ist, werden sie auch weiterhin auf verschiedenen Events und Filmfestivals gezeigt. Es ist immer wieder schön zu sehen, dass ein breites Publikum sich mit den sehr persönlichen Geschichten identifizieren kann und die Filme zur Repräsentation von vietdeutschen Lebenswelten in und außerhalb Deutschlands beitragen.

Nachhaltigkeit und Wirkung des Projekts

a) Welche Veränderungen haben sich durch die Medienprojekte in der Zielgruppe, in Ihrer Einrichtung oder den beteiligten Einrichtungen, im Stadtteil etc. ergeben?

Das Selbstbewusstsein der Teilnehmenden wurde durch die Erfahrung gestärkt, dass sie selbstwirksam ein langfristiges Filmprojekt durchführen konnten und dieses mit tosendem Applaus bei der ausverkauften Premiere gewürdigt wurde. Außerdem wirkte der Workshop empowerend, da die Teilnehmer*innen mit Jugendlichen gleicher Herkunft in Kontakt treten und durch die Filme ihre Familien und eine erweiterte Community erreichen konnten. Die Filme haben Gespräche und Austausch in ihren Familien angeregt: Wie die Jugendlichen berichteten, konnten sie durch das Projekt bestimmte Verhältnisse in ihren Familien besser verstehen und hatten die Möglichkeit, mit ihnen über Themen zu sprechen, die sonst nie im Familienalltag aufgekommen oder gestattet wären.

b) Läuft das Projekt noch und wenn ja, wie lange? Oder gibt es Anschlussprojekte?

Aktuell läuft der dritte Jahrgang des Projektes. Es wurden ein Kurzfilm und ein Musikvideo im November 2022 in Vietnam gedreht. Diese sollen bis Ende 2023 fertiggestellt und vorgeführt werden.

Themen

Welche Themen (Inhalte) waren im Projekt für Ihre Zielgruppe besonders spannend?

Besonders spannend waren die Auseinandersetzung mit der eigenen Identität und Familiengeschichte, die Repräsentation der eigenen Geschichten in der Öffentlichkeit und der Einblick in die Filmindustrie sowie das Verständnis der Teilnehmenden, sich selbst als Teil der Filmbranche zu sehen.

Trends und Interessen der Zielgruppe

Welche neuen Medientrends, medialen Interessen oder Aspekte der Medienkultur sind in Ihrer Zielgruppe in jüngster Zeit besonders aktuell?

In einem der Kurzfilme war es möglich, das Interesse für die Kurzvideo-Plattform TikTok mit einzubringen.

Perspektiven

Welche Chancen sehen Sie vor dem Hintergrund Ihres Erfolgs

a) für die medienpädagogische Projektarbeit an Ihrer Einrichtung?

Dreh's Um ist das erste medienpädagogische Projekt, das OstkreuzCity unterstützt/umsetzt, und wir beobachten enorme, positive Entwicklungsschübe bei den Teilnehmer*innen, die auch in der Familienbetreuung der Einrichtung unterstützt werden. Daher erhoffen wir uns, dieses Projekt langfristig durchführen zu können.

b) für medienpädagogische Projektarbeit generell?

Wir sehen die Chance, dass sich medienpädagogische Projekte zukünftig vermehrt mit Expert*innen aus der jeweiligen Branche vernetzen könnten und diese aktiv in die Umsetzung der Projekte mit einbeziehen. Unsere hochwertige Qualität der Kurzfilme ist nur durch die langjährige Erfahrung und Ausbildung in Film und Fernsehen der Projektleiter*innen möglich, die es wiederum ermöglicht, andere etablierte Filmschaffende als Mentor*innen ins Projekt zu integrieren.

Struktur und Rahmen

Welche Rahmenbedingungen für Projektarbeit sind wünschenswert? Wie kann man diese schaffen?

Es wäre wünschenswert, solch wertvolle Projektarbeit mit einer stabilen Finanzierung auch langfristig zu ermöglichen. Die Möglichkeit, zum Beispiel Vollzeitstellen zu schaffen, wäre ein großer Mehrwert für die Nachhaltigkeit der Projektarbeit.

Feedback

Gab es abschließend seitens der Zielgruppe Verbesserungsvorschläge, weiterführende Ideen bezüglich Ihres Projektes?
Wir sehen das Potenzial in der Übertragung des Workshopkonzeptes auf andere marginalisierte Gesellschaftsgruppen in Deutschland. Seit Beginn der Durchführung von *Dreh's Um* und speziell im Austausch mit der BIPoC-Community über das Projekt wird uns immer wieder gesagt: „Das würde ja auch super in meiner Community funktionieren. So etwas fehlt uns!" Genau in diesem Gedanken steckt auch eine große Chance für die deutsche Filmbranche. Würde man *Dreh's Um* sozusagen als bundesweite Förderinitiative für den ersten Einstieg und Kontakt mit der Filmbranche für unterschiedlichste marginalisierte Gesellschaftsgruppen aufgleisen, so würde auch die Chance einer langfristig diverseren Filmbranche wachsen. Selbstverständlich müssten hierzu die Bausteine der Workshops für andere Communitys entsprechend der eigenen Perspektive und Situation angepasst werden und es wäre essenziell, dass entsprechende Filmemacher*innen mit Bezug zu den Communitys den Workshop durchführen würden. Jedoch könnten die beschriebenen Bausteine von *Dreh's Um* einen stabilen Fahrplan vorschlagen, als eine Art Modellvorschlag agieren. Denn wenn sich mehr junge Menschen mit intersektionalen Diversitätsmerkmalen frühzeitig von der Branche und dem Medium Film angesprochen fühlen, sich mit ihren eigenen Perspektiven und Erfahrungen filmisch auseinandersetzen, dann ist auch davon auszugehen, dass mehr von ihnen den Schritt in den Nachwuchsbereich, beispielsweise an eine Filmhochschule, schaffen würden.

*Interviewpartner*innen*

Đức Ngô Ngọc: Mediadesign Studium (B.F.A) an der Bauhaus Universität Weimar und Filmregiestudium (M.F.A) an der Filmuniversität Babelsberg; Freischaffender Filmemacher für Spiel- und Dokumentarfilme mit Fokus auf Migrationsgeschichten von Vietnames*innen in Deutschland und Vietnam; Arbeit als Regisseur und Autor für öffentlich-rechtliche Sender (ARD, ZDF, KIKA); erhielt für seine Werke u.a. den Max Ophüls Preis und den First Steps Award; seit 2020 Initiator und Projektleiter von *Dreh's Um*.

Sarah Noa Bozenhardt: Studium Film, Video und Integrated Media (B.F.A) an der Emily Carr University of Art und Design und Dokumentarfilmregie (MFA) an der Filmuniversität Babelsberg; beschäftigt sich mit gesellschaftspolitischen, intersektionalen Fragen des Frau*-seins und ihr Schaffen ist beeinflusst von ihrem Aufwachsen in Äthiopien als Third Culture Kid; sie war 2022 Teil der renommierten Face-to-Face-with-German-Films-Kampagne und hat für ihren aktuellen Dokumentarfilm *among us women* mehrere Auszeichnungen erhalten; seit 2020 künstlerische Leitung und Projektkoordinatorin von *Dreh's Um*.

Ngoc Anh Nguyen: Sozialarbeiterin und Musikerin; Absolventin der Alice Salomon Hochschule und des BIMM Instituts Berlin; arbeitete in der sozialen Arbeit, zunächst als Familienhelferin mit vietnamesischen Familien und befasst sich mit Themen wie Antidiskriminierung, Intersektionalität und häuslicher Gewalt; veröffentlicht als freischaffende Musikerin unter dem Künstlernamen ANOTHER NGUYEN elektronische Popmusik und gibt Songwriting-Workshops in verschiedenen Jugend- und Kulturzentren.

LAG Lokale Medienarbeit NRW e.V.

nimm!-Akademie

(Kategorie D „Inklusive und intersektionale Projekte")

Die Coronapandemie hat uns noch einmal gezeigt, wie wichtig digitale Teilhabe für unsere Gesellschaft ist. Viele Jugendeinrichtungen haben versucht, die Jugendlichen über digitale Medien zu erreichen und auch im Lockdown Angebote vorzuhalten und ihren Auftrag zu erfüllen. Oftmals wurden dabei Angebote aber nicht so gestaltet, dass sie für alle Jugendlichen nutzbar waren. Insbesondere Jugendliche mit einer Behinderung wurden oft nicht mitgedacht. Dabei gilt es, allen die Möglichkeit zur Beteiligung zu ermöglichen. Digitale Medien eröffnen eine einmalige Chance für Menschen mit einer Behinderung, sich an gesellschaftlichen Prozessen zu beteiligen. Insbesondere Jugendliche nutzen Medien intensiv und können so miteinander in Kontakt treten, an gemeinsamen Projekten arbeiten und Vorurteile abbauen. Die 2021 entwickelte nimm!-Akademie ermöglicht es Fachkräften, über die Plattform einen einfachen Einstieg in das Thema zu erlangen. Jugendliche erklären dabei, warum es wichtig ist, dass alle teilhaben können und was dafür zu tun ist.

Initiiert wurde die nimm!-Akademie von den langjährigen Kooperationspartnern, der Landesarbeitsgemeinschaft Lokale Medienarbeit NRW (LAG LM) e.V. und der Technischen Jugendfreizeit- und Bildungsgesellschaft (tjfbg) gGmbH, welche bereits vor zehn Jahren gemeinsam das *Netzwerk Inklusion mit Medien*, nimm!, gegründet haben. Unterstützt wurde die nimm!-Akademie von der Inklusiven OT Ohmstraße in Köln-Porz, ein Kompetenzzentrum für Inklusive Medienarbeit.

In den letzten zehn Jahren hat die nimm!-Akademie zahlreiche Methoden entwickelt, Veranstaltungsformate erprobt und Publikationen herausgegeben. All dies wurde von den Jugendlichen und Fachkräften vor Ort sehr positiv aufgenommen und hat dazu beigetragen, Inklusion in der aktiven Medienarbeit weiter voranzubringen. Über Projekte und Aktionen vor Ort können Begegnungen von Jugendlichen mit und ohne Behinderung geschaffen werden. Medien schaffen eine Brücke und machen allen Spaß.

Mit der Reform des SGB VIII gibt der Gesetzgeber vor, alle Angebote inklusiv vorzuhalten. Hier besteht – gerade im Zuge der fortschreitenden Digitalisierung der Gesellschaft und den damit verbundenen Chancen zur Partizipation für Jugendliche mit einer Behinderung – ein erhöhter Bedarf, das Thema weiter in die Fläche zu bringen. Digitalisierung bietet die Chance zur Teilhabe für Menschen mit besonderen Bedarfen. Über unterstützende Technologien, inklusive Methoden und barrierefreie Angebote können noch mehr Menschen teilhaben. Das ist das Ziel der nimm!-Akademie. Ihre langjährige Expertise möchte sie nutzen, um die Inklusive Medienarbeit weiter in die Fläche zu bringen und zu motivieren, digitale Medien in der Jugendhilfe einzusetzen – für alle.

Thema

Mit Inklusiver Medienarbeit gewinnen *alle*! Gemeinsam durch die digitale Welt!

Zielgruppe/n

Zielgruppe der nimm!-Akademie sind in erster Linie pädagogische Fachkräfte aus Nordrhein-Westfalen, die für das Thema Inklusive Medienarbeit begeistert werden sollen. Einige von ihnen arbeiten bereits inklusiv, d.h. mit Gruppen mit sehr heterogenen Bedürfnissen, z.B. aufgrund von Behinderung und

Förderbedarf oder diversen Herkünften. Die nimm!-Akademie möchte ihnen aufzeigen, welche Chance der Einsatz von digitalen Medien im inklusiven Kontext bietet. Zum Beispiel, weil sie dadurch neue, spannende Angebote für ihre Zielgruppe gestalten können. Oder weil digitale Tools es ermöglichen, ihre Arbeit barrierefreier auszurichten, z.B. durch assistive Tools für die Bereiche Sehen, Lesen und Schreiben, Hören und Sprechen.

Zugleich richtet sich die nimm!-Akademie an Fachkräfte, die bereits medienpädagogisch arbeiten. Ihnen wird vermittelt, wie sie ihre Angebote inklusiv und z.B. ihre Methoden differenziert gestalten können – aber auch welche Tools für die Medienarbeit inklusiv einsetzbar bzw. barrierefrei bedienbar sind für Teilnehmende mit unterschiedlichen Bedarfen.

Methoden

Die nimm!-Akademie stellt gewissermaßen das Konzentrat der langjährigen Arbeit des Netzwerk Inklusion mit Medien (nimm!) dar und bereitet das Wissen und die Expertise der Netzwerkakteur*innen so auf, dass sie für Einsteiger*innen in das Thema verständlich, übersichtlich und motivierend sind. Dafür wurde ein Konzept mit sechs Themenbereichen entwickelt, die die Essenz der Inklusiven Medienarbeit darstellt:

- Digital zusammen!
- Foto & Video
- Audio & Podcast
- Social? Sicher!
- Games: gemeinsam
- Coding & Making

Im Einführungsthema *Digital zusammen!* geht es allgemein um die Themen digitale Barrierefreiheit, die Entwicklung und die Hintergründe einer inklusiven Haltung. Beispielhafte Projekte aus der Netzwerkpraxis verdeutlichen, wie sich inklusive Projekte realisieren lassen. Bei jedem Thema wird gezeigt: Was muss ich bei unterschiedlichen Medien beachten, um sie barrierefrei und inklusiv zu gestalten? Welche guten Beispiele aus der Netzwerkpraxis können zu eigenen Projektideen inspirieren? Und es werden einfache Projektideen für Einsteiger*innen zur Umsetzung vorgestellt.

Projektlaufzeit

Das Projekt ist 2021 gestartet. 2022 konnte die nimm!-Akademie mit dem Praxistag live erlebbar gemacht werden. Die Angebote der nimm!-Akademie sollen zukünftig im Rahmen des nimm!-Netzwerks weiter gepflegt werden.

Ergebnisse

Die nimm!-Akademie kann unter www.nimm-akadmie.nrw aufgerufen werden. Die Plattform wurde selbstverständlich barrierefrei nach den Vorgaben der BITV 2.0 programmiert. Das bedeutet:

- Alle Inhalte sind auch mit assistiven Hilfsmitteln für blinde Menschen, wie Screenreader und Braillezeile, auslesbar und auch ausschließlich mit der Tastatur bedienbar. Tastaturbedienbarkeit ist ein wichtiges Kriterium für Menschen mit motorischen Behinderungen, die auf alternative Eingabegeräte angewiesen sind oder sich – wie blinde Menschen – nicht auf grafischen Benutzeroberflächen orientieren können.
- Damit blinde Menschen wissen, welche Informationen die nimm!-Akademie über die visuellen Inhalte vermittelt, wurden alle Bilder und Grafiken mit einem Alternativtext beschrieben, der im Wordpress-Content-Management-System hinterlegt ist.
- Die nimm!-Akademie hat sich um eine möglichst allgemeinverständliche Sprache bemüht und es gibt eine Info-Seite in Leichter Sprache, die bei einem professionellen Leichte-Sprache-Dienstleister in Auftrag gegeben wurde. Leichte Sprache richtet sich speziell an Menschen mit Lernschwierigkeiten bzw. sogenannten geistigen Behinderungen. Texte in Leichter Sprache müssen von der Zielgruppe auf Verständlichkeit gegengelesen und geprüft werden, um so bezeichnet werden zu dürfen.
- Damit die Videos auch für hörbehinderte Menschen barrierefrei sind, haben sie Untertitel. Doch nicht alle gehörlosen Menschen können perfekt lesen, da auch Schriftsprache wie eine Fremdsprache von ihnen gelernt werden muss. Daher sind Videos in Deutscher Gebärdensprache (DGS) für gehörlose Menschen sehr wichtig für vollständige Barrierefreiheit. Die DGS-Videos sind ebenfalls professionell erstellt worden. Für eine möglichst gute DGS-Qualität war dabei die Zusammenarbeit mit gehörlosen Dolmetscher*innen wichtig.
- Wie bereits auf dem nimm!-Blog können sich auch auf der Webseite der nimm!-Akademie Menschen mit Leseschwierigkeiten alle Inhalte über ein integriertes Vorlesetool vorlesen lassen.

Kontakt

LAG Lokale Medienarbeit NRW e.V.
Web: www.nimm-akademie.nrw |
www.inklusive-medienarbeit.de

Technische Jugendfreizeit- und Bildungsgesellschaft (tjfbg) gGmbH
E-Mail: info@tjfbg.de
Web: www.tjfbg.de

Im Interview

nimm!-Akademie

LAG Lokale Medienarbeit NRW e.V.

Carola Werning, Lidia Focke und Christine Ketzer

Herausragendes und Spezielles

Welches sind die Besonderheiten Ihres Projekts?

Die Inhalte der nimm!-Akademie wurden über zehn Jahre vom *Netzwerk Inklusion mit Medien* entwickelt. Dabei ist uns besonders wichtig, dass die Methoden und Projekte direkt aus der Praxis stammen und diejenigen zu Wort kommen, die am besten wissen, was für inklusive Jugendmedienprojekte wichtig ist – die Jugendlichen selbst.

Sie fungieren als Medienexpert*innen und sensibilisieren für ihre Bedarfe in den Videos auf der Plattform und live vor Ort bei unserem Praxistag. Partizipation ist ein wichtiger Bestandteil des Projektes – ebenso wie die Arbeit in einem inklusiven Team.

Ziele und Methoden

Welche medienpädagogischen Ziele werden mit welchen Methoden verfolgt?

Die nimm!-Akademie kommt mit dem Claim „So geht inklusive Medienarbeit". Und darum geht es uns: Wir haben uns gefragt, wie wir die in den vergangenen zehn Jahren gewonnenen Erfahrungen aus dem *Netzwerk Inklusion mit Medien*, also aus inklusiven Medienprojekten, Workshops, Fachtagen, Weiterbildungen, Festivals und Events, – wie wir all das gesammelte Wissen niedrigschwellig gebündelt aufbereiten können, um Einsteiger*innen den Start in die Inklusive Medienarbeit so leicht wie möglich zu machen. Über die Darstellung der Sicht der Jugendlichen soll die Motivation entstehen, selbst inklusiv zu arbeiten.

Die nimm!-Akademie besteht zunächst aus einem Webauftritt – sechs Themenbereiche vermitteln übersichtlich, verständlich, komprimiert und gleichzeitig fundiert und umfassend alles, was man wissen muss, um Inklusive Medienprojekte durchzuführen. Unter dem Dach der nimm!-Akademie finden darüber hinaus verschiedene Qualifizierungsangebote für Fachkräfte der Offenen Kinder- und Jugendarbeit aus NRW statt, die inklusiv mit Medien arbeiten möchten.

Medienkompetenz und Medienbildung durch Praxisprojekte

Welche Vorkenntnisse haben die Teilnehmer*innen?

In unserem Projekt gibt es keine klassischen „Teilnehmer*innen". Daher bezieht sich die Antwort auf die Beteiligten des Projekts und unsere Zielgruppe.

Die Initiator*innen der nimm!-Akademie setzen sich bereits seit zehn Jahren für Inklusive Medienarbeit ein. Unsere jugendlichen Medienexpert*innen haben an zahlreichen Jugendmedienworkshops, unterstützt durch das nimm!-Netzwerk, teilgenommen. Sie stammen aus unserem Kompetenzzentrum für Inklusive Medienarbeit der Inklusiven OT Ohmstraße in Köln-Porz.

Gemeinsam wollen wir weitere Fachkräfte überzeugen, inklusiv mit Medien zu arbeiten. Dabei ist uns das Thema Niedrigschwelligkeit besonders wichtig: Fachkräfte sollen sehen, dass es kein Hexenwerk ist und keiner komplizierten, teuren, noch anzuschaffenden Spezialtechnik bedarf, um ein Medienprojekt inklusiv und barrierefrei zu gestalten. Daher stellen wir bei der nimm!-Akademie Materialien, Methoden und Projektideen zur Verfügung, für die es kein spezielles Vorwissen der Teilnehmenden benötigt. Neben den wichtigsten Grundlagen digitaler Barrierefreiheit finden Interessierte auf der Plattform kostenfreie assistive Tools und Informationen zu vorinstallierter Gerätesoftware, die bei der barrierefreien Kommunikation unterstützen. Wir zeigen, was eine inklusive Haltung alles beinhaltet und welche Hintergründe hinter dem Inklusionsbegriff stecken. Und wir versuchen, durch viele Praxisbeispiele aus unserer langjährigen Netzwerkarbeit zu inspirieren.

b) Welche Bereiche der Medienkompetenz fördert das Projekt?

Die bei der nimm!-Akademie aufgeführten Methoden und Projektideen umfassen alle vier Dimensionen des Medienkompetenz-Begriffs nach Dieter Baacke.

Zum Beispiel lernen Jugendliche auf der einen Seite die kritische und reflexive Auseinandersetzung mit Themen wie Datenschutz und Cybermobbing und auf der anderen Seite erwerben sie aber auch Kenntnisse über kreative Gestaltungsmöglichkeiten für die Teilhabe an unserer mediatisierten Gesellschaft. Alle vorgestellten Inhalte können für eigene Projekte individuell angepasst und adaptiert werden.

Welche Kenntnisse haben die Teilnehmenden erworben?

Für uns als Team war es großartig zu sehen, wie selbstbewusst und kompetent die beteiligten Jugendlichen sich im Rahmen der Produktion der nimm!-Akademie beteiligt haben. Bei den Workshops vor Ort und beim Praxistag im Juni 2022 konnten sich Fachkräfte über inklusive Methoden informieren, sie selbst ausprobieren und sich von den Jugendlichen erklären lassen. Die Jugendlichen konnten Erfahrungen als Coaches sammeln und ihr Wissen weitergeben.

Probleme und Grenzen

Gab es strukturelle oder pädagogische Grenzen und Stolpersteine bei der Vorbereitung oder Durchführung des Projekts? Wie wurden diese Probleme bewältigt?

Wir konnten auf ein gewachsenes Netzwerk aus engagierten Kolleg*innen zurückgreifen, die lösungsorientiert und kollegial zusammen gearbeitet haben. Auch die Jugendlichen waren gut vorbereitet und sehr engagiert, sodass wir keine größeren Probleme bei der Projektdurchführung hatten.

Technik

Welche technischen Voraussetzungen müssen für Projekte wie Ihres gegeben sein?

Unser Projekt fußt auf der Expertise unseres Netzwerks und weiteren beteiligten Fachkräften. So hatten wir das Glück, mit einer sehr talentierten Videografin zusammenarbeiten zu dürfen, die auch gegenüber den Jugendlichen immer auf Augenhöhe war und die Arbeit vor Ort authentisch dokumentiert hat. Gutes Kameraequipment wurde von ihr mitgebracht. Darüber hinaus haben wir entsprechenden Serverplatz und einen Web-Designer, der die nimm!-Akademie über Wordpress barrierefrei umgesetzt hat.

Tipps für die Praxis

Welche Ratschläge oder Empfehlungen können Sie Interessierten geben, die inklusive medienpädagogische Projekte durchführen möchten?

Zunächst einmal beginnt jede Reise ins Unbekannte im Kopf. Daher sollte man sich die Fragen stellen: Bin ich bereit, meine eigenen Vorstellungen von Behinderung, Vielfalt, Anderssein zu reflektieren? Bin ich neugierig auf Neues, auch wenn ich manchmal unsicher bin? Finde ich Abweichungen von der „Norm" spannend, sehe ich sie als Lerngelegenheiten auch für mich – wenngleich es am Anfang vielleicht mehr Arbeit bedeutet? Dann kann es mit einfachen Schritten losgehen. Einrichtungen, die in der Vergangenheit neu mit Inklusiver Medienarbeit gestartet sind, melden immer wieder positiv zurück, dass für sie der Austausch im Netzwerk besonders hilfreich war. Und das ist auch eine große Empfehlung von uns: Lasst euch von bereits vorhandenen Angeboten inspirieren und unterstützen. Vieles ist schon vorhanden, man muss nicht alles neu erfinden und von vorne anfangen. Ein Netzwerk gefüllt mit Fachkräften, die bereits Erfahrungen in verschiedenen Bereichen sammeln konnten, kann da eine hervorragende Stütze sein.

Motivation

a) Ist es notwendig, die Zielgruppe für Inklusive Medienarbeit zu motivieren? Wenn ja, warum und wie?

In unserer Praxis erfahren wir täglich, dass sich die meisten pädagogischen Fachkräfte mit Themen wie digitaler Barrierefreiheit und der Umsetzung von Medienprojekten für alle überfordert fühlen. Oft sind ihnen diese Themen auch immer noch unbekannt.

Im Kontakt mit Jugendlichen mit einer Behinderung bestehen oft Berührungsängste und Unsicherheiten. Unsere Erfahrung ist es, dass die Bereitschaft, inklusiv zu arbeiten, steigt, wenn Begegnungen mit der Zielgruppe stattfinden und inklusive Methoden selbst ausprobiert werden können. Haben Fachkräfte die Gelegenheit zum Ausprobieren und zum Kontakt mit Jugendlichen mit einer Behinderung, lösen sich diese Dinge oft schnell auf. Das gemeinsame Arbeiten steht im Vordergrund und wird als positiv und gewinnbringend erlebt. Durch unsere Workshops und Angebote wollen wir Begegnungsräume schaffen, die Hemmschwelle selbst inklusiv zu arbeiten senken und den Anfang erleichtern.

b) Was hat den Beteiligten des Projekts besonders viel Spaß gemacht? Und was fanden Sie selbst besonders motivierend?

Inklusion funktioniert am besten durch Begegnungen. Und das hat auch die Arbeit an diesem Projekt erneut bestätigt: Am meisten Spaß hatten alle Beteiligten beim Dreh der Videos in der inklusiven OT Ohmstraße und beim Praxistag im Juni. Für uns war es besonders motivierend zu sehen, wie unsere jugendlichen Medienexpert*innen während der Drehtage für die Videos, vor allem auch auf unserem Praxistag, für ihre eigenen Bedarfe einstanden. Sie konnten hier Fachkräften z.B. einerseits verschiedene Tools und Programme erklären und sich andererseits an Diskussionsrunden aktiv beteiligen.

Nachhaltigkeit und Wirkung des Projekts

a) Welche Veränderungen haben sich durch die Medienprojekte in der Zielgruppe, in Ihrer Einrichtung oder den beteiligten Einrichtungen, im Stadtteil etc. ergeben?

Wir glauben, dass das Selbstbewusstsein der beteiligten Jugendlichen durch das Mitwirken am Projekt und als Coaches stark gewachsen ist. Wir konnten mit der nimm!-Akademie

mehr Aufmerksamkeit für das Thema schaffen und erreichen, dass noch mehr Pädagog*innen sich mit Inklusiver Medienarbeit beschäftigen.

b) Läuft das Projekt noch und wenn ja, wie lange? Oder gibt es Anschlussprojekte?

Die Angebote der nimm!-Akademie sollen zukünftig im Rahmen des nimm!-Netzwerks weiter gepflegt werden. Im nächsten Jahr wollen wir noch weiter in die Fläche gehen und unser Netzwerk erweitern. Hierbei sind wir immer wieder auf der Suche nach Jugendeinrichtungen, die wir begleiten und unterstützen können und die sich im Netzwerk engagieren möchten.

Trends und Interessen der Zielgruppe

Welche neuen Medientrends, mediale Interessen oder Aspekte der Medienkultur sind in Ihrer Zielgruppe in jüngster Zeit besonders aktuell? Wie geht man in Ihrer Einrichtung/wie gehen Sie evtl. darauf ein?

Besonders interessant in inklusiven Settings ist derzeit das Thema Robotik und Making. Hier können Steuerungen individuell angepasst oder eigene Spiele programmiert werden. Aber auch Audio, Podcast und Gaming sind ein Dauerbrenner. Wir versuchen, solche Trends aufzugreifen und in unsere Angebote, also unsere Workshops, Weiterbildungen und Publikationen, einfließen zu lassen.

Perspektiven

Welche Chancen sehen Sie vor dem Hintergrund Ihres Erfolgs

a) für die medienpädagogische Projektarbeit an Ihrer Einrichtung?

Wir freuen uns über die bundesweite Anerkennung unserer Arbeit und erhoffen uns, dass sich immer mehr Menschen auf den Weg machen, Medienprojekte für *alle* anzubieten. Im besten Fall können wir unsere Workshops und Weiterbildungen für noch mehr Menschen bereitstellen, unser Netzwerk erweitern und so Inklusive Medienarbeit weiter stärken.

b) für medienpädagogische Projektarbeit generell?

Durch den Dieter Baacke Preis erhoffen wir uns eine noch größere Aufmerksam für Inklusive Medienarbeit. Dies ist uns vor allem wichtig, weil Inklusion ein Menschenrecht ist. Das heißt, es muss ausreichend viele inklusive Angebote geben. Medienbildung ist Voraussetzung für selbstbestimmte Teilhabe in einer von Medien geprägten Gesellschaft – d.h. Me-

dienbildungsangebote muss es für alle Kinder und Jugendlichen geben, auch für Heranwachsende mit Behinderung. Außerschulische Medienprojekte können sehr niedrigschwellig und differenziert durchgeführt werden, sie lassen sich frei und ohne „Notendruck" gestalten und in ihnen haben Kinder und Jugendliche mit ganz unterschiedlichen Voraussetzungen und Bedarfen die Möglichkeit, sich auf Augenhöhe zu begegnen – inklusive Medienprojekte machen Spaß und können zum Abbau von Berührungsängsten beitragen.

Struktur und Rahmen

Welche Rahmenbedingungen für Projektarbeit sind wünschenswert? Wie kann man diese schaffen?

Inklusion in Medienprojekten bedeutet: Verschiedene Bedürfnisse von Anfang an mitdenken und unterschiedliche Zugänge anbieten. Digitalisierung ist dabei eine Chance, die Gesellschaft inklusiver zu gestalten. Es gilt, eine Haltung des Adaptierens zu entwickeln – und nicht sofort davon auszugehen, was alles NICHT geht aufgrund von Einschränkungen. Dafür sollte man zunächst eine Grundkenntnis über die Bedarfe von Zielgruppen haben – z.B. beim Zugang zu digitalen Medien. Gleichzeitig sollte man dieses Wissen nicht zu starr auslegen bei der Projektplanung: Auch innerhalb von Zielgruppen gibt es große Unterschiede. Deshalb ist zum Beispiel ein Vorabaustausch mit Vertreter*innen von Zielgruppen ratsam.

Feedback

Gab es abschließend seitens der Zielgruppe Verbesserungsvorschläge, weiterführende Ideen bezüglich Ihres Projektes?

Aus der Fachwelt und von den beteiligten Jugendlichen haben wir ein sehr gutes Feedback erhalten. Eine weitere Rückmeldung bekamen wir von Studierenden der TU Dortmund, Dortmunder Zentrum für Behinderung und Studium, welche sich die Webseite im Rahmen eines Seminars angesehen haben. Die Seminarleitung gab uns folgendes Feedback: „Ich finde die Seiten insgesamt sehr gelungen. Eine gute, einladende und sehr klare Gestaltung. Die Inhalte sind sehr verständlich geschrieben und erklärt. Eine gelungene Reduktion von Komplexität, ohne zu simplifizieren, was ja eine schwere Aufgabe ist!"

Interviewpartnerinnen

Carola Werning: Seit 2009 bei der tjfbg gGmbH als Dozentin und Redakteurin rund um digitale Barrierefreiheit beim Projekt und der Stiftung *barrierefrei kommunizieren!*; Studium der Germanistik, Geschichte und Politik (M.A.)

Lidia Focke: Sozialarbeiterin und Medienpädagogin; seit 2019 bei der LAG Lokale Medienarbeit NRW e.V. (LAG LM), wo sie als Koordinatorin des Netzwerks Inklusion mit Medien (nimm!) tätig ist.

Dr. Christine Ketzer: Seit 2010 Geschäftsführerin der LAG Lokale Medienarbeit NRW e.V. (LAG LM); Studium der Diplom-Pädagogik und Theater-, Film-, und Fernsehwissenschaft an der Universität zu Köln; Promotion im Fach Soziologie zur Bedeutung technischer Kontroll- und Überwachungssysteme für Gesellschaft und Pädagogik; seit 2015 Mitglied der Medienkommission der Landesanstalt für Medien NRW.

LAG Jugend & Film Niedersachsen e.V.

„Game Days" in Osnabrück und Göttingen

(Kategorie E „Netzwerkprojekte")

Seit 2019 führt die LAG Jugend & Film Niedersachsen unter dem Titel „Game Days" in Osnabrück und Göttingen medienpädagogische Veranstaltungsreihen und Festivals zu den kreativen Potenzialen von digitalen Spielen durch. Die *Game Days* laden dazu ein, Computer- und Videospiele auf neue Arten zu erleben und selbst in und mit Games kreativ zu werden: Games zu verändern, mit Games zu experimentieren, eigene Games zu designen. Und natürlich: gemeinsam zu spielen in Workshops und offenen Laboren rund um das Thema Gaming in all seinen Ausprägungen. Von Game-Design bis E-sport, von Cosplay bis Musik richten sie sich an eine breite Zielgruppe: Kinder und Jugendliche sind ebenso willkommen wie Eltern, Großeltern, Pädagog*innen und Multiplikator*innen. Hier dürfen (und sollen) alle gerne mitspielen!

Thema

Digitale Games, Medienpädagogik, Medienkultur

Zielgruppe/n

Kinder, Jugendliche, (Groß-)Eltern, Pädagog*innen aller Fachrichtungen, Fachkräfte Jugend-Medien-Arbeit, Studierende, Multiplikator*innen

Methoden

Durchführung eines medienpädagogischen/medienkulturellen Festivals mit den wesentlichen Bestandteilen:

- Medienpädagogische/medienpraktische Workshops
- Fortbildungen für Fachkräfte, Pädagog*innen und Multiplikator*innen
- Game-Design-Werkstätten und Labore, bei denen eigene Medien produziert werden
- Kulturelle Veranstaltungen zum Thema Games (Musik, Theater, Crossmediale Shows)
- Begegnungsräume, die dazu einladen, miteinander ins Gespräch zu kommen und gemeinsam zu spielen und kreativ zu sein (z.B. LAN-Party für Eltern, offene „Hands On Games", ...)

Projektlaufzeit

Seit 2019 finden in regelmäßiger Folge, meist jährlich, *Game-Days*-Veranstaltungsreihen in Osnabrück und/oder Göttingen statt.

Ergebnisse

Bisher haben insgesamt sechs mehrtägige *Game-Days*-Festivals stattgefunden, davon drei in Osnabrück, zwei in Göttingen und eines rein digital. Bei den Festivals selbst sind natürlich zahlreiche kleinere und größere Produkte entstanden: eigene kleine Game-Projekte der Teilnehmenden, Fotos, Videos oder Spieleprototypen aus Papier. Und die Inhalte unserer verschiedenen Online-Formate und Livestreams sind nach wie vor abrufbar als Video on Demand auf dem YouTube-Kanal der LAG Jugend & Film Niedersachsen (www.youtube.com/jmsnds)

Kontakt

LAG Jugend & Film Niedersachsen e.V.
E-Mail: gamedays@lag-jugend-und-film.de
Web: www.lag-jugend-und-film.de/game-days
Ansprechpartner*innen:
Stefan Berendes
E-Mail: berendes@lag-jugend-und-film.de
Sarah Weber
E-Mail: weber@lag-jugend-und-film.de

Im Interview

„Game Days" in Osnabrück und Göttingen

LAG Jugend & Film Niedersachsen e.V.

Sarah Weber und Stefan Berendes

Herausragendes und Spezielles

Welches sind die Besonderheiten Ihres Projekts?

Es geht uns bei den *Game Days* vor allem um einen praktisch-kreativen Ansatz: Games werden hier nicht nur konsumiert, sondern auch selbst gestaltet. Mithilfe verschiedener digitaler Werkzeuge können die Teilnehmenden eigene Spiele bauen und im Anschluss zu Hause weiterspielen, eigene Ideen verwirklichen, mit Medien experimentieren – und dabei lernen, dass sie selbst Games (um-)gestalten können.

Gleichzeitig wollen wir Begegnungsräume schaffen, in denen zum Beispiel Eltern mit ihren Kindern, Großeltern mit ihren Enkeln oder Kinder und Jugendliche miteinander spielen und ins Gespräch kommen können. Dabei wird eine breite Zielgruppe angesprochen, denn jede*r ist zu den *Game Days* herzlich eingeladen.

Eine weitere Besonderheit ist die Vielfältigkeit des Projekts. Die *Game Days* nutzen bereits vorhandene Interessen und Kompetenzen vor Ort – den gut laufenden Minecraft-Workshop, die Cosplay AG etc. – und ergänzen sie durch neue Angebote, spannende Referent*innen oder experimentelle Formate. Damit wollen wir versuchen, einerseits ein lebensweltorientiertes Angebot für die Teilnehmenden zu schaffen und andererseits auch immer wieder zu schauen: Was steckt eigentlich noch so alles drin im Thema Gaming?

Und schließlich ist, gerade im Hinblick auf den medienpädagogischen Charakter der Veranstaltung, die Vernetzungsarbeit mit zahlreichen Akteur*innen besonders hervorzuheben: Das voneinander und miteinander Lernen ist eine Besonderheit, die das Projekt ausmacht.

Ziele und Methoden

Welche medienpädagogischen Ziele werden mit welchen Methoden verfolgt?

Durch offene, häufig auch altersübergreifende Angebote wollen wir deutlich machen, dass digitale Games für ganz unterschiedliche Zielgruppen spannend sein können. Und dass es gar nichts ausmacht, wenn sich diese verschiedenen Zielgruppen auch mal im gleichen Workshop begegnen – sogar ganz im Gegenteil.

Gleichzeitig gibt es immer auch Raum für spezialisierte Angebote, wenn etwa im Rahmen von Fortbildungen noch einmal detaillierter auf verschiedene Ansätze eingegangen werden soll. Oder wenn es an anderer Stelle um Angebote geht, die sich z.B. noch einmal gezielt an bestimmte Altersgruppen richten. Uns ist wichtig, dass die Offenheit zur Begegnung und zum gemeinsamen Lernen und Spielen ebenso dabei ist wie die Möglichkeit, zielgerichtet vertiefende Angebote zu machen.

Ein wichtiger methodischer Fokus liegt außerdem auf Workshops und Werkstätten, die möglichst niedrigschwellig sind und gleichzeitig einen hohen Aufforderungscharakter haben. Sodass Teilnehmende Lust haben, direkt mitzumachen und sich auszuprobieren. Damit sie, durch die Befassung mit Games auf ganz unterschiedliche Weise, aber auch durch die eigenen Projekte, merken, dass digitale Games ein bewusst gestaltetes, aber auch ein gestaltbares Medium sind.

Dabei greifen wir, so weit wie möglich, auf Werkzeuge, Ansätze und Materialien zurück, die frei verfügbar sind und somit auch über die *Game Days* hinaus genutzt werden können.

Neben den Workshops, Fortbildungen und Fachvorträgen versuchen wir außerdem,

Kulturveranstaltungen rund um Gaming und Gaming-Kultur anzubieten, die für Menschen sowohl mit als auch ohne Vorkenntnisse interessant sind: Das können Konzerte zu Videospielmusik, E-Sport-Veranstaltungen oder Gameshows sein. Oder auch Angebote, die die Schnittmengen zu anderen kreativen und kulturellen Bereichen ausleuchten, darunter z.B. Theater, Brett- und Rollenspiel.

Medienkompetenz und Medienbildung durch Praxisprojekte

*a) Welche Vorkenntnisse haben die Teilnehmer*innen?*

Vorkenntnisse sind bei den *Game Days* grundsätzlich nicht erforderlich, da die verschiedenen Angebote bewusst niedrigschwellig gehalten sind. Wir freuen uns also sehr, wenn auch Menschen ohne Gaming-Erfahrung teilnehmen und auf diesem Weg ein für sie (noch) neues Medium entdecken. Gleichzeitig kommt es natürlich häufig vor, dass gerade Kinder und Jugendliche – aber auch immer mehr Erwachsene – schon über recht umfangreiche Gaming-Erfahrungen verfügen. Solche Vorerfahrungen sind im Rahmen der verschiedenen Workshops dann natürlich ein spannender „Bonus" und eine wertvolle Ressource – und am spannendsten wird es häufig gerade da, wo die, die sich mit dem Medium schon auskennen, auf Teilnehmer*innen ohne Vorkenntnisse treffen und beide Gruppen dann miteinander in den Dialog gehen, sich austauschen und gemeinsam kreativ sind. Und dort sind dann die Vorkenntnisse von „Gaming-Profis" häufig ebenso wertvoll und wichtig wie die klugen Fragen und Denkanstöße derjenigen, für die das Medium noch ganz neu ist.

b) Welche Bereiche der Medienkompetenz fördert das Projekt?

Wir versuchen, die verschiedenen Dimensionen von Medienkompetenz auch bei den *Game Days* abzubilden und zu thematisieren: Natürlich findet *Mediennutzung* statt, denn wir spielen gemeinsam Games oder befassen uns mit Medienformaten um Games herum. Durch die Beschäftigung mit der Entwicklungsgeschichte digitaler Spiele oder dadurch, dass Entwickler*innen zu Wort kommen, wird der Bereich der *Medienkunde* adressiert. Im Zentrum des Projektes steht sicherlich die *Mediengestaltung*, denn kreativ mit Games umzugehen oder sogar eigene Games oder Game-nahe Medienprojekte umzusetzen, ist zentraler Inhalt der *Game Days*. Aber weil es dabei auch darum geht, Games zu hinterfragen, sich bewusst zu machen, was ein gutes Spiel ausmacht oder welche negativen Aspekte einzelne Games oder Gaming-Kultur haben können, bleibt zuletzt auch der Bereich der *Medienkritik* nicht ausgespart.

Darüber hinaus geht es noch um die Förderung der Selbstwirksamkeit durch das Gestalten eigener Games und das Feedback der Peergroup, wenn diese Spiele interaktiv im Plenum vorgestellt werden. Die gegenseitige Anerkennung und Wertschätzung hat in den Workshops einen hohen Stellenwert, ebenso die Sozialkompetenz. Das mag bei manchen hitzigen Spielrunden auch mal eine Herausforderung sein, es ist uns aber trotzdem wichtig, dass ein Miteinander entsteht: dass Teilnehmende sich gegenseitig helfen und dass Erfahrene sich verantwortlich fühlen und denjenigen helfen, die sich das erste Mal mit der Materie Games auseinandersetzen – durchaus auch über Altersgrenzen hinweg.

c) Welche Kenntnisse erwerben die Teilnehmenden?

Da die meisten Angebote der *Game Days* sich als offene Workshops und Werkstätten verstehen, stehen die Ideen und die Kreativität der Teilnehmenden klar im Vordergrund: Sie können eigene Ideen verwirklichen, eigene kleine Projekte gestalten und direkt vor Ort ausprobieren, und sie erleben dadurch, dass Games und digitale Medien nicht nur konsumiert, sondern auch selbst gestaltet werden können. Das vermittelt ihnen nicht nur ein Gefühl der Selbstwirksamkeit, sondern stärkt auch ihre Handlungskompetenzen in Bezug auf Medien: Die Teilnehmenden entdecken Kreativtechniken und den Umgang mit konkreten Werkzeugen. Und weil es sich in fast allen Fällen um kostenlos verfügbare Software handelt, können sie das Erlernte meist auch in Zukunft weiter einsetzen – deutlich über die *Game Days* hinaus.

Und häufig lernen die Teilnehmenden auch ganz einfach Games kennen, die ihnen weniger bekannt sind: bei den Erwachsenen, weil sie sich vielleicht noch nicht mit dem Medium befasst haben. Und die Kinder und Jugendlichen entdecken Serious Games oder Experimentalformate, die bei ihrem täglichen Gaming sonst weniger im Vordergrund stehen.

Probleme und Grenzen

Gibt es strukturelle oder pädagogische Grenzen und Stolpersteine bei der Vorbereitung oder Durchführung des Projekts? Wie werden diese Probleme bewältigt?

Für uns als Organisator*innen bleibt das Spannungsverhältnis zwischen Spaß und pädagogischem Anspruch eine interessante Herausforderung: Dass man nicht immer alles machen kann, was populär wäre, und gleichzeitig auch manches macht, was vielleicht nicht populär ist, aber uns (medien-)pädagogisch wichtig erscheint. Wie gestalte ich ein Projekt, das packend ist für die Teilnehmenden und wie wird es dabei auch medienpädagogischen Ansprüchen gerecht? Dies benötigt Fingerspitzengefühl und Kreativität.

Ein weiteres Spannungsverhältnis gibt es zwischen den Ansprüchen der Teilnehmenden und dem, was mit den zur Verfügung stehenden Mitteln möglich ist: Gerade Jugendliche wollen oft „das neue FIFA" oder „ihr eigenes GTA" entwickeln. Aber mit einfachen Game-Design-Tools entwickelt man an einem Nachmittag keinen AAA-Blockbuster. Am Anfang ist das dann manchmal enttäuschend, aber es ist immer wieder spannend zu erleben, wie eben diese Ansprüche sich im Laufe eines Workshops verändern. Die Teilnehmenden stellen fest, dass auch aus den einfachen Tools spannende Spiele entstehen können. Das gemeinsame Ausprobieren in der Gruppe und der Austausch motivieren noch zusätzlich – und am Ende entstehen jedes Mal tolle Spiele.

Auf der Ebene der Erwachsenen, der Pädagog*innen und der Multiplikator*innen stellen wir außerdem fest, dass wir häufig noch Überzeugungsarbeit leisten müssen, warum es sich überhaupt lohnt, sich mit Games medienpädagogisch zu befassen: Wir merken manchmal, dass das Medium in dieser Altersgruppe eher defizitorientiert betrachtet wird; dass die Chancen, die in der Befassung stecken, gerade auch um über Problematisches sprechen zu können, weniger gesehen werden, und dass manchmal eine komplette Verweigerungshaltung herrscht. Die versuchen wir dann behutsam durch eine kritisch-kreative Betrachtung des Themas abzulösen und den Teilnehmenden zu zeigen: Ihr dürft das ruhig alles auch kritisch sehen, aber Ihr müsst es zum Thema machen.

Technik

Welche technischen Voraussetzungen müssen für Projekte wie Ihres gegeben sein?

Ohne eine solide Ausstattung an Geräten ist eine größere Gaming-Veranstaltung kaum vorstellbar: PCs, Laptops, Konsolen und natürlich auch die Software müssen vorhanden sein. Positiv zu bemerken ist, dass es gerade im Bereich Konsolen und Spiele oft schon einen bestehenden Fundus in Jugendzentren gibt, den man nutzen kann. Darüber hinaus helfen auch technische Ressourcen überregionaler Institutionen weiter, in unserem Fall z.B. die Technik für Eltern-LAN-Partys der Landesstelle Jugendschutz Niedersachsen.

Bei der Software im Bereich Game-Design sind glücklicherweise immer mehr Werkzeuge frei verfügbar, zumindest als Demoversion. Wir achten auch bewusst darauf, hier so weit wie möglich frei verfügbare Werkzeuge zu nutzen, damit diese von den Teilnehmenden auch über die *Game Days* hinaus genutzt werden können.

Und schließlich sollte man auch für die Technik an den Veranstaltungstagen selbst über einige Eventualitäten nachdenken. Für uns bedeutet das, dass es im Hintergrund für den Fall, dass etwas nicht funktioniert, immer eine technische Betreuung gibt. Und dass man sich auch rechtzeitig darüber Gedanken macht, die vorhandene Technik für die Veranstaltungstage auch entsprechend zu versichern.

Tipps für die Praxis

Welche Ratschläge oder Empfehlungen können Sie Interessierten geben, die ähnliche medienpädagogische Projekte durchführen möchten?

Am wichtigsten ist vermutlich, sich ein Netzwerk von Kooperationspartner*innen aufzubauen und es zu pflegen. Gerade im Bereich Gaming einmal zu schauen: Welche Angebote und Akteur*innen gibt es schon vor Ort, und wie lassen sich diese einbinden? Wer interessiert sich schon für das Thema, oder für ein verwandtes Thema, und könnte etwas beitragen, das inhaltlich passt? Und welche gemeinsamen Ideen entstehen, die man allein gar nicht hätte umsetzen können?

Außerdem würden wir empfehlen, beharrlich zu bleiben, gerade im Dialog mit Multiplikator*innen, Entscheider*innen und möglichen Förder*innen vor Ort: Die sehen häufig eher die Gefährdungspotenziale, wenn es ums Gaming geht, und das ist ja auch völlig legitim. Aber hier gilt es dann, die Chancen herauszuarbeiten und zu erklären, warum es gerade wichtig ist, sich mit diesem Medium zu befassen und den Umgang mit Games bewusst und kreativ zu gestalten. Und die durchaus vorhandenen Probleme und kritischen Aspekte zum Thema zu machen, statt das ganze Medium auf Abstand zu halten.

Am Ende helfen immer wieder Interesse am Thema und „Mut zur Lücke": Es ist fast unmöglich, immer jedes aktuelle Game und jeden wichtigen Trend zu kennen. Aber neugierig zu bleiben, auch für Ideen und Anregungen von außen, erleichtert die medienpädagogische Arbeit an dieser Stelle.

Motivation

a) Ist es notwendig, die Zielgruppe für das Projekt zu motivieren? Wenn ja, warum und wie?

Ja, die Zielgruppe muss motiviert werden, und zwar durchaus auf unterschiedliche Art und Weise: Bei den Kindern und Jugendlichen gilt, ganz platt gesagt: Nur weil man etwas mit Games macht, ist das noch nicht automatisch cool. Und weil wir die *Game Days* immer auch pädagogisch angehen, müssen wir die Jugendlichen manchmal überzeugen, dass es sich lohnt, sich auf das Angebot einzulassen. Zum einen kann das dadurch gelingen, indem

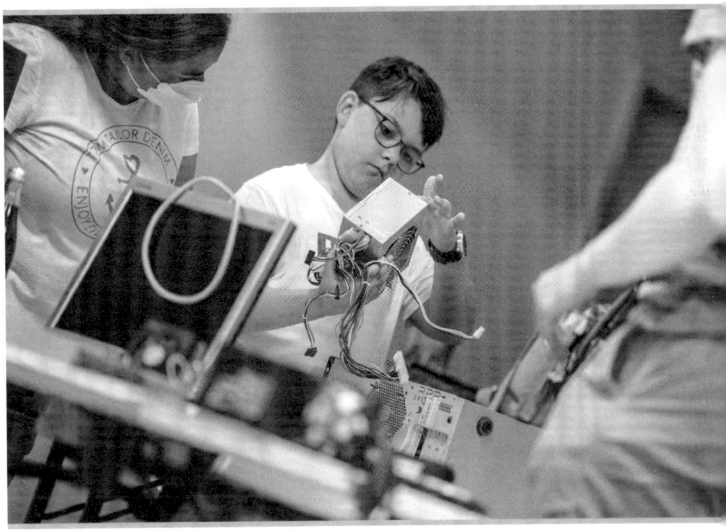

Ansätze und Werkzeuge so gewählt werden, dass die Teilnehmenden schnell merken, hier eigene Ideen umsetzen zu können und zu eigenen Ergebnissen zu kommen. Gleichzeitig ist es wichtig, Kinder und Jugendliche durch Impulse, die an ihrer Lebenswelt orientiert sind, zu motivieren, damit sie am Ball bleiben. Konkret: Wenn die Kinder und Jugendlichen über ihre eigenen Erfahrungen zu Games sprechen, über ihre Favoriten im Bereich Gaming, dann ist es wichtig, da anzuknüpfen, denn durch diese Sequenzen und die Bestärkung für das Interesse entstehen Motivation und wichtige medienpädagogische Gesprächsanteile, die im Endprodukt nicht so sichtbar sind.

Bei den Erwachsenen als Zielgruppe geht es hingegen eher darum, die Teilnehmenden zu überzeugen, dass das „nicht alles Quatsch ist" und es „nicht nur ums Zocken geht". Sondern dass Games als Medium mittlerweile so relevant sind für immer mehr Menschen, dass man sich mit diesem Medium einfach beschäftigen sollte, auch und gerade, um kritische Aspekte genauer im Blick zu haben. Und dabei erleben wir dann häufig „Aha-Effekte": Bei Fachkräften, die sich vorher gar nicht vorstellen konnten, was in dem Thema alles drinsteckt. Oder bei Eltern, die eigentlich nur ihre Kinder begleiten wollen, aber dann durchaus das eine oder andere entdecken, was sie selbst interessiert oder sogar fasziniert.

b) Was macht den Teilnehmenden besonders viel Spaß?

Eigene Game-Projekte zu verwirklichen und diese dann direkt vor Ort testen, vorführen und im Anschluss auch mitnehmen und an ihnen weiterarbeiten zu können, ist immer wieder ein Highlight für die Teilnehmenden.

Ebenso gern wahrgenommen werden die Möglichkeiten zum gemeinsamen Spielen – gerade auch dort, wo interessante und besondere Spielmöglichkeiten oder -erlebnisse geboten werden. So z.B. bei den *Game Days* 2021, wo Bewegungsspiele verschiedener Art angeboten wurden: von der handelsüblichen Nintendo Switch über eine Konsole speziell für Senior*innen bis hin zu einer Installation, bei der eine riesige Kugel selbst bewegt werden musste.

Von den Erwachsenen wird hier auch als positiv erlebt, dass eine ganz angstfreie Begegnung mit verschiedenen Spielen möglich ist – häufig sogar mit den Kindern zusammen. Und dass das dann einen guten Anlass bietet, mit anderen Eltern oder den anwesenden Medienpädagog*innen über verschiedene Fragen rund ums Gaming ins Gespräch zu kommen.

c) Und was finden Sie selbst besonders motivierend?

Es bleiben viele konkrete Erlebnisse und Begegnungen in Erinnerung. Der Junge, der mit Scratch plötzlich extrem komplizierte Programmierungen quasi aus dem Ärmel schüttelt und im Anschluss glücklich seufzt: „Das ist hier endlich mal ein Tag, an dem ich machen kann, was mich interessiert." Eine Jugendliche, die am Anfang des Workshops noch sehr schüchtern ist, dann während des Projekts immer lockerer wird und durch das selbst entwickelte Produkt so viel Selbstsicherheit gewinnt, dass am Ende das Präsentieren des Spiels vor der eigenen Familie oder sogar vor Fremden gar kein Problem mehr ist. Oder der ältere Herr, der das allererste Mal Erfahrungen mit einer VR-Brille sammelt und dann ganz begeistert ist: „Man ist ja wie im Flugzeug hier!" Dabei sein zu dürfen, wie Menschen dem Medium Games – und einander – begegnen und dann gemeinsam Spaß haben und kreativ sind, ist immer wieder ein tolles Erlebnis für uns.

Und ein besonderes Highlight war selbstverständlich auch die Auszeichnung mit dem

Dieter Baacke Preis – besonders hat uns gefreut, dass gerade der breite Ansatz der *Game Days* und die Breite der Zielgruppe gelobt wurden, denn wir hatten zuvor oft gehört: „Macht doch lieber nur etwas für eine kleinere Zielgruppe, das ist viel effektiver."

Nachhaltigkeit und Wirkung des Projekts

a) Welche Veränderungen haben sich durch die Medienprojekte in der Zielgruppe, in Ihrer Einrichtung oder den beteiligten Einrichtungen, im Stadtteil etc. ergeben?

Wir freuen uns sehr, dass über die Jahre aus den *Game Days* zahlreiche Projekte und Anschlussvorhaben sowohl im Raum Osnabrück als auch im Raum Göttingen entstanden sind: verschiedene Game-Design-Werkstätten in Ostercappeln, in Fredelsloh oder im Museum Schloss Fürstenberg; 360-Grad-Escape-Rooms in Osnabrück und Bramsche; crossmediale Workshops, wie das Projekt *Who Am I?*, das 2021 mit dem Dieter Baacke Preis ausgezeichnet wurde, oder verschiedene Einzelveranstaltungen und Veranstaltungsreihen mit verschiedenen Partner*innen. Insgesamt sind bislang rund ein Dutzend Projekte aus den *Game Days* hervorgegangen. Und auch das Netzwerk der *Game Days* selbst wächst natürlich beständig, sodass wir mit immer mehr regionalen und überregionalen Partner*innen auch immer spannendere *Game Days* anbieten können.

b) Läuft das Projekt noch und wenn ja, wie lange? Oder gibt es Anschlussprojekte?

Ja, das Projekt läuft auch weiterhin. Die letzten *Game Days* haben Anfang September 2022 in Osnabrück stattgefunden und die Planungen für das nächste Festival in Osnabrück im Frühherbst 2023 laufen schon. Und auch in Göttingen soll es in Zukunft wieder *Game Days* geben. Wir sind zuversichtlich, dass aus den *Game Days* auch immer wieder neue Ideen, Workshops und Projekte entstehen werden – und so ist das ja auch ganz ausdrücklich gedacht und gewollt.

Themen

Welche Themen (Inhalte) sind im Projekt für Ihre Zielgruppe besonders spannend?

Auf großes Interesse bei den Kindern und Jugendlichen stoßen generell immer die Angebote zum Thema Game-Design, also verschiedene Werkzeuge kennenzulernen, mit denen die Teilnehmenden dann eigene Projekte umsetzen können, ob es nun um ganze Games oder um einzelne Teilbereiche, wie z.B. 3D-Modellierung, geht.

In dieser Altersgruppe kommen außerdem auch Veranstaltungen gut an, die das Ausprobieren „besonderer" Spielerfahrungen ermöglichen, also Bewegungssteuerung, Virtual Reality oder Augmented Reality.

Bei den Erwachsenen, gerade auch bei den Fachkräften, gibt es außerdem auch ein Interesse daran, welche Themen man mit Games aufschließen und bearbeiten kann: Wie sieht es eigentlich mit der Barrierefreiheit in Games aus? Was passiert, wenn Games zum Medium werden, um Trauer zu thematisieren und zu verarbeiten. Welche Stereotype und Games werden in Games produziert und reproduziert, und wie kann man sich damit kreativ und humorvoll auseinandersetzen? Und wie bleibt trotz alledem der Spaß nicht auf der Strecke, wie vermeidet man den „pädagogischen Zeigefinger"?

Trends und Interessen der Zielgruppe

a) Welche neuen Medientrends, medialen Interessen oder Aspekte der Medienkultur sind in Ihrer Zielgruppe in jüngster Zeit besonders aktuell?

Besonders wichtig erscheint uns, nicht nur bei den eigentlichen Games stehen zu bleiben, sondern auch die Kultur drumherum mit in den Blick zu nehmen: also Streaming, Cosplay, E-Sport, aber vielfach auch spezialisierte Bereiche, die sich aus anderen Teilbereichen ergeben, z.B. 3D-Druck. Und es ist auch sehr sinnvoll, die Schnittmengen mit anderen „verspielten" Medien zu nutzen, z.B. Rollenspiel, Tabletop, Brettspiel, Theater oder Musik: Die

Lebenswelt vieler Kinder, Jugendlicher und junger Erwachsener findet ganz natürlich in der Mischung zwischen diesen Bereichen statt, und deshalb ist es umso spannender, sich damit zu beschäftigen, was gerade in der Vermischung der einzelnen Kultur- und Medienbereiche passiert.

b) Wie geht man in Ihrer Einrichtung/wie gehen Sie evtl. darauf ein?
Bei der Planung unserer Veranstaltungen sind wir immer im Austausch und versuchen die aktuellen Medientrends zu berücksichtigen. Das heißt konkret, sich die Frage zu stellen: „Welche Medientrends sind gerade aktuell bei den Kindern und Jugendlichen?" und „Wie können wir diese konkret bei den *Game Days* umsetzen?"

Dabei helfen immer auch die Erfahrungswerte z.B. aus der Jugendarbeit vor Ort und die vielen Ideen der Kooperationspartner*innen und der am Projekt beteiligten Akteur*innen.

Und natürlich nehmen wir auch aus den eigentlichen Veranstaltungen immer eine Menge Anregungen mit: Tipps und Tricks von Kindern und Jugendlichen direkt aus den Workshops oder Anregungen aus der Arbeit mit den Fachkräften oder den Eltern. In der anschließenden Diskussion berücksichtigen wir die Interessen und Anregungen unserer Teilnehmenden dann bei den Planungen für das nächste Festival.

Perspektiven

Welche Chancen sehen Sie vor dem Hintergrund Ihres Erfolgs
a) für die medienpädagogische Projektarbeit an Ihrer Einrichtung?
Wir hoffen sehr, in Osnabrück und Göttingen auch weiterhin spannende Festivals und Veranstaltungen durchführen zu können. Orte zu schaffen, wo alle sich rund um das Thema Gaming informieren, mit anderen austauschen und gemeinsam Spaß haben und kreativ sein können. Wo alle als Mitspieler*innen willkommen sind, egal wie alt sie sind, woher sie kommen oder welche Voraussetzungen sie mitbringen.

Vielleicht, das wäre unsere Hoffnung, erhalten diese Bemühungen durch den an unser Projekt verliehenen Dieter Baacke Preis einen zusätzlichen Schub, und wir müssen in Zukunft ein bisschen weniger oft erklären, dass es uns um mehr geht als „nur ums Zocken".

b) für medienpädagogische Projektarbeit generell?
Es zeigt sich deutlich, dass in der Befassung mit dem Thema Games in all seiner Komplexität große Chancen für die medienpädagogische Arbeit stecken, und das sowohl für tolle, kreative, vielschichtige Projekte als auch für die Beschäftigung mit teilweise problematischen Aspekten. Und dass sich im Thema „Gaming" zahlreiche andere Themen mit großer gesellschaftlicher Bedeutung verbergen, von der Barrierefreiheit über die politische Bildung bis hin zur – mitunter hochproblematischen – Kommunikation in Gaming-Subkulturen. Aus unserer Sicht können wir Medienpädagog*innen nur empfehlen, sich mit dem Thema Gaming ebenso kritisch wie kreativ auseinanderzusetzen, eben weil es hier so viele fruchtbare Anknüpfungspunkte gibt – zu spannenden Themen ebenso wie zur Lebenswirklichkeit von immer mehr Kindern, Jugendlichen und Erwachsenen!

Struktur und Rahmen

Welche Rahmenbedingungen für Projektarbeit sind wünschenswert? Wie kann man diese schaffen?
Für fast alle Rahmenbedingungen ist bei unserem Projekt besonders die Kooperation mit verschiedenen Partner*innen wichtig: mit dem Haus der Jugend oder dem Kulturzentrum musa, die die passenden Räumlichkeiten mitbringen, mit Akteur*innen der Jugendarbeit oder der kulturellen Bildung vor Ort, die Ideen, helfende Hände oder weitere Orte einbringen. Ohne diese Kooperationspartner*innen wären die *Game Days* nicht umsetzbar, und die Zusammenarbeit sichert hier auch zu einem wesentlichen Teil die Kontinuität des Projektes.

Bei den technischen Bedingungen wäre die Nutzung verschiedener Ressourcen zu nennen: Zum einen die Technik, die die genannten Kooperationspartner*innen mitbringen, zum anderen können wir auch die technische Ausstattung überregionaler Institutionen nutzen. In unserem Fall ist das die Landesstelle Jugendschutz Niedersachsen, aber wir können ganz generell nur allen Projektplaner*innen empfehlen, sich zu informieren, welche Möglichkeiten diesbezüglich in ihrem Bundesland oder in ihrer Kommune bestehen. Eine sehr große Hilfe war hier auch der Verein Gaming Aid, der uns über die Jahre immer wieder beim Aufbau eines entsprechenden Technikfundus' unterstützt hat.

Die Kontinuität des Projektes wird aber andererseits auch gesichert durch verschiedene Förder*innen: Hier sind wir bislang im Wesentlichen auf Projektfördermittel angewiesen, wobei verschiedene öffentliche Förder- und Aufholprogramme auf Landesebene sehr hilfreich dabei sein können, Vorhaben wie die *Game Days* umzusetzen. Langfristig würden wir uns gerade hierbei eine höhere Kontinuität und Planungssicherheit wünschen; und eine höhere Bereitschaft, längerfristige Projekte zu unterstützen.

Feedback

Gab es abschließend seitens der Zielgruppe Verbesserungsvorschläge, weiterführende Ideen bezüglich Ihres Projektes?

Bei den *Game Days* kommen oftmals Vorschläge seitens der Kinder und Jugendlichen, gerade auch wenn es um konkrete Spiele oder Werkzeuge geht. In der anschließenden Evaluation schauen wir, was davon umsetzbar ist. Und vor allem lernen wir von unseren Teilnehmenden. Wie schon erwähnt, ist es bei einem so unübersichtlichen Thema fast unmöglich, alles zu kennen und über alles auf dem Laufenden zu bleiben. Umso besser, wenn Teilnehmende dann Ideen oder auch Kenntnisse mitbringen, die wir in das weitergehende Projekt einfließen lassen können.

Interviewpartner*innen

Sarah Weber: Gehört zum Vorstand der LAG Jugend & Film Niedersachsen und ist staatlich anerkannte Erzieherin in der stationären Jugendhilfe und medienpädagogische Referentin in der offenen Kinder- und Jugendarbeit; betreut und initiiert neben ihrer Arbeit verschiedene Medienprojekte; gehört zum Leitungsteam der *Game Days* in Osnabrück und Göttingen.

Stefan Berendes: Zweiter Vorsitzender der LAG Jugend & Film Niedersachsen und als medienpädagogischer Referent für verschiedene Institutionen tätig, darunter die Niedersächsische Landesmedienanstalt und die Landesstelle Jugendschutz Niedersachsen; gehört zum Leitungsteam der *Game Days* in Osnabrück und Göttingen; seine Arbeitsschwerpunkte liegen im Bereich digitale Medien, Medienkompetenz und Games.

medienblau gGmbH

#CoR – Gemeinsam. Nachhaltig. Handeln.

(Kategorie F | Sonderpreis 2022 „Let's save our planet – Medienpädagogische Projekte zur ökologischen Transformation"

Das Projekt *#CoR – Gemeinsam. Nachhaltig. Handeln.* ist ein multimediales Nachhaltigkeitsprojekt der gemeinnützigen Bildungsagentur medienblau, das innerhalb des Schuljahres 2021/22 mit einer kompletten Schule realisiert wurde: Ca. 600 Schüler*innen und 60 Lehrkräfte der Club of Rome zertifizierten Reformschule in Kassel setzten sich im Rahmen des Projekts medial gestützt mit den Zielen für nachhaltige Entwicklung (SDGs) auseinander, wodurch kreative und innovative Ideen gefördert wurden und die Schule auf ihrem Weg in eine digitale Zukunft unterstützt werden konnte.

Zunächst wurde das gesamte Kollegium in der Planung und Umsetzung eigener Medienprojekte geschult (u.a. Fotografie, Stop-Motion-Animation, Audio-Produktion). Bei den anschließenden Durchführungen mit den 600 Schüler*innen, die jahrgangsübergreifend in 22 Gruppen aktiv waren, erhielten die Lehrkräfte professionelle Unterstützung von erfahrenen Medienpädagog*innen der Bildungsagentur medienblau. Die Kinder und Jugendlichen stärkten ihre Medienkompetenz bei der Produktion von Legetrickfilmen, Stop-Motion-Clips, Fotoaufnahmen, Audiostücken und künstlerischen Bildern. Hierbei behandelten sie u.a. die Themen Nahrung, faire Kleidung, Gleichberechtigung oder Müllvermeidung. Bei der intensiven Auseinandersetzung mit den jeweiligen Nachhaltigkeitsaspekten zeigten die Schüler*innen Haltung und vermittelten Tipps und Denkanstöße in ihren Medienproduktionen. Alle Beiträge der Schüler*innen wurden in eine multimediale 360°-Umgebung eingebettet und so in besonderer Hinsicht erfahrbar gemacht. Das Projekt gipfelte in einer wertschätzenden Abschlussveranstaltung, bei der die vielfältigen Projektergebnisse der Schüler*innen mit 3D-Brillen bestaunt werden

konnten. Das Projekt ist so konzipiert, dass die Beiträge der Schüler*innen fächerübergreifend auch weiterhin in der Schule von Bedeutung bleiben: So werden die entstandenen Erklärfilme und anderen Produktionen auch zukünftig bei der Erschließung der SDGs im Unterricht zum Einsatz kommen.

Thema

Multimediale Auseinandersetzung mit dem Thema Nachhaltigkeit

Zielgruppe/n

Kinder (5- bis 13-jährige), Jugendliche (14- bis 18-jährige), Multiplikator*innen

Methoden

Die Schüler*innen setzten mithilfe von Lehrkräften und Medienpädagog*innen eigene Medienproduktionen in Form von Fotocollagen, Interviews, Stop-Motion-Trickfilmen und weiteren Medienformaten zum Thema Nachhaltigkeit um.

Projektlaufzeit

September 2021 bis Mai 2022

Ergebnisse

Die erstellten Produktionen wurden im Anschluss in eine multimediale 360°-Umgebung eingebettet, die sich mittels VR-Brillen oder über eine Website anschauen lassen.

Kontakt

medienblau gGmbH
E-Mail: mail@medienblau.de
Web: www.medienblau.de

Im Interview

#CoR – Gemeinsam. Nachhaltig. Handeln.

medienblau gGmbH

Philipp Buchholtz

Herausragendes und Spezielles

Welches sind die Besonderheiten Ihres Projekts?
Mit dem Projekt konnten digitale Transformationsprozesse an der Schule erfolgreich unterstützt werden. Eine Besonderheit liegt dabei in der Struktur des Projektaufbaus: Das gesamte Kollegium der Schule (60 Lehrkräfte) wurde zunächst in der aktiven Medienarbeit fortgebildet, anschließend realisierten alle Lehrkräfte mit den 600 Schüler*innen Projekte in Kleingruppen, die in einer multimedialen 360°-Produktion mündeten. Das ermöglichte den Beteiligten eine medial gestützte Auseinandersetzung mit den Zielen für nachhaltige Entwicklung (SDGs), wodurch kreative und innovative Ideen gefördert werden konnten und die Schule auf ihrem Weg in eine digitale Zukunft unterstützt wurde.

Ziele und Methoden

Welche medienpädagogischen Ziele wurden mit welchen Methoden verfolgt?
Sowohl Schüler*innen als auch Lehrkräfte stärkten ihre Medienkompetenz durch die Umsetzung unterschiedlicher Medienproduktionen. Lehrkräfte erweiterten ihr Handlungsrepertoire für die Einbindung digitaler Medien in die Unterrichtsgestaltung und konnten Unsicherheiten im Umgang mit der Technik reduzieren sowie kreative inhaltliche Ideen für die Erstellung von Fotocollagen, Filmen und Hörstücken generieren. Die Projektarbeit befähigte die Schüler*innen, komplexe Kontexte von aktuellen gesellschaftlichen, politischen und wirtschaftlichen Herausforderungen zu erkennen und einzuordnen. Die aktive, handlungsorientierte Medienarbeit ermöglichte allen Beteiligten praktische Erfahrungen im Umgang mit digitalen Medien. Die Durchführung in Kleingruppen stärkte die Team- und Kommunikationsfähigkeit der Schüler*innen.

Medienkompetenz und Medienbildung durch Praxisprojekte

a) Welche Vorkenntnisse hatten die Teilnehmer*innen?
Da sich alle 600 Schüler*innen und über 60 Lehrkräfte an dem Projekt beteiligt haben, gab es auch deutliche Unterschiede bezüglich des Vorwissens. Die Reformschule Kassel ist Mitglied im Club of Rome, weshalb bereits eine intensive Auseinandersetzung zum Thema Nachhaltigkeit stattgefunden hat. Die aktive Medienarbeit konnte bisher noch keinen großen Raum an der Schule einnehmen, weshalb diese im Projekt besonders fokussiert wurde. Medienpädagog*innen coachten die Lehrkräfte unter Berücksichtigung der jeweils vorhandenen Kenntnisse, wodurch individuelle Herangehensweisen der aktiven Medienarbeit entstanden sind.

b) Welche Bereiche der Medienkompetenz fördert das Projekt?
Das Projekt förderte insbesondere den kritisch-reflexiven Umgang mit Medien. Des Weiteren konnten Kompetenzbereiche der Anfertigung und Veröffentlichung von Medienproduktionen sowie Recherchefähigkeiten ausgebaut werden. Auch in den Bereichen Suchen, Verarbeiten und Aufbewahren sowie im Produzieren und Präsentieren erlangten die Schüler*innen neue Kenntnisse. Mit Methoden der Fotografie erzielte das Projekt ein größeres Bewusstsein gegenüber Datenschutz und Bildrechten. Der Einsatz verschiedener Medienformen und die eigenständige Umset-

zung zu den gewählten Nachhaltigkeitsthemen ermöglichten außerdem eine kreative und verantwortungsbewusste Auseinandersetzung.

c) Welche Kenntnisse haben die Teilnehmenden erworben?

Die Schüler*innen stärkten ihre Teamfähigkeiten bei der gemeinsamen Medienproduktion. Durch die selbstgewählten Medienformate konnte ein verantwortungsvoller Umgang mit Medien gefestigt werden. Die Konzeption und Umsetzung zu den verschiedenen Nachhaltigkeitsthemen förderten eine kritisch-reflexive und kreative Auseinandersetzung sowohl mit den gesellschaftlichen Themen als auch mit den Medien selbst.

Probleme und Grenzen

Gab es strukturelle oder pädagogische Grenzen und Stolpersteine bei der Vorbereitung oder Durchführung des Projekts? Wie wurden diese Probleme bewältigt?

Da das Projekt mit allen Lehrkräften und Schüler*innen der Schule realisiert wurde, war die Terminierung der einzelnen Projektrealisierungen herausfordernd. Hierbei motivierte die Aussicht auf das Gesamtergebnis jedoch alle Beteiligten, so dass am Ende alle Gruppen ihre Ergebnisse und Beiträge für die multimediale 360°-Produktion fertigstellen konnten. Dem unterschiedlichen technischen Vorwissen und den verschiedenartigen Interessen begegnete das Projekt, indem die Lehrkräfte selbst auswählen konnten, mit welchen digitalen Medien(inhalten) sie sich sowohl in der Fortbildung als auch in der anschließenden Produktion mit den Schüler*innen näher befassen wollten. Hierbei unterstützten nicht nur die erfahrenen Medienpädagog*innen von medienblau: Die Lehrkräfte lernten auch viel durch die unbefangene, intuitive und kreative Herangehensweise der Kinder und Jugendlichen.

Technik

Welche technischen Voraussetzungen müssen für Projekte wie Ihres gegeben sein?

Für die Durchführung solcher Projekte sind keine besonderen technischen Voraussetzungen erforderlich. Priorität hat zunächst die Arbeit mit dem Inhalt, nicht die Technik selbst. Es findet eine Orientierung an den technischen Ressourcen der Einrichtung statt. Daran anknüpfend ist zu überlegen, wie mit dem, was vorhanden ist, am besten gearbeitet werden kann. Bei Bedarf bieten oftmals lokale Medienzentren durch Verleih die notwendige Unterstützung für technische Ausrüstung an.

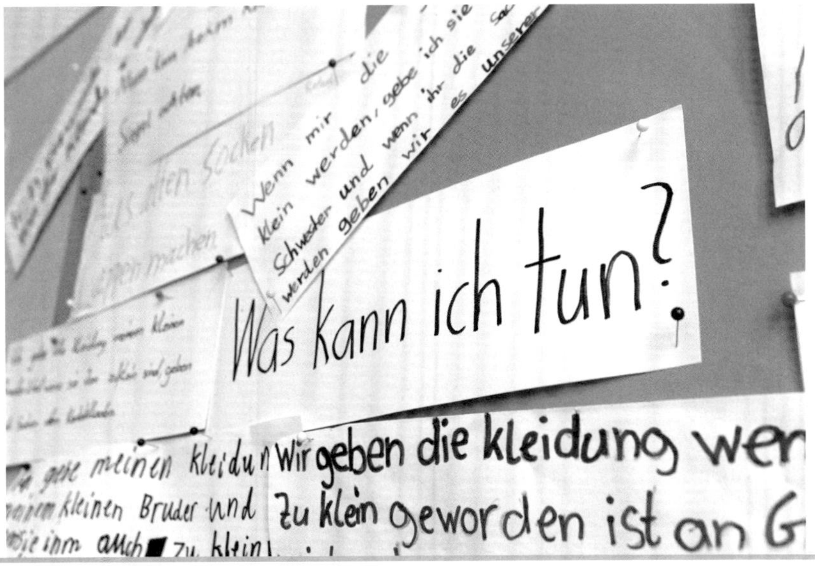

Tipps für die Praxis

Welche Ratschläge oder Empfehlungen können Sie Interessierten geben, die ähnliche medienpädagogische Projekte durchführen möchten?

Als Mitglied des Club of Rome spielt die Auseinandersetzung mit den SDGs (Sustainable Development Goals) eine große Rolle. Nachhaltigkeit ist ein vielschichtiges Thema, welches sich in allen Lebensbereichen wiederfinden lässt. Um das Interesse der Kinder und Jugendlichen zu wecken, bietet die mediale Auseinandersetzung Raum für eine intensive Beschäftigung mit den unterschiedlichen Facetten von Nachhaltigkeit. Der Fokus sollte dabei vorrangig auf den Inhalten liegen, anstatt auf dem technischen Aspekt. Um zudem aktive Medienarbeit zu fördern, sollte ein großes Angebot gestellt werden. Ziel sollte es sein, allen Lehrkräften die aktive Medienarbeit zu ermöglichen. Dafür erscheint eine individuelle Unterstützung unter anderem durch Medienpädagog*innen geeignet zu sein. Diese können sich den Bedürfnissen anpassen und individuelle Methoden zur Integration in den Unterricht mit den Lehrkräften etablieren. Um zudem eine langfristige und nachhaltige Medienarbeit an der Schule zu garantieren, ist besonders die gemeinsame Auswertung, Diskussion und Wertschätzung der Ergebnisse von Bedeutung.

Motivation

a) War es notwendig, die Zielgruppe für das Projekt zu motivieren? Wenn ja, warum und wie?

Bei der Lehrkräftefortbildung zeigte sich die intrinsische Motivation unterschiedlich stark ausgeprägt, was darauf zurückzuführen ist, dass die gesamten Lehrkräfte bei der Fortbildung mit einbezogen wurden.

b) Was hat den Teilnehmenden besonders viel Spaß gemacht?

Das eigenständige und kreative Arbeiten mit den Medien. Die unterschiedlichen Medienformate und die vielseitige Umsetzung der Nachhaltigkeitsthemen.

c) Und was fanden Sie selbst besonders motivierend?

Im Vergleich zu anderen Lehrkräftefortbildungen und Projekten empfand ich die gemeinsame Arbeit der gesamten Schule als sehr motivierend. Die Begleitung der Schule ist ein langjähriger Prozess, wobei alle Beteiligten stetig gegenseitig von sich lernen können. Dadurch gestaltet sich die Projektarbeit sehr facettenreich und bietet fortlaufend neue Ideen und Chancen für die aktive Medienarbeit.

Nachhaltigkeit und Wirkung des Projekts

a) Welche Veränderungen haben sich durch die Medienprojekte in der Zielgruppe, in Ihrer Einrichtung oder den beteiligten Einrichtungen, im Stadtteil etc. ergeben?

Das Projekt führte zu einem deutlicheren Bewusstsein gegenüber dem Thema Nachhaltigkeit und hebt die Wichtigkeit dieses Themas hervor. Außerdem zeigt die Projektarbeit, dass die Umsetzung aktiver Medienarbeit nicht immer komplex sein muss, sondern auch in kleinen, einfachen Schritten erfolgen kann. Die Möglichkeiten zur Unterrichtsintegration sind vielseitig. Deutlich wurde, dass eine Notwendigkeit besteht, Medien vermehrt in den Schulalltag einfließen zu lassen, weil sie schon lange nicht mehr wegzudenken sind in unserer Gesellschaft. Da gesellschaftliche und politische Themen häufiger auf weniger Interesse in Schulklassen stoßen, bieten Projekte wie das *CoR* durch die Verknüpfung der Medienarbeit eine neue und kreative Herangehensweise.

b) Läuft das Projekt noch und wenn ja, wie lange? Oder gibt es Anschlussprojekte?

Die vielfältigen Materialien, die während des Projekts zum Thema Nachhaltigkeit entstanden sind, können von den Lehrkräften im Anschluss an das Projekt weiter genutzt werden und ermöglichen, neben der inhaltlichen Beschäftigung mit den Produktionen (z.B. Interview- Beiträge, die in verschiedenen Unterrichtsstunden gezeigt werden können), auch Inspiration für die eine oder andere mediale Umsetzung. Sie eröffnen den Lehrkräften somit neue Handlungsoptionen in der Unterrichtsgestaltung. Das Projekt berücksichtigte von Beginn an zudem die Interessen und Vorkenntnisse der Lehrkräfte. Durch die Auswahlmöglichkeit verschiedener Zugänge entstand eine individuellere Nutzung der (digitalen) Medien. Ziel war es, sich nachhaltig und zukunftsorientiert mit Medienbildungsstrukturen zu beschäftigen, sodass sich mit den bereits vertrauten Tools und Strukturen ein ganzheitliches Medienkonzept in der Schule entwickeln kann.

Themen

Welche Themen (Inhalte) waren im Projekt für Ihre Zielgruppe besonders spannend?

Bei 600 Schüler*innen und 60 Lehrkräften zeigten sich dementsprechend auch unterschiedliche Interessen und favorisierte Inhalte. Alle Beteiligten haben für sich selbst etwas aus dem Projekt mitgenommen. Insgesamt wird deutlich, dass die Kombination von gesellschaftlichen Themen mit aktiver Medienarbeit dazu führt, sich kreativ mit diesen Inhalten auseinanderzusetzen. Durch das neugewonnene Wissen erstellten die Schüler*innen verschiedene selbstgewählte Medienformate. Unter dem Motto „global denken, lokal handeln" leisten die Ergebnisse des Projekts einen spannenden Beitrag vor Ort, regen zum Nachdenken an und lenken die Aufmerksamkeit auf wichtige Themen wie Nachhaltigkeit.

Trends und Interessen der Zielgruppe

a) Welche neuen Medientrends, medialen Interessen oder Aspekte der Medienkultur sind in Ihrer Zielgruppe in jüngster Zeit besonders aktuell?

Durch die Projektdauer und die große Beteiligung der Schule lassen sich keine spezifischen Medientrends herausfiltern. Es tauchten alle Trends, die in diesem Zeitraum präsent waren, auf. Darunter zählen nach wie vor Apps wie WhatsApp, Instagram und YouTube. Insbesondere die Beliebtheit von TikTok ist im Jahr 2022 bei den Kindern und Jugendlichen angestiegen.[1]

b) Wie geht man in Ihrer Einrichtung/wie gehen Sie evtl. darauf ein?

Um Raum für individuelle Fragestellungen und unterschiedliche Interessen zu bieten, gibt es keine statische Vorgehensweise bei den Projekten. Die Möglichkeit, Anregungen und Meinungen offen zu teilen, dient als kurzfristige Anpassung. Langfristig betrachtet, werden Projekte an die Interessen der Kinder und Jugendlichen angepasst.

Perspektiven

Welche Chancen sehen Sie vor dem Hintergrund Ihres Erfolgs
a) für die medienpädagogische Projektarbeit an Ihrer Einrichtung?

Die Chance, dass gesellschaftliche Themen wie Nachhaltigkeit präsenter werden und auch in der Zielgruppe von Kindern und Jugendlichen mehr Aufmerksamkeit erlangen. Der Erfolg des Projektes zeigt die Wichtigkeit der aktiven Medienarbeit im Schulkontext auf. Die Ergebnisse verdeutlichen, wie lohnend das Projekt für die gesamte Schule war und welche Möglichkeiten es gibt, langfristig Medien in den Unterricht zu integrieren.

Struktur und Rahmen

Welche Rahmenbedingungen für Projektarbeit sind wünschenswert? Wie kann man diese schaffen?

Ein langfristiger Prozess der aktiven Medienarbeit ist unausweichlich für nachhaltige und dauerhafte Erfolge. Projekte sollten daher über einen längeren Zeitraum stattfinden, um das individuelle Potenzial zu fördern und Medienstrukturen in den bisherigen Lehrplan zu verankern. Essenziell ist außerdem das Coaching für Lehrkräfte. Einmalige Fortbildungsangebote reichen nicht aus für eine effektive Umsetzung. Durch die fortlaufende Begleitung können Kenntnisse der Lehrkräfte gefestigt, Probleme direkt angegangen und neue Ideen entwickelt werden.

Feedback

Gab es abschließend seitens der Zielgruppe Verbesserungsvorschläge, weiterführende Ideen bezüglich Ihres Projektes?

Medienprojekte benötigen weiterhin einen längeren und flexibleren Zeitraum, da sich die Zeitgestaltung besonders an Schulen oft schwierig gestaltet. Lehrkräfte wünschen sich insbesondere mehr Zeit für die Weiterbildung im Bereich der Medienarbeit. Einigen ist dieses vom Aufwand, speziell in kurzen Zeitspannen, nicht möglich. Die individuelle Unterstützung wurde mehrfach als gewinnbringend erwähnt und verdeutlicht, wie wertvoll das Coaching für die Lehrkräfte ist.

Interviewpartner

Philipp Buchholtz: Medienpädagoge (M.A.), Kameramann und seit 2001 Geschäftsführer der medienblau gGmbH; lebte ein Jahr in Südafrika; studierte Sozialwesen an der Uni Kassel und an der FernUni Hagen den Masterstudiengang „Medien und Informationstechnologien in Erziehung, Unterricht und Bildung"; ist im Team medienblau neben der Geschäftsführung aktiv in der Konzeption, Koordination und Durchführung von Projekten und Fortbildungen in aktiver Medienarbeit, in der Prozessberatung und -moderation von Schulen auf dem Weg in die Digitalität und als Kameramann in der Produktion von Bildungsmedien.

Anmerkung

1 Vgl. JIM-Studie 2022: 27. Abrufbar unter: www.mpfs.de/fileadmin/files/Studien/JIM/2022/JIM_2022_Web_final.pdf [Stand: 23.02.2023]

Netzwerk Gaming im Bielefelder Jugendring e.V.

BESSER SPIELEN! #gamingbielefeld

(Besondere Anerkennung)

Freies digitales Spielen gehört zu den Interessen und den Rechten von jungen Menschen. Für diese Interessen und Rechte stehen die rund 20 aktiven Einrichtungen des Netzwerks ein. Es werden gemeinsame Gaming-Projekte nicht nur für, sondern auch zusammen mit Kindern und Jugendlichen entwickelt – von der Idee bis zur Umsetzung. Außerdem gibt es Fortbildungen für pädagogische Fachkräfte zum Thema Gaming in der Bielefelder Jugendarbeit.

In Beratungen und Aktivitäten zu digitalen Spielen in der Jugendarbeit bringt das Netzwerk die fachliche Expertise ein.

Ganz praktisch werden Spieletest-Redaktionen für den Spieleratgeber-NRW, Urban-Gaming-Aktionen, eine E-Sports-Liga, thematische Projekte zu Gaming, Creating, Making, Coding und der jährliche Bielefelder Games-Day realisiert. Je nach Konzept der Teilprojekte finden Aktionen online und/oder in Präsenz statt. Bei den Netzwerkaktivitäten wirken interessierte Kinder- und Jugendeinrichtungen sowie medienpädagogische Institutionen mit, die Gaming als eine jugendkulturelle Ausdrucksform in ihrer Arbeit thematisieren und aktiv-kreative Projekte zum Gaming und zu digitaler Jugendkultur gemeinsam realisieren möchten.

Thema

Unter dem Motto „BESSER SPIELEN! #gamingbielefeld" werden die digitalen Gaming-Aktivitäten in der Bielefelder Kinder- und Jugendarbeit gemeinsam im Netzwerk Gaming und unter Beteiligung von Kindern, Jugendlichen und jungen Erwachsenen realisiert.

Zielgruppe/n

Die Mitgliedseinrichtungen im Netzwerk Gaming verstehen sich als Ansprechpartner*innen und Interessensvertretung für Gaming-begeisterte Kinder, Jugendliche, junge Erwachsene und pädagogische Fachkräfte der Jugendhilfe in Bielefeld.

Methoden

Die pädagogische Methode des Netzwerk Gaming ist das digitale Spielen selbst. Darüber wird ein Austausch mit und unter den jungen Teilnehmenden angeregt und über mediale Trends und Gaming-Trends gesprochen. Innerhalb von redaktionellen Spieletest-Gruppen recherchieren die Kinder und Jugendlichen zusätzlich Infos zu dem zu bewertenden Spiel und interviewen sich gegenseitig als Expert*innen, z.B. wie das Spiel auf sie wirkt, welche Inhalte sie feststellen, wie spielbar es ist, welche Empfehlungen sie für andere Spielende für das Game aussprechen etc.

In den Projekten entwickeln die Kinder und Jugendlichen eigene Spielsettings.

Projektlaufzeit

Laufend seit 2015

Ergebnisse

In der Netzwerkarbeit selbst sind die entwickelten Projekte und Aktivitäten von, mit und für Kinder, Jugendliche und pädagogische Fachkräfte auch gleichzeitig die Ergebnisse. Die Teilnehmenden arbeiten dabei im Verlauf der Projekte an verschiedenen Produktergebnissen. So gibt es die redaktionellen Spielebeur-

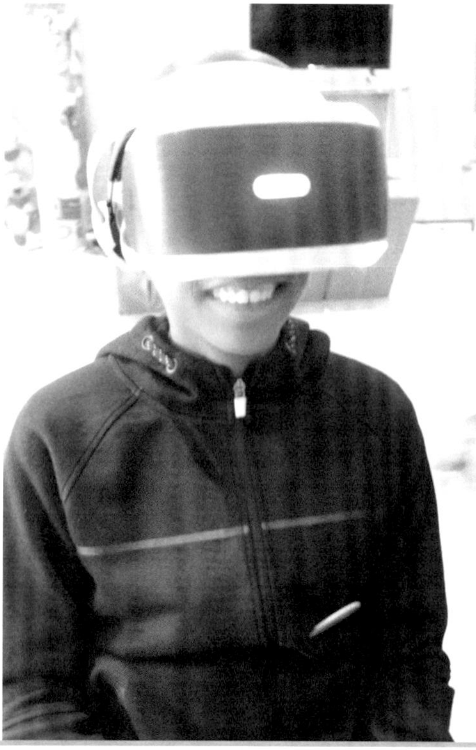

teilungen, die auf www.spieleratgeber-nrw.de veröffentlicht werden; es werden Let's Play-Videos und Spiele-Reviews für den YouTube-Kanal „ON SCREEN Bielefeld" entwickelt; es gibt Interviews von Kindern und Jugendlichen mit Gaming-Expert*innen und/oder YouTuber*innen. Außerdem erstellen die Teilnehmenden die eigene Minecraft-Serie *Daheim*, digitale Rallyes und Quizrunden sowie selbstprogrammierte Spiele. Ein Fokus wird auch auf die Entwicklung von „Games in real life" gelegt. U.a. gab es Spielvarianten zu *Fortnite* analog und *MarioParty* analog. Auch Workshopergebnisse aus den Bereichen Making, Coding und 3D-Entwicklung können die Teilnehmenden ausprobieren.

Ein weiterer Schwerpunkt, der im Netzwerk gesetzt wird, ist das Urban Gaming. So findet einmal jährlich der UrbanGamesDay statt, bei dem die Kinder und Jugendlichen die Stadt mobil und digital bespielen. Eine digitale Rallye führt sie dabei zu innerstädtischen Spielpunkten, die sie unter Einbezug des Stadtraumes und der Passant*innen absolvieren.

Kontakt

Netzwerk Gaming im Bielefelder Jugendring e.V.
Ansprechpartnerin: Tanja Reineke
E-Mail: info@bielefelder-jugendring.de
Web: www.gaming-bielefeld.de

Im Interview

BESSER SPIELEN! #gamingbielefeld

Netzwerk Gaming im Bielefelder Jugendring e.V.

Tanja Reineke, Katrin Schmidt und Kayhan Karakas

Herausragendes und Spezielles

Welches sind die Besonderheiten Ihres Projekts?
Wir eröffnen jungen Menschen in erster Linie vielfältige Erfahrungsräume (Themen und Orte) im Bereich Gaming/digitale Spiele, mit denen sie so in ihrem alltäglichen Mediengebrauch vielleicht nicht unbedingt in Berührung kommen. Dadurch erweitern sich ihr Wissen und ihre Perspektiven hinsichtlich Games. Gaming im geschützten Raum unter fachlicher Anleitung/Begleitung zu ermöglichen, ist dafür eine Grundlage, aus der heraus sich dann eigene Ideen und Vorhaben der Kinder und Jugendlichen entwickeln, die sie ausprobieren und realisieren können.

Dies mündet häufig in der Übernahme von Verantwortung in Peer-Projekten, z.B. in der Ausbildung von jugendlichen Gaming-Coaches oder der Gestaltung und Durchführung von eigenen Gaming-Angeboten durch die Jugendlichen. Beispielsweise wurde ein kompletter Escape-Room eigenständig entwickelt.

Ein Kernpunkt unserer Arbeit als Netzwerk ist es, jungen Menschen einen Zugang zu digitalen Medien zu bieten und darüber Begegnungsanlässe über Einrichtungsgrenzen hinaus zu schaffen. Gaming dient bei uns als Methode, um Jugendliche aus rund 20 Jugendeinrichtungen Bielefelds miteinander zu vernetzen, ihre sozialen Kompetenzen und Medienkompetenzen zu fördern und reflektiert mit Medien und ihren Inhalten umzugehen.

Letztlich ist aber das Besondere, dass die Einrichtungen im Netzwerk sich gegenseitig beflügeln (gelungene Vernetzung) und die Begeisterung für das Thema Gaming immer spürbar vorantreiben möchten – nicht nur bei und mit den Kindern und Jugendlichen, sondern auch bei weiteren Kolleg*innen der pädagogischen Arbeit. In Richtung Politik und Verwaltung möchten wir deutlich vermitteln, dass Gaming als Jugendkultur wichtig ist und Anerkennung verdient.

Ziele und Methoden

Welche medienpädagogischen Ziele werden mit welchen Methoden verfolgt?
Wir fördern soziale Kompetenzen und Medienkompetenzen, insbesondere einen reflektierten Umgang mit Medien und deren digitalen Inhalten sowie die kreativ-produktive Mediengestaltung. Wir sensibilisieren für und informieren über eine bewusste Mediennutzung. Dabei ist es uns wichtig, dass die jungen Menschen Selbstwirksamkeitserfahrungen sammeln können. Wir wollen:

- Kinder und Jugendliche im Umgang mit digitalen Medien empowern!
- junge Menschen sowie Gaming-interessierte Jugendeinrichtungen, Vereine und Initiativen über digitales Spielen zusammenführen!
- ein Forum zur kreativen Auseinandersetzung mit Games bieten!
- Interessen und Ressourcen bündeln sowie Vernetzung vorantreiben (städte- und fachbereichsübergreifend)!
- dazu beitragen, dass Gaming als Jugendkultur wichtig ist und anerkannt wird!
- Gaming gesellschaftsfähig machen – Vorurteile abbauen!

Methodisch greifen wir dabei überwiegend auf partizipative und handlungsorientierte Vorgehensweisen zurück, an deren Endpunkt oft auch ein mediales Produkt steht (Spielebewertung, Video-Review, Let's Play, eigene Spieleprogrammierungen u.v.m.).

Dabei setzen sich die Beteiligten in verschiedenen praktischen Phasen mit Games auseinander. In jeder Projektphase werden Kinder und Jugendliche ermutigt, mit ihrem Know-how zu partizipieren. Die Kinder und Jugendlichen werden so nicht nur in die Programmarbeit eingebunden, sondern können ebenso selbstständige Projekte leiten.

So schaffen wir durch handlungsorientierte Medienpädagogik vielfältige Angebote, die von den Adressat*innen angenommen und der Jugendkultur „Gaming" gerecht werden.

Konkrete Aktionen und Projekte:

- Redaktionelle Spieletest-Gruppen für den Spieleratgeber-NRW
- Workshops und Angebote beim Bielefelder Gamesday
- Urban-Gaming-Aktionen
- Bielefelder E-Sports-Liga mit FIFA
- Thematische Projekte zu Gaming, Creating, Making, Coding
- Bielefelder Minecraft-Server
- Bielefelder Discord-Server für hybride und Online-Angebote
- Regelmäßige Netzwerktreffen
- Fortbildungen/Praxistipps für interessierte Multiplikator*innen

Medienkompetenz und Medienbildung durch Praxisprojekte

a) Welche Vorkenntnisse haben die Teilnehmer*innen?

Bei den Netzwerkprojekten und Spieletestgruppen gibt es junge und auch erwachsene Menschen mit ganz unterschiedlichen, bunten Vorkenntnissen und Erfahrungen. Manche sind eher technisch versiert, andere haben kreativ-mediale Geschichten im Kopf und wieder andere möchten digitale Spiele erst mal für sich entdecken oder auch einfach Spaß und Unterhaltung damit haben. Das ist auch das Schöne an unseren Aktivitäten, dass die Vorkenntnisse eigentlich total unwichtig sind und allein das Interesse zählt, sich mit Gaming und digitalen Jugendkulturen zu beschäftigen.

Die Angebote sind niedrigschwellig, sodass keine Vorkenntnisse notwendig sind. Kinder/Jugendliche ohne Vorkenntnisse können schnuppern, sich austesten und ein Interesse entwickeln. Kinder/Jugendliche mit Erfahrung können sich mit ihrem Know-how einbringen und eigene Angebote initiieren, z.B. auf dem GamesDay. Einige Jugendliche haben auch durch das Mitwirken in der Vergangenheit das Interesse entwickelt, etwas zu den Einzelprojekten beizusteuern.

b) Welche Bereiche der Medienkompetenz fördert das Projekt?

In der Ganzheit der Netzwerkaktivitäten werden alle Bereiche der Medienkompetenz gefördert. In den Teilprojekten wird der Fokus dabei immer schwerpunktmäßig gesetzt.

Es geht z.B. darum, sich Wissen und Fertigkeiten über Gaming und digitale Technologien anzueignen, um die kreative Auseinandersetzung mit digitalen Spielen und deren Inhalten oder auch um gestalterische Kenntnisse und Fähigkeiten in der Medienproduktion von Games. Bei kritisch-reflexiven Schwerpunkten werden die Chancen und Risiken der eigenen Mediennutzung und die Reflexion des eigenen Medienhandelns mit digitalen Spielen beleuchtet.

c) Welche Kenntnisse haben die Teilnehmenden erworben?

Anknüpfend an die oben genannten Bereiche der Medienkompetenzförderung werden in unseren Netzwerkaktivitäten vielfältige Kenntnisse vermittelt, die sich wie folgt komprimiert zusammenfassen lassen:

- *Mediengestaltung:* Videoproduktionen, z.B. Minecraft-Serie, Let's Plays: Drehbuch, Storytelling, Schnitt; Grundlegende Programmierkenntnisse
- *Medienkunde:* Auseinandersetzung/Kennenlernen/Umgang mit Hardware und Software (Konsolen, PCs, Spiele)
- *Mediennutzung:* Interaktiv/anbietend (partizipativ): Jugendliche geben ihre Erfahrungen an Kinder und Jugendliche weiter, indem sie selbst Angebote betreuen und ihr Wissen anbieten, sich selbst organisatorisch einbringen, die Adressat*innen coa-

chen, z.B. auf dem GamesDay oder während der E-Sports-Liga
- *Medienkritik:* Teilnehmende setzen sich mit Games auseinander und lernen sie unter pädagogischen Aspekten zu beurteilen, das umfasst: Altersfreigaben, Unterschiede zwischen kooperativen und kompetitiven Spielen, Bindungselemente (wann fesselt ein Spiel besonders, warum kann ich mich schwer lösen?), „Spaß"; Austausch über Gaming-bezogene Interessen, wie beispielsweise Streaming, und dadurch das Ermöglichen von Reflexionsräumen

Sich gegenseitig zu helfen und zu unterstützen fördert so ganz „unmedial" den Umgang miteinander.

Probleme und Grenzen

Gab es strukturelle oder pädagogische Grenzen und Stolpersteine bei der Vorbereitung oder Durchführung des Projekts? Wie wurden diese Probleme bewältigt?

Bei Netzwerkprojekten und konkreten Aktionen stellt sich ja immer die Frage: Wie bekomme ich alle Mitgliedseinrichtungen unter einen Hut? Passt es für jeden inhaltlich, zeitlich und personell zusammen, wenn wir gemeinsame medienpädagogische Aktionen planen? Es ist immer wieder mal eine Herausforderung, alle in gleicher Weise mitzunehmen. Unser Netzwerk löst das aber ganz gut, indem wir unterschiedliche Themenschwerpunkte setzen, bei denen sich alle passend zu ihren vorhandenen Ressourcen einbringen können. Nichts muss, alles kann. Wir stellen uns also immer eher die Frage: Wer hat die Möglichkeit, bei bestimmten Netzwerkaktionen mitzumachen?

Dementsprechend werden dann auch Koordinationsaufgaben aufgeteilt. Sinnvoll ist es aber immer, eine Person oder ein Team für die Gesamtkoordination des Netzwerkes festzulegen, damit der rote Faden nicht verloren geht. Das spielt v.a. eine große Rolle bei der immer wiederkehrenden Frage nach der Finanzierung von Netzwerkaktivitäten. Für alle Teilprojekte müssen im Grunde immer Drittmittel beantragt werden. Das bedeutet insbesondere für Netzwerke oft sehr viel Verwaltungsaufwand, der investiert werden muss, da in den allermeisten Fällen nur Finanzierungen über Projektförderungen möglich sind.

Eine Hürde, die es immer wieder zu bewältigen gilt, ist, dass es nicht immer genug Fachpersonal gibt, um Angebote z.B. auf dem GamesDay zu konzipieren und zu betreuen. Jugendliche Engagierte unterstützen diesbezüglich und kreieren eigene Angebote.

Aber um innovative technologische Neuerungen aufzugreifen, bedarf es der ständigen Fort- und Weiterbildung der Netzwerkmitglieder. Dafür sind aber oftmals die zeitlichen Ressourcen sehr knapp.

Unser Netzwerk öffnet sich daher auch den Experteneinrichtungen, die das notwendige innovative technologische Know-how haben und uns bei Gaming-Trends professionell unterstützen können.

Rückblickend war natürlich die Phase der Coronapandemie mit den Lockdowns eine sehr herausfordernde Zeit, in der wir improvisieren mussten. Ein Bielefeld-Discord und Online-Gaming (Bielefeld-Minecraft, Among Us, FIFA-Online) erhielten einen neuen Stellenwert, der nicht nur die Jugendlichen innerhalb einer Einrichtung vernetzte, sondern auch Bielefeld-weit.

Das Positive daran ist, dass diese lokalen Plattformen im Netz sowohl uns als Netzwerkpartner als auch die Kinder und Jugendlichen jetzt noch weiter begleiten.

Technik

Welche technischen Voraussetzungen müssen für Projekte wie Ihres gegeben sein?

Die technischen Voraussetzungen sind abhängig von dem Projektschwerpunkt. Wir nutzen vielfältige technische Ressourcen aller Netzwerkpartnereinrichtungen.

Jede Einrichtung sollte dabei über eine Grundausstattung an Gaming-Hardware verfügen, z.B. Konsolen, PC's oder Laptops.

Sicher gilt für fast alle Projekte und Aktionen, dass eine gute Internetverbindung vor-

handen sein sollte, vor allem auch bei digitalen Projektmeetings oder Livestreaming-Aktionen. Weiterhin nutzen wir für die Umsetzung diverse Spielkonsolen, Tablets, Laptops/Computer, VR-Equipment, 3D-Drucker etc.

Jede Einrichtung hat eigene technische Ressourcen, die für größere Netzwerkveranstaltungen wie der E-Sports-Liga, dem Bielefelder GamesDay und dem Urban Games Day entsprechend in „einen Topf" geworfen werden. Wir achten darauf, auch aus Nachhaltigkeitsgründen, uns Geräte gegenseitig auszuleihen.

Im besten Fall entspricht die Hard- und Software dann aktuellen Standards, aber das ist nicht unbedingt die Voraussetzung für aktive Projektarbeit zum Thema Gaming.

Tipps für die Praxis

Welche Ratschläge oder Empfehlungen können Sie Interessierten geben, die ähnliche medienpädagogische Projekte durchführen möchten?

Der wohl wichtigste Tipp ist, Kinder und Jugendliche im besten Fall schon ab der Planung einzubeziehen und aktiv zu beteiligen und sie „machen zu lassen". Im Idealfall haben die Netzwerkeinrichtungen so eine hauptsächlich begleitende Funktion. Die Projekte sollten inhaltlich breit gefächert sein und die medialen Interessen der Kinder und Jugendlichen aufgreifen, aber ebenso Lust vermitteln, neues Mediales zu entdecken.

Auch hilfreich ist es, ein Gaming-Netzwerk fachlich übergreifend zu denken. Ein Netzwerk aus ausschließlich pädagogischen Einrichtungen kann zwar funktionieren, aber es ist bereichernder und bunter, wenn unterschiedliches Expertenwissen aufeinandertrifft, z.B. aus der Richtung Medienkunst, Spieleentwicklung, professioneller Mediengestaltung oder Medienbildungseinrichtungen. Die Vernetzung mit bestehenden medienpädagogischen Projekten, wie beispielsweise bei uns mit dem Spieleratgeber NRW, bringt dabei immer neue Ideen und Perspektiven für die eigene Arbeit vor Ort im lokalen Raum. Das bedeutet also: Kooperationen schaffen! Viele Hände und Köpfe können viel schaffen.

Eine gewisse Struktur ist dafür auf jeden Fall nötig. Einrichtungen zu vernetzen, bedeutet regelmäßig in Kontakt zu bleiben. Während regelmäßiger Netzwerktreffen, bei uns im ca. zweimonatigen Rhythmus, gilt es dann gemeinsame Interessen herauszuarbeiten und zu schauen, wann es sich eignet, gemeinsame

Medien- und Gaming-Angebote zu planen. Dabei sollten die jeweiligen Jugendlichen der eigenen Einrichtung und deren Interessen sowie Partizipationswünsche im Blick behalten und eingebunden werden.

Motivation

a) Ist es notwendig, die Zielgruppe für das Projekt zu motivieren? Wenn ja, warum und wie?

Die Projekte werden überwiegend in den Bielefelder Einrichtungen der Offenen Kinder- und Jugendarbeit sowie Jugendverbandsarbeit beworben. Die Kinder und Jugendlichen entscheiden über die Teilnahme – sie steht ihnen immer offen, ist freiwillig und kostenfrei. Allein dieser Umstand bringt in der Regel genug Motivation für das Projekt mit.

Auch bei Gaming-Projekten, die von den Kindern und Jugendlichen selbst erdacht, entwickelt und/oder betreut werden, ist keine externe Motivation nötig. Im Prozessverlauf kommt es natürlich auch mal zu Motivationseinbrüchen, die im besten Fall durch die medienpädagogische Begleitung der Gaming-Projekte aufgefangen und überwunden werden können. Dem Spaß und der Unterhaltung kommt daher eine große Bedeutung zu.

Durch die Offenheit, Niedrigschwelligkeit und Lebensweltnähe der Angebote gibt es immer viele interessierte Kinder und Jugendliche, die an den verschiedenen Projekten teilnehmen.

b) Was macht den Teilnehmenden besonders viel Spaß?

Den meisten Spaß haben die Kinder und Jugendlichen, wenn sie aktiv und produktiv werden können. Das ist im kompetitiven Bereich sowohl bei den E-Sports-Liga-Turnieren der Fall als auch bei den digitalen Rallyes und Quizrunden. Gesteigert wird das noch, wenn sie selbst zum Thema Gaming produzieren können und mit einem eigenen fertigen Produkt ein Erfolgserlebnis und Anerkennung erfahren.

Die Kinder und Jugendlichen melden auch zurück, dass sie die Vielfältigkeit der verschiedenen Angebote sehr schätzen (Turniere, VR, Making etc.).

Die E-Sports-Liga ist fesselnd, spannend und herausfordernd. Die Gegner*innen beim nächsten Event wiederzutreffen und sich erneut messen zu können, ist für einige besonders motivierend, um „am Ball zu bleiben".

Der GamesDay hat sich über die Jahre bereits einen Namen machen können, so dass viele Kinder und Jugendliche sich jährlich darauf freuen, zu zocken, zu basteln, kreativ zu werden und sich zu messen.

c) Und was finden Sie selbst besonders motivierend?

Im Netzwerk wird immer wieder deutlich, dass durch gemeinsames Medienhandeln eine tolle Dynamik entsteht – Gaming-Projektideen sprudeln dann manchmal einfach heraus. Das mitgestalten zu können und den Spaß sowohl bei den jungen Gaming-begeisterten Teilnehmenden als auch bei den Netzwerkeinrichtungen zu erleben, gibt immer wieder neue Motivationsschübe. Die Kinder und Jugendlichen zufrieden zu erleben und die Frage zu hören „Wann gibt es das nochmal?", führt bei uns zu Vorfreude auf das nächste Mal.

Die Planung der vielfältigen Aktionen wird nie langweilig und hat immer wieder Neues zu bieten, angepasst an laufende Trends. Die Kreativität und die Lust, Aktionen zu planen, motiviert gegenseitig. Die Unterstützung aller Mitglieder zu erfahren, auch bei Netzwerk-unabhängigen Angeboten, stärkt das eigene Schaffen. Es gibt einen großen Zusammenhalt untereinander.

Nachhaltigkeit und Wirkung des Projekts

a) Welche Veränderungen haben sich durch die Medienprojekte in der Zielgruppe, in Ihrer Einrichtung oder den beteiligten Einrichtungen, im Stadtteil etc. ergeben?

Das Netzwerk Gaming ist auch für Einrichtungen außerhalb des Netzwerkes über den langen Wirkungszeitraum ein wichtiger Ansprechpartner geworden. Dementsprechend versuchen wir auch, durch Fortbildungen und informative Inputs zum Thema Gaming in der Jugendarbeit weitere Interessierte einzubinden und für das Thema in ihrer Arbeit zu begeistern.

Bei den Kindern und Jugendlichen selbst reichen die Wünsche für erneute, weitere Medien- und Gaming-Projekte oder Aktivitäten in den Spieletest-Redaktionen oftmals über das alleinige Spielen und Spieletesten hinaus. Zum Beispiel ist durch den Wunsch von Gaming-interessierten Kindern und Jugendlichen die Minecraft-Serie *Daheim* entstanden, in der sie sich selbst Geschichten ausdenken, zu Schauspieler*innen werden und die Drehorte mittels Gaming selbst bestimmen.

Bei Kindern und Jugendlichen, die über einen längeren Zeitraum dabei sind, kann sehr schön eine Entwicklung hin zu vermehrt kreativem Auseinandersetzen mit Games beobachtet werden.

Was wir auch auf lokaler Ebene schon vorangetrieben haben und weiter perfektionieren möchten, ist der Austausch von Ressourcen für medienpädagogische Gaming-Projekte. Das mündet dann beispielsweise in den Austausch von Hard- und Software, personellen Kräften, zeitlichen Kapazitäten bis hin zu konzeptionellen Entwicklungen.

b) Läuft das Projekt noch und wenn ja, wie lange? Oder gibt es Anschlussprojekte?

Das Netzwerk Gaming gibt es seit 2015. Es ist hervorgegangen aus einem Theorie-Praxis-Seminar gemeinsam mit dem Spieleratgeber NRW, der Universität Bielefeld und Bielefelder Jugendeinrichtungen. Student*innen realisierten Gaming-Projekte in den Einrichtungen der Offenen Kinder- und Jugendarbeit. Daraus ist der Wunsch entstanden, weiter gemeinsam zu arbeiten. Seitdem entwickelt sich das Netzwerk kontinuierlich weiter und das hoffentlich noch sehr lange.

Themen

Welche Themen (Inhalte) waren im Projekt für Ihre Zielgruppe besonders spannend?

Über die Jahre waren vielfältige Themen für die jungen Teilnehmenden spannend. Viel und gerne beschäftigten sie sich mit den Themen E-Sport (im Jahr 2022 auch durch die Fußballweltmeisterschaft), Lets Plays, Videostreaming, Urban Gaming, Making und Coding. Diese Themen hat das Netzwerk versucht in den Gaming-Projekten und -Aktionen zu berücksichtigen. Z.B. ist daraus die E-Sports-Liga mit FIFA entstanden oder auch Projektwochen wie „Minecraft vs. Corona", Fortnite-Kreativ-Special und „Create your own Game". Diese Themengebiete finden sich dann auch in unseren Spieletest-Redaktionen und in unseren größeren Veranstaltungen wie dem UrbanGamesDay und dem GamesDay wieder.

Trends und Interessen der Zielgruppe

a) Welche neuen Medientrends, medialen Interessen oder Aspekte der Medienkultur sind in Ihrer Zielgruppe in jüngster Zeit besonders aktuell?

In 2021 berichteten Kinder z.B. häufiger darüber, *SquidGame* in Roblox nachzuspielen – auch Kinder, die deutlich unter 16 Jahre alt waren. Aktuelle sowie beständige Trends sind: FIFA, Fall Guys, Stumble Guys, Minecraft, Roblox, Fortnite etc. Außerdem sind Apps wie TikTok beliebt.

b) Wie geht man in Ihrer Einrichtung/wie gehen Sie evtl. darauf ein?

Aktuelle Trends werden, unter der Berücksichtigung der USK-Altersfreigaben, in den Angeboten und Projekten des Netzwerk Gaming eingebunden. Diese Trends werden in jedem Fall als Gesprächsanlässe aufgegriffen, die Reflexionsräume eröffnen. Die Konzeption der Spieletest-Redaktionen erleichtert das Aufgreifen solcher Medientrends enorm – weil sie in der pädagogischen Arbeit ohnehin verankert sind und von den Kindern und Jugendlichen somit nicht als „herbeigeführtes" Gesprächsthema gewertet werden.

Perspektiven

Welche Chancen sehen Sie vor dem Hintergrund Ihres Erfolgs

a) für die medienpädagogische Projektarbeit an Ihrer Einrichtung?

Mit der besonderen Anerkennung zum Dieter Baacke Preis in der Kategorie „Netzwerkpro-

jekte" sehen wir für uns natürlich noch weitere Chancen der Vernetzung. Wir möchten die Arbeit unseres Netzwerkes gerne auf noch breitere Standbeine stellen. Die Anerkennung hilft uns dabei, auch weitere überregionale medienpädagogische Kooperationen zu knüpfen. Das verstetigt unsere Arbeit zu dem Themengebiet Gaming und bekräftigt sie gleichzeitig. Wir hoffen noch mehr als bisher, Aktualität aufzugreifen und das Ziel der Förderung von Medienkompetenzen im Hinblick auf neue Trends gestalten zu können.

b) für medienpädagogische Projektarbeit generell?

Siehe oben. Nicht nur für unsere schwerpunktmäßige Auseinandersetzung mit dem Thema Gaming und Gamespädagogik stellen Netzwerke eine Bereicherung dar. Wenn auch zu anderen medialen Schwerpunktthemen vermehrt medienpädagogische lokale Netzwerke verankert werden könnten, würde sich das bereichernd auswirken – vor allem bereichernd für die Förderung der Medienkompetenz von Kindern und Jugendlichen. Durch Netzwerkarbeit können mediale Themen, Medientrends und Medieninhalte allumfassender bearbeitet werden, was angesichts der vielfältig digital durchdrungenen Lebenswelten von Kindern und Jugendlichen dringend nötig wird.

Struktur und Rahmen

Welche Rahmenbedingungen für Projektarbeit sind wünschenswert? Wie kann man diese schaffen?

Wünschenswert ist es, die medienpädagogische Arbeit eben nicht ausschließlich auf Projektarbeit auszurichten und dementsprechend auch nicht ausschließlich mit finanziellen Projektmitteln zu bestücken. Medienpädagogik muss vielmehr auch in einer strukturellen Finanzierung verankert werden.

Eine kontinuierliche Fort- und Weiterbildung zu Medienthemen für pädagogische Fachkräfte, aber auch die Ausbildung von speziell medienpädagogischem Fachpersonal bilden dafür eine wesentliche Grundlage.

Eine wünschenswerte Rahmenbedingung ist die Einbettung vielfältiger medienpädagogischer Aktivitäten in vorhandene lokale Strukturen.

Netzwerke können dazu durch regelmäßige Treffen und der Erstellung von Jahresplänen einen guten Beitrag leisten, wenn sie auf solide Füße gestellt werden.

Feedback

Gab es abschließend seitens der Zielgruppe Verbesserungsvorschläge, weiterführende Ideen bezüglich Ihres Projektes?

Neben den Vorschlägen, noch mehr E-Sports-Turniere anzubieten und ein „besseres Internet" zur Verfügung zu stellen, fällt uns nach den Gaming-Netzwerkprojekten immer wieder auf, dass sich die Kinder und Jugendlichen auch bereits das einrichtungsübergreifende Denken angeeignet haben.

Es geht für sie nicht mehr nur um mediale Projekte und Aktionen in „ihrem Treff" oder „ihrem Jugendzentrum", sondern sie bringen neue Ideen und Wünsche für gemeinsame Aktionen mit mehreren Bielefelder Jugendeinrichtungen ein. Die Begegnung und das gemeinsame Gaming ist für sie dann ausschlaggebend.

*Interviewpartner*innen*

Tanja Reineke: Diplom-Pädagogin; geb. 1972; seit 2002 Referentin für Medienpädagogik beim Bielefelder Jugendring e.V.; studierte Diplom-Erziehungswissenschaften an der Universität Bielefeld; Schwerpunkte: Medienpädagogik und Jugend-Erwachsenen-Weiterbildung; zuständig für die Entwicklung medienpädagogischer Konzeptionen und Praxisprojekte im Rahmen der Bielefelder Kinder- und Jugendarbeit mit Schwerpunkt Video/Film und Gaming; Koordinatorin des Netzwerks Gaming im Bielefelder Jugendring e.V.

Katrin Adeline Schmidt: M.A. Erziehungswissenschaft; geb. 1989 im Westerwald; begab sich 2014 auf die Reise nach Bielefeld, um nach ihrem Bachelorabschluss Erziehungswissenschaft in die Welt der Medienpädagogik einzutauchen und ihr Hobby „Internet und Gaming" zum Beruf zu machen; ist bereits während ihres Masterstudiums mit dem Schwerpunkt Medienpädagogik seit der Gründung im Netzwerk Spieletester/Gaming aktiv und hat im LUNA – Kinder- und Jugendzentrum der Sportfreunde Sennestadt eine Spieletester*innen-Gruppe betreut; ist kurz nach ihrem Masterabschluss Ende 2017 im LUNA hauptamtlich als pädagogische Fachkraft tätig; betreut dort den Offenen Treff und initiiert medienpraktische Angebote insbesondere in den Bereichen Gaming, Video und Internetsicherheit.

Kayhan Karakas: Elektroinstallateur; geb. 1968; seit 2011 Mitarbeiter der Stadtbibliothek Bielefeld mit den Schwerpunkten Veranstaltungstechnik, Making und Gaming; Ausbildung zum Elektroinstallateur mit diversen Tätigkeiten im Handwerk und als Vereinstrainer; 1995 Angestellter bei der Stadt Bielefeld im Jugendamt/Freizeitzentrum Baumheide im Bereich Haus- und Veranstaltungstechnik sowie Mitarbeit im Kinder- und Jugendbereich; Mitinitiator des Gamer- und Makerspace der Stadtbibliothek Bielefeld und tätig im medienpädagogischen Bereich in der Fortbildung für Lehrkräfte und Schulklassen für den Bereich Robotik; ist seit der Gründung des Netzwerk Gaming Bielefeld als Verantwortlicher der Stadtbibliothek dabei und organisiert und betreut Gaming-Events in diesen Bereichen.

Teil 3

Zum Dieter Baacke Preis

Dieter Baacke (1999)

Was ist Medienkompetenz?

Es wird vorgeschlagen, vier Dimensionen mit jeweils mehreren Unterdimensionen zu beachten, um Reichweite und Umfang des neuen Medienlernens deutlich zu machen:

1. Dimension: Medienkritik

„Kritein" bedeutet ursprünglich „unterscheiden" und zielt darauf, vorhandenes Wissen und Erfahrungen immer wieder reflektierend einzuholen, und dies in dreifacher Weise: Zum einen (a) hat Medienkritik eine analytische Unterdimension. Problematische gesellschaftliche Prozesse, etwa Konzentrationsbewegungen, sollten angemessen erfasst werden können. Ebenso sollte „analytisch" das Wissen vorhanden sein, dass sich private Programme weitgehend durch Werbung finanzieren und dies ohne Zweifel Konsequenzen für Programminhalte und Programmstrukturen hat. „Analytisch" bedeutet also, ein Hintergrundwissen zu besitzen, das Medienentwicklungen nicht kritiklos hinnimmt, sondern „unterscheidend" anwendet, um die eigene Medienkompetenz angemessen einsetzen zu können. Die (b) reflexive Unterdimension zum anderen zielt auf den Gedanken, dass jeder Mensch sein analytisches und sonstiges Wissen auf sich selbst und sein persönliches Handeln beziehen und anwenden können muss. Wir neigen gerade im Medienbereich schnell dazu, über „die anderen" zu reden und uns selbst außen vor zu lassen. Schon vor vielen Jahren beispielsweise verdeutlichten Untersuchungen, dass BILD-Zeitungleser – weil das Lesen der BILD-Zeitung keinen guten Ruf hatte – angaben, es „nur zum Spaß" oder nur „nebenbei" zu betreiben. Anderes Beispiel: In Seminaren über Serien in Vorabendprogrammen mussten die Dozenten erfahren, dass Studierende hier eine äußerst kritische Distanz an den Seminartag legten, obwohl sie die Sendungen privat und außerhalb ihres Studierauftrages mit Genuss und Interesse sahen. Analytische und reflexive Fähigkeit umfassen schließlich als dritte Unterdimension (c) ethisches Betroffensein, das analytisches Denken und reflexiven Rückbezug als sozialverantwortet abstimmt und definiert.

2. Dimension: Medienkunde

Hier ist das pure Wissen über heutige Medien und Mediensysteme gemeint. Dies kann in zwei Unterdimensionen ausdifferenziert werden: (a) Die informative Unterdimension umfasst klassische Wissensbestände – etwa: Was ist ein duales Rundfunksystem? Wie arbeiten Journalisten? Welche Programmgenres gibt es? Nach welchen Grundsätzen wähle ich meine Programmvorlieben aus? Wie kann ich einen Computer für meine Zwecke effektiv nutzen? (b) Die instrumentell-qualifikatorische Unterdimension meint ergänzend die Fähigkeit, die neuen Geräte auch bedienen zu können, dazu gehört etwa das Sich-Einarbeiten in die Handhabung einer Computer-Software, das Sich-Einloggen-Können in ein Netz, die Bedienung des Videorekorders und vieles mehr.

3. Dimension: Mediennutzung

Auch dieses kann in doppelter Weise ausdifferenziert werden: (a) Es gibt eine rezeptiv-anwendende Unterdimension (Programm-Nutzungskompetenz). Auch Fernsehen ist eine Tätigkeit, weil das Gesehene verarbeitet werden muss und oft in das Bildungs- und Bilderrepertoire eingeht. Nicht nur das Lesen von Texten, auch das Sehen von Filmen fordert heute Rezeptionskompetenz. Hinzu kommt als zweite Unterdimension (b) der Bereich des auffordernden Anbietens, des interaktiven Handelns: vom Telebanking bis zum Teleshopping oder zum Telediskurs; vom Fotografieren bis zum Erstellen eines Videofilms in der Gruppe gibt es heute eine Vielzahl von Handlungsmöglichkeiten, nicht nur rezeptiv-wahrnehmend die Welt zu erfahren, sondern auch interaktiv tätig zu sein.

4. *Dimension: Mediengestaltung*

Hiermit ist gemeint, dass Medien sich ständig verändern, dies aber nicht nur in technischer Hinsicht (die neuen Welten von Cyberspace), sondern auch inhaltlich, indem die Software die Möglichkeit bietet, neue Inhalte gestaltend einzubringen etc. Auch hier gibt es zwei Unterdimensionen: (a) die innovative (Veränderungen, Weiterentwicklung des Mediensystems innerhalb der angelegten Logik) und (b) die kreative (Betonung ästhetischer Varianten, das Über-die-Grenzen-der-Kommunikationsroutine-hinaus-Gehen, neue Gestaltungs- und Thematisierungsdimensionen). Hier kommt auch der Gedanke der Partizipationskompetenz zum Tragen: Wollen wir die so vielfach ausdifferenzierte Medienkompetenz (Medienkritik, Medienkunde, Mediennutzung, Medien gestaltung) nicht subjektiv-individualistisch verkürzen, müssten wir ein Gestaltungsziel auf überindividueller, eher gesellschaftlicher Ebene anvisieren, nämlich den Diskurs der Informationsgesellschaft. Ein solcher Diskurs würde alle wirtschaftlichen, technischen, sozialen, kulturellen, ethischen und ästhetischen Probleme umfassen, um so die „Medienkompetenz" weiterzuentwickeln und integrativ auf das gesellschaftliche Leben zu beziehen.

Dieter Baacke (1934-1999) war Professor für Pädagogik an der Universität Bielefeld. Von 1984 bis 1999 war er Vorsitzender der Gesellschaft für Medienpädagogik und Kommunikationskultur (GMK). Sein pädagogisch begründeter Begriff der Medienkompetenz inspiriert dauerhaft Wissenschaft, Praxis und Politik.

Einfach bewerben

Dieter Baacke Preis – die bundesweite Auszeichnung für medienpädagogische Projekte

Mit dem Dieter Baacke Preis zeichnen die Gesellschaft für Medienpädagogik und Kommunikationskultur (GMK) und das Bundesministerium für Familie, Senioren, Frauen und Jugend (BMFSFJ) bundesweit beispielhafte Medienprojekte der Bildungs-, Sozial- und Kulturarbeit aus.

Ziel ist, herausragende medienpädagogische Projekte und Methoden zu würdigen und bekannt zu machen, die Kindern, Jugendlichen und Familien einen kreativen, kritischen Umgang mit Medien vermitteln und ihre Medienkompetenz fördern.

Der Dieter Baacke Preis wird in sechs verschiedenen Kategorien vergeben, die mit jeweils 2.000 € dotiert sind:

Projekte von und mit Kindern
(0 bis 13 Jahre)
Medienpädagogische Projekte, die Kinder befähigen, kreativ mit Medien zu gestalten und ihre Ideen, Sichtweisen und Phantasien medial auszudrücken. Projekte, die an die medialen Interessen, Kommunikationskulturen und Lebenswelten von Kindern anknüpfen und ihre Kritikfähigkeit und Teilhabe altersgerecht fördern. Projekte, die medienpädagogisch das gemeinsame Agieren von Kindern und Eltern/Großeltern kreativ fördern.

Projekte von und mit Jugendlichen
(14 bis 21 Jahre)
Medienpädagogische Projekte, die mit innovativen, herausragenden Methoden die Kreativität, Kritikfähigkeit und Teilhabe von Jugendlichen und jungen Erwachsenen bis 21 Jahren fördern. Projekte, die aktuelle mediale Interessen, Kommunikationskulturen und Lebenswelten von Jugendlichen medienpädagogisch originell und modellhaft aufgreifen.

Interkulturelle und internationale Projekte
Projekte, die medienpädagogisch den Austausch und die Zusammenarbeit von Kindern und Jugendlichen mit und ohne familiäre Migrationsgeschichte fördern. Medienpädagogische Projekte mit Kindern, Jugendlichen, Familien und jungen Erwachsenen, die neu zugewandert sind oder die schon länger in Deutschland leben. Projekte, die in diesem Kontext Medien zur Teilhabe, zur Partizipation und zum künstlerischen Ausdruck erschließen und die Medienkompetenz der Beteiligten fördern. Oder internationale Projekte, die Kinder, Jugendliche und junge Erwachsene medienpädagogisch in Zusammenarbeit und in Austausch bringen, mit dem Ziel der Förderung der Medienkompetenz und der medial kreativen Verständigung.

Inklusive und intersektionale Projekte
Förderung der medialen Teilhabe und Medienkompetenz von Kindern, Jugendlichen und Familien in inklusiven pädagogischen Kontexten und in Förderkontexten. Medienpädagogische Förderung des Austauschs, der kollaborativen Zusammenarbeit, der Partizipation von Menschen mit und ohne Behinderung. Intersektionale Medienprojekte, die Wechselbeziehungen von Gender, sozialem Milieu, sexueller Orientierung, Behinderung, Generation und weiteren vielschichtigen Faktoren medienpädagogisch bearbeiten.

Netzwerkprojekte
Kontinuierliche, innovative medienpädagogische Zusammenarbeit von verschiedenen Institutionen, Trägern oder medienpädagogisch engagierten Einzelpersonen in nachhaltiger Netzwerkform mit dem Ziel der Förderung der Medienkompetenz von Kindern, Jugendlichen, Familien und medienpädagogischen Fachkräften.

Sonderpreis
Zu einem jährlich wechselnden Thema, das jeweils im Frühjahr bekannt gegeben wird.

Bewerben können sich Institutionen, Initiativen oder Einzelpersonen aus Deutschland mit innovativen, originellen oder mutigen Projekten zur Förderung von Medienkompetenz. Das kann beispielsweise ein kreatives Projekt zur Nutzung digitaler Medien in der Jugendarbeit sein, eine Kinderhörbuch-Werkstatt, ein Video-Workshop im Kontext inklusiver Bildung, eine Medienkompetenz-Rallye für Familien, ein Projekt zur kreativen oder kritischen Auseinandersetzung mit Social Media, Computerspielen, Sendeformaten oder ein multimediales Fotoprojekt im Kindergarten.

Auszeichnenswert sind insbesondere Medienprojekte, die

- sich mit der Medienkultur kreativ beschäftigen oder selbst einen besonderen ästhetisch-kreativen Beitrag leisten (Film-/Video-/Hörmedien-/Making-/Coding-/Internet-Projekte),
- sich mit der Förderung der Kritik und Analyse von Medien beschäftigen,
- sich mit der Förderung der Medienkompetenz oder Partizipation im Sinne der Chancengleichheit von Kindern und Jugendlichen, Mädchen* und Jungen* oder Familien beschäftigen.

Der Preis zeichnet außerschulische Projekte und Kooperationsprojekte zwischen außerschulischen Einrichtungen und Schulen aus, die im Vorjahr oder im laufenden Jahr realisiert wurden.

Das Thema des Sonderpreises legen GMK und BMFSFJ jährlich gemeinsam fest (siehe www. dieterbaackepreis.de).

Bewerbungsschluss ist der 31. Juli des laufenden Jahres.

Die Expertenjury besteht aus Vertreterinnen und Vertretern folgender Institutionen:

- Akademie der kulturellen Bildung, Remscheid
- Bundesministerium für Familie, Senioren, Frauen und Jugend (BMFSFJ) vertreten durch Gutes Aufwachsen mit Medien (GAmM)
- Bundesvorstand der Gesellschaft für Medienpädagogik und Kommunikationskultur (GMK)
- Bundeszentrale für politische Bildung (bpb), Bonn
- Deutsches Kinder und Jugendfilmzentrum (KJF), Remscheid
- die medienanstalten
- Medienzentrum München/JFF
- SIN – Studio im Netz e.V., München

Die Preisverleihung erfolgt mit einem Festakt am Rande des Forums Kommunikationskultur der GMK.

Information/Anmeldung

Einzureichen sind:

- Das ausgefüllte Anmeldeformular (entweder per Online-Anmeldung oder per Post) mit Kontaktdaten (Adresse, E-Mailadresse, Ansprechpartner*in), allgemeinen Infos zum Projekt, zur Finanzierung, zur Struktur der Teilnehmer*innen und ggf. zu weiteren Beteiligten
- Kurzbeschreibung des Projekts und eine detaillierte Projektbeschreibung (Zielgruppe, Ziele, Arbeitsweise, Zeitrahmen, Medien, Ergebnisse, Finanzierung, Resonanz) im Umfang von 1 bis 3 Seiten
- Ihre Ergebnisse/Produkte (per Online-Anmeldung, Post oder E-Mail)

Sie haben zwei Möglichkeiten sich zu bewerben:

Onlineanmeldung

Nutzen Sie die Onlineanmeldung (www.dieter-baacke-preis.de/dieter-baacke-preis/bewerbungsformular/) und füllen Sie diese online aus. Bitte halten Sie dafür Ihre Projekt- und Kontaktdaten sowie eine Projektbeschreibung über das Projekt bereit. Die Projektbeschreibung können Sie als Datei im gängigen Word- oder PDF-Format hochladen. Ebenso haben Sie die Möglichkeit, uns Dateien, die nicht größer als 12 MB sind, über die Onlineanmeldung zukommen zu lassen. Schicken Sie uns Ihre Produkte, Ergebnisse oder Materialien, die größer als 12 MB sind, bitte per Post an GMK-Geschäftsstelle, Obernstr. 24a, 33602 Bielefeld oder als Download-Link (z.B. Dropbox, WeTransfer etc.) per E-Mail an gmk@medienpaed.de. Sie erhalten nach der Onlineanmeldung eine Bestätigung per Mail mit einer persönlichen ID. Bitte notieren Sie diese ID sichtbar auf den einzuschickenden Materialien. Sie erhalten eine Bestätigung per Mail, wenn wir Ihre Materialien erhalten haben.

Anmeldung per Post oder Mail

Nutzen Sie das PDF-Anmeldeformular unter www.dieter-baacke-preis.de. Bitte schicken Sie das ausgefüllte Formular sowie die Projektbeschreibung und ggf. Ihre Ergebnisse per Post an GMK-Geschäftsstelle, Obernstr. 24a, 33602 Bielefeld oder per E-Mail an gmk@medienpaed.de.

Bitte rufen Sie bei Fragen in der GMK-Geschäftsstelle unter 0521/677 88 an.

Fragen und Antworten zum Dieter Baacke Preis

Wir haben ein kleines, aber interessantes Medienprojekt durchgeführt. Lohnt sich eine Bewerbung?
Auf jeden Fall. Originelle, engagierte, witzige, künstlerische, soziale, kritische oder anderweitig außergewöhnliche Projekte sind willkommen. Gerade von kleineren Projekten kann eine wichtige Innovationskraft ausgehen.

Kann man sich mehrmals für den Dieter Baacke Preis bewerben?

- Durchlaufende oder wiederholt laufende Angebote, die im aktuellen Zeitraum (laufendes Jahr/Vorjahr) über neue Projektergebnisse verfügen, können sich damit erneut bewerben.
- Auch bereits mit dem Dieter Baacke Preis ausgezeichnete Einrichtungen/Personen können sich mit anderen Projekten erneut bewerben.

Kann ich mich mit einer Projektidee oder einem Konzept für den Dieter Baacke Preis bewerben?
Nein. Es können nur Einrichtungen/Personen prämiert werden, die bis Ende Juli des betreffenden Jahres präsentierbare Ergebnisse vorweisen können.

Kann ich ein Projekt einreichen, das an einer Schule entstanden ist?
Jein: Mit dem Dieter Baacke Preis werden in erster Linie Personen oder Einrichtungen ausgezeichnet, die in der außerschulischen Arbeit oder in der Kooperation von Schulen mit außerschulischen Einrichtungen entstanden sind (Offener Kanal, Lokalradio, Medienzentren, medienpädagogische Agenturen, freiberuflich tätige Medienpädagog*innen, Filmhäuser etc.). Der Schwerpunkt des Dieter Baacke Preises liegt auf der außerschulischen Arbeit (und Kooperation mit Schulen).

Doch keine Regel ohne Ausnahme: Schulen können eine „Besondere Anerkennung" im Rahmen des Dieter Baacke Preises erhalten, wenn ihre Projekte für die außerschulische Bildung übertragbare innovative Modelle/Methoden enthalten.

Wie alt darf das Projekt sein?
Das Projekt sollte im Jahr der Ausschreibung oder im Vorjahr beendet worden sein.

Organisation des Materials/Kennzeichnung aussagekräftiger Passagen?
Bei umfangreichen Projekten oder der Einreichung von mehrstündigen Filmen, Radiosendungen etc. bitten wir um die Auswahl oder die Kennzeichnung aussagekräftiger Passagen. In der Vorauswahl wird das gesamte eingereichte Material berücksichtigt. Eine Kennzeichnung besonders gelungener Passagen/Ergebnisse erleichtert uns jedoch die Zusammenstellung für eine Präsentation und trägt dazu bei, dass in der Jurysitzung auch die Ausschnitte/Beispiele zugrunde gelegt werden, die die*der Bewerber*in für besonders geeignet hält.

Wie bewerbe ich mich am besten?
Sie haben zwei Möglichkeiten sich zu bewerben:

- Onlineanmeldung: Nutzen Sie die Onlineanmeldung (www.dieter-baacke-preis.de/dieter-baacke-preis/bewerbungsformular/) und füllen Sie diese online aus. Bitte halten Sie dafür Ihre Projekt- und Kontaktdaten sowie eine Projektbeschreibung über das Projekt bereit. Die Projektbeschreibung können Sie als Datei im gängigen Word- oder PDF-Format hochladen. Ebenso haben Sie die Möglichkeit, uns Dateien, die nicht größer als 12 MB sind, über die Onlineanmeldung zukommen zu lassen. Schicken Sie uns

Ihre Produkte, Ergebnisse oder Materialien, die größer als 12 MB sind, bitte per Post an GMK-Geschäftsstelle, Obernstr. 24a, 33602 Bielefeld oder als Download-Link (z.B. Dropbox, WeTransfer etc.) per E-Mail an gmk@medienpaed.de. Sie erhalten nach der Onlineanmeldung eine Bestätigung per Mail mit einer persönlichen ID. Bitte notieren Sie diese ID sichtbar auf den einzuschickenden Materialien. Sie erhalten eine Bestätigung per Mail, wenn wir Ihre Materialien erhalten haben.

- Anmeldung per Post oder Mail: Nutzen Sie das Anmeldeformular unter www.dieter-baacke-preis.de. Bitte schicken Sie das ausgefüllte Formular sowie die Projektbeschreibung und ggf. Ihre Ergebnisse per Post an GMK-Geschäftsstelle, Obernstr. 24a, 33602 Bielefeld oder per E-Mail an gmk@medienpaed.de.

Bitte rufen Sie bei Fragen in der GMK-Geschäftsstelle unter 0521/677 88 an.

Technik?

Achten Sie bei den Dateien möglichst auf gängige Formate, die gut abspielbar sind.
Sie haben verschiedene Möglichkeiten, uns Ihr Material zukommen zu lassen:

- Per Post auf digitalen Datenträgern (bitte gut beschriften und Projekttitel und ggf. ID angeben)
- Per Mail an gmk@medienpaed.de
- Per Transferdienst (z.B. Dropbox, WeTransfer etc.)
- Im Internet als Link
- Per Onlineanmeldung, wenn die Datei nicht größer als 12 MB ist.

Einreichungsfrist

Bis zum **31. Juli** jeden Jahres (Datum der Onlineanmeldung/Poststempel).

Wie erfahre ich, dass meine Unterlagen angekommen sind?

Wenn Sie sich online angemeldet haben, erhalten Sie unverzüglich eine Bestätigungsmail. Bitte melden Sie sich zeitnah in der GMK-Geschäftsstelle, falls das nicht der Fall sein sollte.

Wie und wann erfahre ich, ob mein Projekt ausgezeichnet wurde?

Wir benachrichtigen alle Preisträger*innen und besonders anerkannten Projekte telefonisch und per E-Mail (in der Regel Ende September/Anfang Oktober).

Was ist eine „Besondere Anerkennung"?

Die Jury kann Projekte mit einer „Besonderen Anerkennung" auszeichnen. Das können Projekte sein, welche die Medienkompetenz von Kindern, Jugendlichen oder Familien in herausragender Weise fördern, die aber etwas von den eigentlichen Kriterien des Dieter Baacke Preises abweichen (z.B. Angebote, welche die Medienpädagogik voranbringen oder innovative kreative Projekte an Schulen). Mit der Besonderen Anerkennung verbunden sind die Einladung zur Preisverleihung und eine öffentliche Würdigung in Form von Publikation und Informationen auf der Website inklusive Dieter-Baacke-Preis-Logo. Einzig ein Preisgeld ist nicht vorgesehen.

Weitere Auskünfte

GMK-Geschäftsstelle
Obernstr. 24a
33602 Bielefeld
Tel.: 0521/677 88
E-Mail: gmk@medienpaed.de
Web: www.gmk-net.de

Ansprechpartnerinnen

Dr. Friederike von Gross
Renate Röllecke

Abbildungsnachweis

Titelbild
©Shutterstock_Beatriz Vera

Friederike von Gross/Renate Röllecke
©Katharina Künkel, unter Verwendung von AdobeStock_Vikky Mir | Sylwia Nowik | neliakott (Collage) (Seite 11)

TruthTellers – trust me, if you can…?
©Jule Richter (Seite 82), ©JFF (Seiten 81, 83)

AntiAnti: Prävention von Online-Radikalisierung
©medialepfade.org – Verein für Medienbildung e.V. (Seiten 85, 87, 88)

„Game Days" in Osnabrück und Göttingen
©Kerstin Hehmann (Seiten 122, 125), ©Sebastian Dohm (Seite 121)

#CoR – Gemeinsam. Nachhaltig. Handeln.
©medienblau gGmbH (Seiten 127, 130, 131)

Fotos und Abbildungen zu den übrigen Projektbeschreibungen und Interviews wurden uns freundlicherweise vom jeweiligen Projekt zur Verfügung gestellt.

Zeitschrift merz | medien + erziehung

www.merz-zeitschrift.de

merz | medien + erziehung ist die einzige unabhängige medienpädagogische Fachzeitschrift in Deutschland, in der wichtige Themen der Medienpädagogik aufgegriffen und aus unterschiedlichen Perspektiven betrachtet werden. Es wird Wert darauf gelegt, ein möglichst weites thematisches Spektrum aus den Bereichen der medienpädagogischen Forschung und Praxis zu erfassen und dabei auch verwandte Disziplinen im Blick zu haben, die im Hinblick auf medienpädagogische Fragestellungen von Bedeutung sind. Die letzten Ausgaben:

merz 2023/04
Ökonomie und Medien

merz 2023/03
(Kritische) Aktive Medienarbeit

merz 2022/02
Social Media in der Beratung

merzWissenschaft 2022
Digitalität und Souveränität. Braucht es neue Leitbilder der Medienpädagogik?

kopaed verlagsgmbh
Arnulfstraße 205, 80634 München
www.kopaed.de